Neal Cassady

Der Flügel des Engels

Neal Cassady

Der Flügel des Engels

Autobiographisches,
Selbstzeugnisse,
Briefe an Jack Kerouac

hannibal

Titel der Originalausgabe: »The First Third«

Aus dem Amerikanischen übersetzt von Liesl Nürnberger-Körbler, Christian Körbler und Gerald Jung
Lektorat: Christa Gürtler
Umschlaggestaltung: Michael Bergmeister
Illustrationen: © by Ron Bevirt, Allen Ginsberg, Steve Dossey
Coverfoto: Neal Cassady (links) mit Jack Kerouac
(Carolyn Cassady, 1949)
(Es war leider nicht in allen Fällen möglich, die Copyright-Quellen ausfindig zu machen – betroffene Copyright-Inhaber werden gebeten, sich beim Verlag zu melden.)
Typographie: Graphische Konzepte Erwin Rödl, A-2486 Pottendorf
Druck: Ebner Graphische Betriebe, D-89075 Ulm

ISBN 3-85445-136-9

Neal Cassady, geboren 1926 in Denver, gestorben 1968 in Mexiko; nach der Trennung seiner Eltern verbringt er die folgenden Jahre unter der »Obhut« des Vaters in einer Penner-Herberge seiner Geburtsstadt; 14jährig nach einem Autodiebstahl in Polizeihaft, ein Jahr später wieder, 1947 Zusammentreffen mit Jack Kerouac in New York, dessen literarischem Schaffen er die entscheidende Prägung gibt. – Neal Cassady gilt als die eigentliche Schlüsselfigur des amerikanischen Beat.

Inhaltsverzeichnis

Vorwort des Herausgebers

Im Lauf der Zeit (inzwischen sind 25 Jahre seit der ersten Veröffentlichung vergangen) hat diese Autobiographie mehr und mehr den Charakter einer frühen, unverfälschten Materialquelle angenommen – wie die Briefe der Pioniere, die vor zweihundert Jahren mit ihren Wagentrecks nach Westen zogen.

Für die Jugend der vom TV-Konsum bestimmten 1980er und '90er ist der Westen, in dem Cassady aufwuchs – die Spelunken, Friseurläden und Gassen von Denver –, schon längst zu einem Ort und einer Zeit geworden, die so weit zurückliegen wie der Goldrausch, ein Amerika der dreißiger Jahre, das heute nur noch in trostlosen Bushaltestellen und kleinen, vergessenen Städtchen existiert. Cassadys Beschreibung dieser Vorkriegswelt besitzt die Qualität alter Stummfilme, die essentielle Erfahrung der Einsamkeit des Westens dieser entschwundenen Zeit – wie Chaplins Tramp, der unverdrossen in die Zukunft trippelt.

Auf diese Weise werden diese Aufzeichnungen von Cassadys rastloser Existenz zum Quellenmaterial für jenen alten Mythos des Wilden Westens, als gehörte Cassady noch der letzten Generation volkstümlicher Helden an, ein früher Prototyp des urbanen Cowboys, der knapp einhundert Jahre zuvor den Gesetzlosen im Bezirk gegeben hätte. (Und als den ihn Kerouac in *On the Road* auch sah.)

Ganz besonders in dem erst vor kurzem entdeckten ›Prolog‹ (die Geschichte der Familie Cassady, bevor Neal die Bühne betrat) fällt uns hier eine frühe amerikanische Saga in die Hände, so wahr und so anrührend wie Faulkner oder Thomas Wolfe (und oft in ebenso peinigenden Sätzen), so urwüchsig wie Paul Bunyan. Die schlichte, einfach gehaltene Prosa besitzt einen gewissen naiven Charme, zugleich grotesk und altertümelnd, oft linkisch und mit kleinen, sich ihrer selbst vergewissernden Schnörkeln wie bei einem sehr schnellen Redner – und das war Cassady tatsächlich, weit eher als ein ›Schriftsteller‹: Wenn man ihn vor sich hatte, bewegte er sich und redete wie ein aufgedrehter Paul Newman in ›Haie der Großstadt‹.

Tauchen Sie in die Seiten dieses Buches ein, und sie werden seine drängende, treibende Stimme vernehmen...

Lawrence Ferlinghetti

Telegramm über Cassady

Lawrence Ferlinghetti

WENN ICH MIR FOTOS VON NEAL ANSEHE FÄLLT MIR AUF DASS NEAL NIEMALS AUFHÖRTE ZU RENNEN UND NIEMALS LANGSAM MACHTE ER MUSS DIESEN SCHIENENSTRANG IN SAN MIGUEL ENTLANGGERANNT SEIN BIS IHM DIE SCHIENEN AUSGINGEN UND DESHALB MUSS ER JETZT NIE ALT WERDEN SONDERN KANN IMMER WIE PAUL NEWMAN IN »HAIE DER GROSSSTADT« AUSSEHEN EIN VERLORENER COWBOY AUF EINER VERLORENEN WEIDE DIE SICH IN EINE AUTOBAHN VERWANDELT HAT UND SEINE PFERDE IN AUTOS UND NIE HIELT ER AN WENN DIE AMPEL ROT ZEIGTE UND ER BREMSTE NUR FÜR LIEBESPAARE UND REDETE PAUSENLOS DIE NACHT HINDURCH ICH HÖRE SEINEN KNARRENDEN MONOLOG UND SEHE IHN IMMER NOCH AUFGEREGT GESTIKULIEREND ÜBER DEN HÜGEL FLITZEN EIN BLITZ AUF DER HIRNRINDE UND IMMER WIRD ER JUNG & LAUT SEIN IN UNSEREN ALTEN HERZEN

Prolog

– I –

VOR ÜBER EINEM Jahrhundert ließ sich der erste Cassady im Norden von Missouri nieder. Zwei seiner Nachkommen, zwei Jungen, sind nachweislich über die Grenze nach Süd-Iowa gewechselt, wo sie den Rest ihres Lebens verbrachten. Offensichtlich blieb das letzte seiner Kinder in der Nähe des Elternhauses, denn als der Bürgerkrieg zu Ende war, gab es in der näheren Umgebung mehrere Farmen, auf denen Cassadys lebten und arbeiteten.

William, der jüngste Sohn dieses ersten Cassady, wuchs in dem Dörfchen Queen City, Missouri, heran, in der Hütte seiner Großtante, um die er sich kümmerte. Als sie im Jahre 1873 starb, zog der Junge zu seinem ältesten Bruder Ned, der einen stattlichen Bauernhof unweit von Queen City besaß. Im siebten Jahr seiner Anwesenheit auf dem Hof ging William als Sieger bei einem tödlichen Streit zwischen den beiden Brüdern hervor.

Ned war schon zuvor für seinen Jähzorn, seine Gewalttätigkeit, die ständigen Zänkereien mit seiner frischangetrauten Ehefrau und diverse andere hitzköpfige Eigenschaften bekannt gewesen. Zu diesen Marotten gehörte auch die Angewohnheit, seinen Helfer unablässig zu piesacken und mit Arbeit zu überhäufen. Womöglich führte das zu der entscheidenden Auseinandersetzung. William war zurückhaltend, beinahe schüchtern. Einige Leute behaupteten, daß er nie frei hatte und oft zu unnötigen Arbeiten gezwungen wurde, besonders bei widrigem Wetter. Obendrein erlaubte ihm Ned nicht, am Familientisch zu essen, und behandelte William auch sonst wie einen minderwertigen Knecht. Andere Gerüchte besagten, daß er Cora, Neds junger Frau, schöne Augen machte. War nicht William sowieso ein neugieriger Bursche und – wenn er sich eine derartige erniedrigende Behandlung gefallen ließ – ein rechter Feigling? Später spekulierte die Gemeinde darüber, ob nicht Ned vielleicht Mißtrauen geschöpft und die beiden überrascht habe, oder ob William einfach nur solange herumgestoßen und sekiert wurde, bis er einfach rot sah. Im Licht der nachfolgenden Ereignisse scheint es der Wahrheit eher zu entsprechen, daß eine Mischung aus beiden Hauptgründen zu diesem Ergebnis führte.

Wie auch immer, dieser Vorfall ereignete sich jedenfalls am Nachmittag des 9. September 1880. Ned war fünfundvierzig, William sechsundzwanzig Jahre alt. Sie brachten gerade die Luzernenernte ein. Ned schichtete in der Scheune auf, William gabelte ihm das Heu empor. Als der Wagen leer war, kletterte William zu Ned hinauf, um ihm beim Aufschichten zu helfen. Dort gerieten sie aneinander und gingen mit den Heugabeln aufeinander los. William gelang es, seinen Bruder vom Heuboden zu drängen, indem er ihm mit den Zinken in die rechte Seite und den rechten Arm stach. Ned fiel rückwärts aus der Luke, stürzte auf den Heukarren und brach sich das Genick. William blieb abgesehen von ein oder zwei leichten Einstichen im Oberschenkel unverletzt.

Man steckte ihn im Kreisstädtchen Kirksville ins Gefängnis, wo er auf seine Verhandlung wartete. Sie wurde am 1. Oktober 1880 eröffnet und drei Tage später abgeschlossen. William plädierte unter Beweisstellung seiner durchbohrten Schenkel auf Notwehr. Viele Nachbarn bestätigten in ihren Zeugenaussagen nachhaltig Neds aufbrausenden Charakter und seine schroffe Art. Die Stimmung im Verhandlungssaal tendierte allgemein zu ›gut gemacht!‹; man war sich einig, William habe eine ›gute Tat‹ vollbracht. Die Geschworenen waren angewiesen, eines von drei Urteilen zu fällen: Totschlag, fahrlässige

Tötung oder Freispruch. Sie entschieden sich für Freispruch, und mit der Ermahnung an William, dankbar zu sein, erklärte der Richter die Verhandlung für abgeschlossen.

Cora hatte bereits ein Kind von Ned und war zum Zeitpunkt seines Todes zum zweiten Male schwanger. Obwohl sich kein Nachweis über ihre Eheschließung finden läßt, schenkte sie William in den nächsten dreizehn Jahren vier Kinder. Im Jahre 1893, mit 35 Jahren völlig am Ende ihrer Kräfte – denn William stellte keine zusätzlichen Helfer ein und zwang sie obendrein in völliger Abgeschiedenheit zu leben –, starb sie aufgrund von Komplikationen bei der Geburt des letzten ihrer sechs Kinder, eines Jungen namens Neal.

Nach Coras Tod zog sich William, noch nicht einmal vierzig, fast ganz in sich zurück und führte ein Leben als Einsiedler. Im Laufe der Jahre wurde er sogar noch einsilbiger und gewöhnte sich an, in aller Einsamkeit in der Bibel zu lesen. Was dazu führte, daß die Farm, deren Herr er war, noch weniger Besucher als zuvor erhielt.

Ein Jahr, nachdem seine Mutter gestorben war, lief der älteste Junge an seinem fünfzehnten Geburtstag davon. Ned Jr. war schwermütig und griesgrämig und ständig dem offensichtlichen Unwillen seines Stiefvaters ausgesetzt gewesen. Man hörte nie wieder etwas von ihm, und William unternahm keinerlei Anstrengungen, ihn ausfindig zu machen.

Bis zum Jahre 1900 trat in seinem Haushalt keine Veränderung ein. Zu jener Zeit verließ der 18jährige Benjamin, das zweitälteste Kind der verbliebenen fünf, sein Elternhaus, um bei einem Schmied in die Lehre zu gehen. Später ließ er sich im Nordwesten des Bundesstaates nieder.

Im Jahre 1903 ging Roy, inzwischen 17 und das einzige Kind, dem eine ordentliche Ausbildung geboten wurde, zur Lehrerausbildung ans Kirksville Teachers' College. 1907 kehrte er zurück, wohnte wieder im Haus der Familie und unterrichtete in der nahegelegenen Schule. Im gleichen Jahr heiratete

Eva, das einzige Mädchen, einen Burschen aus Unionville, Missouri. Sie folgte ihm in seine Heimatstadt und fand dort ein neues Zuhause.

Das älteste der fünf Kinder blieb die ganze Zeit über beim Vater, und als der alte William 1917 verschied, verfügte er in seinem Testament darüber, daß die Farm allein diesem Sohn gehören solle. Diese Entscheidung schien die allgemeine Annahme zu bestätigen, daß Coras zweites Kind, angeblich Neds, in Wirklichkeit von William stammte, da es zur Zeit seines Todes bereits unterwegs war. Als Namen für das Kind hatten sie William Jr. ausgesucht, und William hatte diesen Jungen den anderen stets vorgezogen und war im hohen Alter geradezu in ihn vernarrt.

Als Neal noch sehr klein war, kümmerte sich Eva, das Kind, das ihm vom Alter her am nächsten war, mit ausgesprochener Zuneigung um ihn. Im Laufe der Jahre verstärkte sich diese Bindung noch. Sie bemutterte den Jungen, wie es viele ältere Schwestern tun, und man muß betonen, daß diese überschwengliche Liebe für ihren jüngeren Bruder im Kreise der Cassadys das einzige Anzeichen für eine derartige Empfindung überhaupt war. Als Neal etwas älter wurde, arbeiteten sie zusammen auf dem Hof, unternahmen lange Ausflüge und wurden buchstäblich unzertrennlich. Eva beschützte ihn so gut es ging vor den Rüpeleien der anderen Jungen, und als sie nach ihrer Hochzeit wegzog, prügelten sie mit aufgestauter Bosheit auf Neal ein. Sein Leben wurde unerträglich, denn als wehrloser Kleinster führte er als natürliches und leichtes Opfer der üblen Streiche seiner älteren Brüder ein Leben in ständiger Vorsicht und Gehetztheit.

Im Jahre 1909 war Neal Cassady sechzehn Jahre alt. Er war 1,70 Meter groß und wog 72 Kilogramm. Diese Maße behielt er sein ganzes Leben über bei. Sein Körper war ein wenig langgezogen und mit verkürzten Extremitäten ausgestattet. Sein Gesicht strahlte für gewöhnlich in einfältiger Freundlichkeit, doch wenn er wütend wurde, schoß ihm rasch die Zornesröte in die sonst so ausgeglichenen Züge. Er war ein ausgezeichneter Läufer und für seine Größe bemerkenswert kräftig. Sein Geist war rastlos, aber recht langsam und nicht sonderlich tiefschürfend.

An Schultagen stiefelte er gemeinsam mit Roy über die Felder zur Schule. Seit Roy als Lehrer dort angefangen hatte, verabscheute Neal den Unterricht. Mit seiner neugewonnenen Autorität sprang Roy mit seinen Schülern äußerst streng um, besonders mit seinem Bruder. Eines schönen Tages im Frühling reizte er Neal mit seinen Sticheleien und Hänseleien so sehr, daß der nach ihm schlug. Daraufhin verabreichte ihm Roy eine anständige Tracht Prügel mit der Weidenrute. Nachdem die brutale Strafaktion vorüber war, rannte Neal weinend vor Schmach aus dem Klassenzimmer, gefolgt vom Johlen und Lachen seiner Mitschüler. Seine überspannten Nerven steigerten die Angst vor den weiteren Konsequenzen seiner Handlung, falls er wieder zurückkehrte. Schwitzend vor Angst, was ihn zu Hause erwartete, trieb er sich lange auf den Wiesen und Feldern herum. Wie er so über die Eigenarten seiner Familie nachdachte, kam er zu dem Schluß, daß er es Ned Jr. gleichtun und aus dem Haus dieser drei verhärteten und ungewöhnlich strengen Männer, seinem Vater, Bill Jr. und Roy, fliehen sollte.

Neal ging in den Stunden bis zur Abenddämmerung den langen Weg bis nach Queen City zu Fuß. Die Nacht verbrachte er dort im Haus eines Schulkameraden. Nachdem er früh am Morgen aufgewacht war, verließ er an diesem 25. Mai 1909 seinen Geburtsort für immer. Der Junge machte sich direkt auf zu seiner Schwester Eva, denn sie war seine einzige Zuflucht. Unionville lag über fünfzig Meilen entfernt und er brauchte volle zwei Tage, um diese Entfernung zurückzulegen; die dazwischenliegende Nacht verbrachte er bequem in einem Heuschober.

Kaum in Unionville angekommen, fragte er sich durch und fand heraus, daß George Simpson und seine Frau bei Georges

Eltern wohnten. Zögernd und widerstrebend begab sich Neal zu der kleinen Farm der Simpsons. Natürlich war Eva hocherfreut, ihn nach zwei Jahren ohne eine Nachricht von zu Hause wiederzusehen. Trotzdem war der beiderseitige Versuch, ihre alte Vertrautheit wiederherzustellen, nicht von Erfolg gekrönt, denn Eva war völlig von der Simpson-Familie und ihrem Alltagskampf in Anspruch genommen.

Evas Ehemann, dessen Bruder Henry und die Eltern John und Sadie Simpson waren sehr arm. Ihre Armut war so extrem, daß sie an dem Abend, als Neal bei ihnen ankam, kaum etwas zu essen für ihn auftreiben konnten. Dieser offenkundige Beweis ihrer verzweifelten Notlage schuf eine eigenartige Spannung, die den Jungen beinahe an seiner Verlegenheit ersticken ließ. Durch den allgegenwärtigen Druck der erzwungenen Bescheidenheit erkannte er mit der glasklaren Aufmerksamkeit der Scham, welche Bürde er für sie darstellte.

Trotzdem blieb Neal bei ihnen. Fest entschlossen, ihnen nicht zur Last zu fallen, schuftete er fast pausenlos auf der Farm. Durch seine Entschlossenheit, über die Maßen zu arbeiten, passierte ein Unfall, der ihm selbst und der finanziellen Situation der Simpsons einen empfindlichen Schlag versetzte.

An einem Abend, er war schon völlig erschöpft, verteilte er Dung auf dem Feld, und als er versuchte, die letzte Ladung mit kräftigem Schwung vom Wagen zu schleudern, renkte er sich einen Nackenwirbel aus. Das schlechte Gewissen angesichts der Arztrechnung, die er verschuldet hatte, nagte so sehr an ihm, daß er sich nicht genug Zeit zur Genesung gönnte und viel zu früh wieder zu arbeiten anfing. Eigensinnig wie er war, bestand er darauf, auch schwere Arbeiten zu verrichten, forderte die Verletzung heraus und zog sich einen Schaden zu, der seinen Rücken dauerhaft schwächte.

Im Laufe dieses heißen Sommers kam Neal zu der Erkenntnis, daß all seine Anstrengungen, seinen Anteil beizutragen, so gut wie nichts bewirkten, um das Schicksal der abgebrannten Simpsons zu wenden. Die Notwendigkeit für seinen Abschied wurde immer offensichtlicher und von ihm als so drängend empfunden, daß er die Abende jetzt damit verbrachte, in aller Stille mehrere Möglichkeiten zu überdenken. Nachdem er andere Projekte seiner jugendlichen Phantasie verworfen hatte – etwa zur See zu fahren –, beschloß er, in die »große Stadt« zu gehen. In seiner beschränkten Weltsicht kam für seinen einfachen Verstand nur eine große Stadt in Frage: Des Moines in Iowa.

Eines Morgens, beim Frühstück, gab er bekannt, daß er sie wieder verlassen wollte. Mit fester Stimme, die jeden höflichen Protest unterbrechen oder schon im Keim ersticken sollte, wies er darauf hin, daß die magere Ernte auch ohne seine Hilfe eingebracht werden könne. Eva unternahm keinen Versuch, ihn zurückzuhalten. Als Neal den Simpsons für ihre Großzügigkeit dankte, boten sie ihm an, daß er jederzeit zu ihnen zurückkehren könne. Er verließ sie an einem Sonntag im Spätsommer 1909 und wandte sich nach Norden.

Auf die Reise, etwas über 100 Meilen, nahm er eine Wegzehrung, eine zweite Hose, ein zweites Hemd, Socken und einige Kleinigkeiten mit. Geld hatte er bei diesem Wagnis, bei dem er ganz auf sich allein gestellt war, nicht dabei. Zum zweitenmal in seinem Leben suchte er sich bei Anbruch der Nacht einen geeigneten Heuschober. Am darauffolgenden Nachmittag schloß er sich einer Familie an, die mit dem Wagen nach Des Moines unterwegs war. Als der Abend nahte, bestanden sie aufs herzlichste darauf, ihn mit einer Ersatzrolle Bettzeug zu versorgen. Auf diese Weise erreichte die Reisegruppe die Stadt ohne unangenehme Zwischenfälle. Neal verabschiedete sich von ihnen und ging sofort zum Viehhof, um sich dort nach Arbeit zu erkundigen.

Er kam im richtigen Moment: Gerade war eine große Ladung Vieh eingetroffen und er wurde sofort eingestellt. Seine Aufgabe bestand darin, die Tiere mit Futter und Wasser zu versorgen. Die anstrengende Arbeit machte ihm wegen seines schwachen Rükkens noch mehr zu schaffen. Als der Vorarbeiter sah, wie sehr sich Neal jeden Tag plagte, wies er ihm einen leichteren Job zu. Noch später, im Herbst des gleichen Jahres, wurde er in die Verpackungsabteilung versetzt. Insgesamt arbeitete er über acht Monate im Schlachthof.

Nachdem er Arbeit hatte, war es nicht schwer, in der Nähe eine Unterkunft zu finden. Da er ohne Gepäck ankam, mußte er zuerst eine eingehende Befragung durch die imposante Besitzerin der Pension über sich ergehen lassen. Schließlich entschloß sie sich dazu, das Risiko einzugehen. Das Haus stand den Ausmaßen seiner Eigentümerin in nichts nach. Die Dame wog über 110 Kilogramm und das Haus hatte mehr als 20 Zimmer. Sie hieß Anne Stubbins und hatte ihr ganzes Leben in diesem Haus namens Ken's Gables verbracht. Annes Vater, Kenneth Stubbins, hatte das Haus gebaut und sie war darin zur Welt gekommen. In Annes Vorstellung waren sie und das Haus unzertrennlich, weshalb sie ständig von »Ich und Gables« sprach.

Neal fiel diese Eigenart zum ersten Mal auf, als er sich an einem seiner ersten Abende im Gesellschaftszimmer seiner neuen Adresse ausruhte. Er wunderte sich nicht schlecht, als Anne zu einem anderen Mieter sagte: »Gables wird Tag für Tag älter. Ständig doktere ich an ihm herum, doch es hilft nichts. Sobald ich mich umdrehe, macht er sich über mich lustig, der alte Halunke. Ständig läßt er ein Regal oder eine Markise herunterfallen und, ehrlich gesagt, würde es mich nicht wundern, wenn er eines schönen Tages noch seine Veranda fallen ließe... und zwar die vordere, Sie wissen schon.« Anne hatte nie geheiratet, und so war das Haus ihr Ehemann. Jeden Abend hieß es: »Gables und ich sind jetzt müde; heute müssen wir mal früh ins Bett«, oder »Dieser Gables, der hinterhältige Schurke, wird nochmal mein Tod sein... die ganze Nacht hat er mich mit seinem Ächzen und Knarren wachgehalten. Eines Nachts bricht nochmal das ganze Dach direkt über meinem Bett zusammen, ganz bestimmt.«

Neal wohnte die ganze Zeit über dort, solange er im Schlachthof arbeitete. Sogar nach seinem Umzug kam er hin und wieder bei »Mother Anne«, wie er sie gerne nannte, auf einen Besuch vorbei. Sie beschwerte sich noch einige Jahre über »Gables« und starb an einem Herzanfall, als die vordere Terrasse eines Tages schließlich tatsächlich absackte.

Wieder war es Frühling. Neal war schon ein ganzes Jahr von zu Hause weg. Er hatte in diesem ersten Jahr keine Freundschaften geschlossen; daran hinderte ihn seine Unfähigkeit, sich als Kleinstadtjunge in der fremden Großstadt zu bewegen. Da er keine Zeit für Vergnügungen hatte und nach der Mühe und Plage des Tages rechtschaffen müde war, konnte er sogar Geld sparen. Er kaufte sich etwas Garderobe, schickte Eva ein wenig Geld und fühlte sich besser als jemals zuvor. Da er noch immer unschuldig war, war er glücklich.

Anfang 1910 verlor Neal seine Anstellung, weil es im Schlachthof nicht mehr genug Arbeit gab. Diese Entwicklung kam ihm nicht ungelegen. Das Wetter in diesem Frühling war herrlich und zur Abwechslung faulenzte er ein bißchen. Er stand spät auf, genehmigte sich ein ausgiebiges Frühstück und ging dann meist in einen Park in der Stadtmitte, wo er den Tag verbrachte. Dieser Park wurde sein Aufenthaltsort und Neal im zarten Alter von 17 Jahren zum Parkbänkler. Er hatte seine Freude daran, die vorbeieilenden Leute zu beobachten, sich mit anderen Bänklern zu unterhalten, die wenigen Tauben zu füttern und die Eichhörnchen zu ärgern. Obwohl die Lage nicht sehr rosig für ihn aussah, machte er sich nicht viele Gedanken über das Leben. In seinem jugendlichen Kopf gab es kaum Platz für Sorgen.

Eines Tages, als er wieder auf seiner Bank saß, kam ein älterer Herr auf Neal zu. Das Silberhaar und das knallrote Gesicht des Mannes stand in komischem Kontrast zu den hervorquellenden, bebrillten braunen Augen und betonte seinen ganz in Schwarz gehaltenen, untadeligen Aufzug, auch wenn er keinen Hut trug.

Er stellte sich stark blinzelnd, mit höflicher Zurückhaltung und schwacher Stimme vor, und die beiden kamen miteinander ins Gespräch.

Dieser Mann, sein Name war Roolfe Schwartz, war ein netter alter Deutscher der alten Schule, dessen Leben recht einsam geworden war. Da er keine Angehörigen besaß und jeden Tag schwächer wurde, hoffte er jetzt darauf, einen Lehrling, einen Partner für sein Geschäft zu finden. In seiner Altmännerphantasie malte er sich aus, wie es wäre, einen Sohn zu haben, dem er seinen Friseurladen mit drei Stühlen vererben konnte. Diese Überlegungen spukten in Roolfes Hinterkopf herum, als er Neal ansprach, ja, letztendlich waren sie der Grund dafür, daß er sich neben den Jungen setzte.

Roolfe lenkte das Gespräch so geschickt, daß man sich in vielen Dingen einig war, und bevor der Tag zu Ende ging, hatte Neal zugestimmt, sich von diesem Deutschen aus der Alten Welt die Friseurkunst beibringen zu lassen. Wie verabredet brachte er seine Habe von Ken's Gables in den rückwärtigen Teil von Schwartz' Laden – nicht ohne »Mutter Anne« versprochen zu haben, sie sonntags zu besuchen. Schwartz trieb die Ausbildungsphase mit eifriger Freude voran, und obwohl ihm ein ganzes Leben angestrengter Arbeit am Frisierstuhl das Augenlicht bis zur fast völligen Blindheit geraubt hatte, führte er noch immer eine geschickte Schere. Mit meisterhafter Nachdrücklichkeit unterrichtete er Neal, und der Junge erwiderte seine Anstrengung mit ebensolchem ernsten Eifer. Der Tag kam, an dem auch die feinen Kniffe des Handwerks auf Neal übergegangen waren und Schwartz ihn mit feuchteren Augen als sonst in die Arme schloß, ihn »Sohn« nannte und ihm sagte, daß Neal jetzt sogar noch geschickter sei als er selbst.

Mehr als sieben Jahre lebten sie in dieser beschaulichen Harmonie zusammen. Die einzigen Veränderungen in ihrem gemeinschaftlichen Leben zwischen ihrem ersten Zusammentreffen im Frühjahr 1910 und ihrer Trennung im Herbst 1917 waren jene

Gebrechen des fortschreitenden Alters. Während dieser Jahre übernahm Neal den Großteil der Arbeit im Friseurladen; Schwartz half nur hin und wieder aus, etwa wenn es samstags besonders hoch herging, und er versorgte noch zwei oder drei Stammkunden, die mit einem Augenzwinkern darauf beharrten, daß »der Alte immer noch der verdammt beste Barbier in der ganzen Gegend« sei. Es war ein friedliches und geregeltes Leben, und Neal hätte darüber beinahe vergessen, daß er jemals ein anderes gekannt hatte.

1914 war Neal 21 Jahre alt und noch nie mit einer Frau zusammen gewesen. Es schien dafür keinen eindeutigen Grund gegeben zu haben; er war jetzt schon fünf Jahre in Des Moines und hätte mehr als eine Gelegenheit gehabt, ein Verhältnis mit einem der Mädchen aus der Nachbarschaft anzufangen. Er war auch nicht über die Maßen schüchtern; seine Manieren waren einfach und normal, ja, in jenen bereits erwähnten Augenblicken, die seinen hellen Teint dunkelrot färbten, konnte er sogar sehr lebhaft sein. Da er ein offenes, hübsches Gesicht hatte, wunderten sich die wenigen Leute, die ihn kannten, ein wenig darüber, daß er keine Freundinnen hatte. Offensichtlich war er einfach nicht daran interessiert.

Und doch machte er in diesem Jahr, in dem der Erste Weltkrieg ausbrach, die Bekanntschaft einer jungen Frau, um die er sich sehr bemühte. Sie war ihm schon früher aufgefallen, denn sie wohnte im gleichen Häuserblock, in dem sich seine Pension befunden hatte: Doch bis zu jenem Sonntag, an dem er seiner alten Vermieterin einen Besuch abstattete, hatte sich keine Gelegenheit ergeben, ihr offiziell vorgestellt zu werden. Das Mädchen hieß Gertrude Vollmer und war das einzige Kind eines deutschen Ehepaars aus der Nachbarschaft. Sie hatte zum Geburtstag der Pensionswirtin etwas Gestricktes mitgebracht und wurde prompt aufgefordert, noch zu bleiben, um die letzten Neuigkeiten über »Mother Annes« einziges Thema zu erfahren. Während sie auf der Veranda saßen und den endlosen Monologen der älteren Frau zuhörten, tauschten Neal und Gertrude die üblichen verschämten Blicke aus. Er begleitete Gertrude nach Hause und lernte dort ihre Eltern kennen. Danach wurde er, mit Roolfes Zustimmung – die besonders ihrer Herkunft galt –, ein häufiger Gast im Hause Vollmer.

Im Jahre 1917 trat Amerika in den Krieg ein. In patriotischer Aufwallung und voll idealistischem Tatendrang bestand Neal darauf, sich freiwillig zu melden, aber Schwartz war dagegen. Sie stritten sich zum ersten Mal in vollem Zorn.

Doch Roolfe Schwartz war ein weiser und umsichtiger Mann, der noch aus der Alten Welt viel über die Geheimnisse der Liebe wußte. Der einsame Friseur hatte Neal zufriedengestellt, indem er ihn unschuldig beließ, ihn so gut es ging versorgte und ihn, wo es Not tat, führte. Als er den Jungen damals im Park zum ersten Mal sah, hatte er einen einfachen, zutiefst naiven Burschen vorgefunden. Schwartz wußte sehr wohl, weshalb er ihn in diesem Zustand hielt. Er lobte den Jungen dafür, wie rasch und gut er sich das Friseurhandwerk »eroberte«, schmeichelte ihm auf allerlei subtile Arten und hielt auf diese Weise ihr gemeinsames Leben sorgfältig in der Balance – mit der selbstsüchtigen Klugheit einer dominanten, geduldigen Mutter. Auf diese Weise war es ihm nicht nur gelungen, Neal die ganzen sieben Jahre in seiner Nähe zu halten, sondern er wußte auch, daß Neals Verstand nicht besonders wißbegierig war; bislang hatte er noch keine einzige Frage über das Leben gestellt, die Schwartz nicht schon zum Zeitpunkt ihrer ersten Begegnung beantwortet hätte. Neals Einfalt war noch immer so groß, daß sein vierundzwanzigjähriger Verstand sich zu glauben weigerte, daß Roolfe nicht wegen seiner deutschen Herkunft gegen seine Entscheidung protestierte. Neal erkannte mit der Blindheit der Jugend, daß Roolfe sehr wohl wußte, daß es keinen persönlichen Grund gab, weshalb er nicht in die Armee eintreten sollte.

Schwartz sah sich schließlich genötigt, sich herabzulassen und Neal endlich die Augen zu öffnen. Wo er früher eifrig darauf bedacht war, seine Angst vor dem Verlassenwerden zu verbergen, tischte er ihm jetzt die ganze Wahrheit auf. Neal erfuhr von seiner Einsamkeit und reagierte innerlich sehr schockiert und verwirrt darauf. Nach außen hin trug die Macht des normalen Verhaltens Einwilligung zur Schau, und Schwartz war ein kleiner Aufschub vergönnt. Neal blieb also bei ihm; das Leben lief weiter wie gehabt: Arbeit im Salon, hin und wieder ein Treffen mit Gertrude, Besuche bei »Mother Anne«, um den Fortschritt ihres Wahns zu begutachten. Doch jetzt wurde er sich dessen bewußt, daß er kaum etwas anderes besaß. Als Schwartz in der Auseinandersetzung über den Krieg Sieger geblieben war, hatte Neal im gleichen Zug von einem ganzen Spektrum der Persönlichkeit erfahren, die ihm vorher unbekannt gewesen war. Er entdeckte, daß es ihm freistand, sich nach den Vergnügungen dieser Welt umzusehen, und trotz seiner Einfachheit erregten ihn die Aussichten, die sich daraus ergaben, so sehr, daß seine Unruhe von Tag zu Tag wuchs. Schwartz ahnte etwas, war jedoch nicht willens, Neals rastlose Langeweile zu lindern, da es die Ordnung der Dinge verändern konnte und Neal mit seiner neugewonnenen Freiheit die Oberhand gewinnen, etwas Verrücktes tun, ja, ihn vielleicht sogar verlassen würde. Neal fand kein Ventil, seine Feindseligkeit wuchs, doch der Ausbruch der Krise wurde dadurch abgewendet, daß er plötzlich von der zweiten Erhebung erfaßt und rasch zur Armee einberufen wurde.

Das Soldatenleben tat ein Weiteres, um Neal aus seinen Träumen zu wecken; der Kontakt mit reiferen Männern machte ihm noch mehr bewußt, wie wenig er bislang mit seinen Jahren angefangen hatte. Seine Armeekameraden wurden zum Brennpunkt seiner Bewunderung und unter ihrem Einfluß übernahm er viele ihrer Angewohnheiten. Vor der Einberufung hatte er weder geraucht noch getrunken; jetzt fing er beides an. Er entdeckte die Existenz von Prostituierten und fing sich innerhalb kürzester Zeit eine Krankheit ein, für deren Verbreitung sie bekannt sind. Im Gegensatz zu seiner unschuldigen und aufopferungswilligen Haltung zu Beginn des Krieges machte es ihm schon bald nicht mehr viel aus, daß er einen erbärmlichen Soldaten abgab.

Jim Trent war der Mann in Neals Einheit, zu dem er sich am meisten hingezogen fühlte. Jim kam aus dem Wüstenstaat Arizona. Seine Eltern waren dort Goldsucher gewesen, bis sie beim Einsturz einer Mine, in der sie allein gearbeitet hatten, getötet wurden. Jims präpubertärer Verstand setzte im Schock über diesen fatalen Verlust eine Weile aus, und nachdem der Junge die ersten zehn Jahre seines Lebens draußen in der Wildnis aufgewachsen war, sah er sich plötzlich dazu gezwungen, sich an eine völlig entgegengesetzte Umgebung zu gewöhnen. Eine ihm zuvor unbekannte Tante, die in Kansas City lebte, nahm sich seiner an. Der überrumpelte Junge wurde bis zu seinem Besuch der Missouri University sorgsam und umfassend von Privatlehrern unterrichtet. Er machte seinen Abschluß in Journalismus und bekam schon bald nach dem Abgang von der Universität eine Anstellung als Reporter beim *Kansas City Star*. Als der Krieg ausbrach, kündigte er und meldete sich zu den Waffen – trotz aller Proteste seiner Tante, die ihn daraufhin sofort enterbte. Aus Trent wurde nun ein rücksichtsloser, zynischer junger Mann, und sein Unmut über den Verlust ihrer Patronage führte dazu, seinem Charakter einen zusätzlichen Schuß Boshaftigkeit zu injizieren. Seine Haltung dem Leben gegenüber, die den Snob verriet, der seine Unzulänglichkeit mit gelangweilter Überheblichkeit zu überspielen versuchte, führte dazu, daß ihn fast niemand leiden mochte und er bei der Armee recht bald zum Außenseiter wurde. Nur Neal, der einfache Junge vom Lande, bewunderte Jim Trent rückhaltlos, und so wurde aus der beiläufigen Bekanntschaft etwas, das Neal für eine rasch geschlossene Freundschaft hielt. Schon ihre Verbindung war in gewisser Hinsicht ein Akt der Verzweiflung, denn ohne es zu wissen, rebellierten sie beide, und indem sie über die Armee herzogen, wurden sie zu einem anmaßenden Duo, das immer weniger auf die Stimme der Vernunft hörte.

Das Schiff, auf dem Neal nach Europa dampfen sollte, hatte einen Termin für Mitte November 1918, doch der Waffenstillstand machte das Auslaufen überflüssig. Dieser unerwartete, wenn auch erhoffte Wandel der Dinge wurde von allen wie eine Begnadigung in letzter Minute mit freudiger Dankbarkeit begrüßt – bis auf Neal, der sich betrogen fühlte. Bei seiner Vorbereitung auf die imaginären Schlachten und den Tod hatte er sich Trents prahlerischen Gehabes bedient, um seine Angst zu besiegen. Das schmähliche Ende stürzte ihn in Verwirrung, denn er hatte sich ausgemalt, daß der Krieg die Stimmigkeit seiner Methode, eine noch immer idealisierte Verwegenheit zu suchen, bewahrheitet hätte. Das heißt, er hätte mit einigen echten Heldentaten gleichziehen können, alles wieder ins rechte Lot rücken. Derartige Gedanken verschafften ihm jetzt keine Entschuldigung mehr dafür, wie er sich im Heeresdienst aufgeführt hatte, und die Reue der Selbsterkenntnis überkam ihn.

Neal wurde im Januar 1919 ehrenhaft aus der Armee entlassen. Auch Trent erhielt seine Papiere, und gemeinsam reisten sie mit dem Zug nach Kansas City. Sie logierten in einem noblen Hotel und hatten in einigen Wochen ihre gesamen Ersparnisse durchgebracht. Wie es sich kleine Jungen nach dem Hausarrest versprechen, ließen sie es sich hemmungslos und über die Maßen gutgehen und genossen all das, was sie sich bei ihrer Entlassung versprochen hatten. Noch bevor das Geld alle war, hatte Neal genug vom Nachtleben, doch für Trents uferlose Exaltiertheit war die Grenze noch lange nicht erreicht und er borgte sich große Summen von seinen alten Freunden, um auch weiterhin dem gewohnten Lebenswandel zu frönen. Neal war das alles leid, ließ Trent in den Trümmern sitzen und kehrte zu Schwartz nach Des Moines zurück.

Erneut übernahm er den Friseurladen, doch die Geschäfte gingen nicht mehr so gut, da Schwartz während Neals Abwesenheit senil geworden war. Nach all dem, was ihm in jüngster Zeit widerfahren war, war Neal völlig entnervt und fing an, Roolfe zu hassen, wobei ihn der sabbernde und unaufhörlich fröhlich vor sich hinkichernde alte Mann zur Weißglut brachte. Schwartz gewöhnte sich an, ihm über die Schulter zu blicken, wenn er gerade mit einem Kunden beschäftigt war, ihm ins Ohr zu kichern, in die Rippen zu stoßen oder ihm hin und wieder sanft über den Hinterkopf zu streicheln. Schlimmer war jedoch, daß die Dinge, die er erzählte, keinen Sinn mehr ergaben. Die tägliche Konfrontation mit dem Niedergang dieses Mannes wühlte Neal so auf, daß er den Salon oft schloß und sich über Magenschmerzen klagend ins Bett verzog. Eines Tages legte sich auch Schwartz ins Bett und stand nicht mehr auf; er war zum Pflegefall geworden. Neal, der weggehen wollte und doch zum Bleiben gezwungen war, kam an den Rand eines Nervenzusammenbruchs. Während die Wochen vergingen, wurde das Gefühl des Gefesseltseins immer schrecklicher und intensiver und trieb ihm jegliches Mitgefühl aus. Er mußte eine Entscheidung treffen, und als er hörte, daß die Ottumwa Mutual Life Insurance Company Versicherungsvertreter suchte, machte er sich davon, während Schwartz schlief. Ohne sich zu verabschieden, überließ er seinen Ziehvater dem Schicksal. Derartig belastet, trat er verunsichert die kurze Reise nach Ottumwa an, um dort eine zweite unsichere Karriere in einem ihm fremden Arbeitsbereich zu beginnen.

Die Ottumwa Mutual Life Insurance Company kümmerte sich in erster Linie um die Landbevölkerung. Neals Arbeitsgebiet erstreckte sich auf das Gebiet um die Bundesstaatengrenze zwischen Süd-Iowa und Nord-Missouri. Da er sich hier in heimatlichen Gefilden befand und mit dem ihm vertrauten Menschenschlag zu tun hatte, verschaffte ihm seine geradlinige Ernsthaftigkeit beim Verkauf von Versicherungen ein anständiges Einkommen – trotz des Spuks, der ihn im Schlaf heimsuchte. Am letzten Märztag 1920 wurde er zum Chefverkäufer befördert, der die Firma allein vertreten durfte (Anfänger arbeiteten immer in Gruppen zusammen). Er kaufte sein erstes Automobil, einen Ford Modell T. Doch in den starken Regenfällen des Frühjahrs fuhr er den Wagen zu Schrott, als er versuchte, mit ihm über einen mehr als einen Meter breiten Graben zu springen. Um noch weiter von Schwartz wegzukommen, nahm Neal, jetzt ohne Auto, einen Posten in der Zweigniederlassung der Firma in Kansas City an.

Schon wenige Stunden nach seiner Ankunft in Kansas City traf er in einer Kneipe im Stadtzentrum auf James Trent. Befeuert durch den Alkohol, begrüßten sie einander überschwenglich und feierten ihr außergewöhnliches und unvorhergesehenes Zusammentreffen. Jims überschäumende Freundlichkeit verleitete ihn dazu, Neal als Dauergast in das palastartige Haus seiner Tante einzuladen.

Die Gesellschaft von Kansas City war stolz auf Genevieve Connelly Whitaker. Ihr Vater, Osgood Maynard Connelly, war ein Sproß der stadtbekannten reichen »Banken-Connellys« gewesen. Ihr verstorbener Ehemann, Willard Whitaker, hatte die größte Fleischverarbeitungsfabrik westlich von Chicago gegründet und ein gewaltiges Vermögen hinterlassen. Genevieve war das Paradebeispiel einer Witwe, die sich der Verantwortung ihres Reichtums bewußt war. Ihr Leben drehte sich hauptsächlich um Stiftungen, große gesellschaftliche Ereignisse und darum, ein modisches Vorbild abzugeben. Und es gab natürlich noch das Problem mit James Trent, dem einzigen Kind ihrer verstorbenen Schwester. Zwar war sie bei seinem Eintritt in die Armee sehr verstimmt gewesen, doch als sie sich daran erinnerte, daß sie ungeahnte Schuldgefühle und Angst um sein Wohlergehen gehabt hatte, ließ sie sich nach seiner Rückkehr erweichen und setzte ihn wieder in seine privilegierte Position ein.

Neal war rasch im Wirbel der gesellschaftlichen Ereignisse gefangen, die sich auf das Haus der Whitakers konzentrierten. Er fand sich plötzlich den Ansprüchen eines Lebens ausgesetzt, das seiner Natur noch fremder war als das in der Armee. Eine weitere widrige Entwicklung bestand darin, daß Jim Trent der ausgewählte Leithammel einer Clique übler kleiner Snobs geworden war. Diese Gruppe ließ das Landei Neal rasch auflaufen. Allein der joviale Jim schützte den verdutzten Neal vor ihrem Spott. Doch auch er verlor bald, nachdem der erste Enthusiasmus verflogen und neue Zerstreuungen angesagt waren, das Interesse und kümmerte sich nicht mehr um die Angelegenheit. Neal kam sich vor wie im Zoo, als sei er eine Abnormität, die angestarrt wurde, wenn man nichts Besseres zu tun hatte. Niemals zuvor hatte man ihn so herablassend behandelt, die neue Erfahrung war erniedrigend. Voller Wut angesichts der Überheblichkeit dieser Stadtmenschen, zu denen er andererseits ehrfürchtig aufsah, zog sich der einfältige Mann vom Lande immer mehr in Paranoia und Selbstekel zurück.

Sein Berufsleben litt darunter, denn die kostenfreie Logie entband ihn der Notwendigkeit, sich durch regelmäßige Anstrengungen einen Lebensunterhalt zu verdienen, und neue Perspektiven fielen leicht seinen Rückfällen zum Opfer. Er verabscheute es sogar, sich mit alten Kunden abzugeben, aus Angst davor, sie könnten sich aus irgendeinem Grund über ihn beschweren. Als ihm klar wurde, daß er in seiner Verfassung nichts verkaufen konnte, und angesichts der Tatsache, daß seine Verkaufskurve rapide nach unten sank, blieb er mehrere Tage hintereinander der Arbeit fern und schied dann ganz aus der Firma aus.

Er hielt sich wochenlang in seinem Zimmer auf, ging Jim aus dem Weg, der sich nur gelegentlich und schlaglichtartig über Neals Aktionen wunderte, aber dabei blieb es auch. Genevieve hatte natürlich keine Ahnung davon, wieviele Leute sich jeweils in ihrem Haus aufhielten; es war ein ständiges Kommen und Gehen, und oft wurde sie für längere Zeit zu dieser oder jener Attraktion mitgenommen. Den weniger wichtigen Leuten zollte sie ohnehin keine Beachtung, und so fiel es niemandem auf, daß sich Neal grübelnd zurückzog.

In seinem Zimmer gab er sich hauptsächlich dem einsamen Konsum des so großzügig im Hause bereitgestellten Alkohols hin. Dennoch wurde sein Versagen, sich in Trents Welt einen Platz zu erobern, von der zunehmenden Erkenntnis seiner Schuld verdrängt, die er durch den Weggang aus Des Moines auf sich geladen hatte. Neal verbrachte Stunde um Stunde voller Angst damit, daß er sich in seinem betrunkenen Kopf vorstellte, wie er den armen Schwartz feige im Stich gelassen hatte. Jedesmal, wenn er sich den Abend, an dem er wegging, vor Augen hielt, durchbohrten ihn die Scham und das schlechte Gewissen wie glühendes Eisen, und die lebhaften Erinnerungen an die kurze, ekelhafte Zeitspanne mit Schwartz stieg erneut in seiner Erinnerung hoch. Zu diesen Konflikten kam die Verwirrung über die Unfähigkeit hinzu, seinen Job zu behalten, und die Verbitterung darüber, daß er nicht dafür verantwortlich war, daß er alles hingeworfen hatte. Seine Unfähigkeit, in der großen Gesellschaft mitzuhalten – wenn er sich denn in seinen Überlegungen zu solchen Gedankengängen verstieg –, bestärkten ihn in der Erkenntnis, daß diese hartherzigen Menschen ihn erneut die seit langer Zeit schlummernden Gefühle seiner Minderwertigkeit und hilflosen Wut spüren ließen, die er in seiner Jugend kennengelernt hatte, als Eva von zu Hause wegging und seine älteren Brüder ihn so grausam behandelt hatten. In dieser qualvollen Verfassung und mit derlei Gedanken als einziger Beschäftigung, kam er rasch zu dem Schluß, daß seine Position in diesem herrschaftlichen Haushalt unhaltbar war, um nicht zu sagen lächerlich. Doch die tägliche Ration an Alkohol, die er konsumierte, versetzte ihn in eine schwankende Unsicherheit, die ihn davor abhielt, seine Erkenntnisse in Taten umzusetzen.

Am Abend des dritten Tages einer Festivität anläßlich des bevorstehenden Neujahrs 1921 erwachte Neal endlich aus seiner Betäubung und ließ sich zu einer aufbrausenden Tirade gegen das ganze Leben hinreißen. Der überraschte Trent reagierte mit einem verächtlichen Grinsen, das darauf angelegt war, bei seiner Gesellschaft versammelter Esel nur noch lauteres Gespött und Gelächter hervorzurufen, und Neal stürmte hinaus, um das Haus ein für allemal zu verlassen. In der abweisenden Kälte des wohlhabenden Viertels verflog seine Wut allmählich, nur um von neuerlichen Gewissensbissen hinsichtlich dessen, was er Schwartz angetan hatte, abgelöst zu werden. Tränenblind und ohne weiter auf seine Umgebung zu achten, hastete er zur Landstraße.

Da er kaum Geld besaß, war er gezwungen, die Strecke nach Des Moines so schnell wie möglich und per Anhalter zurückzulegen, und je langsamer ein Gefährt dahinrollte – er erwischte mehr Viehwagen als Automobile –, desto rascher wuchs seine Gereiztheit. Er betete voller Inbrunst, daß Schwartz noch am Leben sei. Seit Neal den bettlägerigen Mann verlassen hatte, war beinahe ein Jahr vergangen.

Es gibt eine Erfahrung, die man nur wenige Male im Leben macht, da sie nur in jenen Sekunden der Erwartung auftritt, bevor man die Antwort auf eine drängende Frage erhält, die bereits zu einer solchen Wichtigkeit angeschwollen ist, daß sie anscheinend über das ganze weitere Schicksal entscheidet. Diesen Moment der Anspannung – Mund und Augen aufgerissen, den Hals wie zugeschnürt und das Bewußtsein hellwach – erfuhr Neal zum erstenmal, als er den vertrauten Pfad zum Friseurladen beinahe hinablief.

Im Laden brannte kein Licht. Er war schon lange geschlossen, verblichene Rollos waren hinter dem ungewaschenen Spiegelglas fest zugezogen. Ihm fiel auf, daß der Türgriff wie verkrustet war; die Tür war abgeschlossen, und so suchte er rings ums Haus nach einer Möglichkeit, sich Zutritt zu verschaffen, fand jedoch keine. Ohne einen Gedanken an die gesetzlichen Einschränkungen zu verschwenden, schlug er die Scheibe eines Seitenfensters ein und kroch durch die Öffnung hinein. Drinnen im Laden ging er sogleich nach hinten auf die Wohnräume zu. Ein flüchtiger Blick versicherte ihm, daß hier schon seit längerem keine Geschäfte mehr gemacht wurden. Er ging an dem letzten Frisierstuhl vorbei, der wie die beiden anderen von einem sorgfältig darübergezogenen gestreiften Leintuch geschützt war, hin zu einer weiteren Tür in der Mitte einer Trennwand zwischen den beiden Räumen. Auch diese war verschlossen, aber der Raumteiler, eher ein Sichtschutz als eine Wand, reichte nicht ganz bis zur Decke. Er schwang sich über diese Barriere, ließ sich auf den Boden hinunter und befand sich wieder in dem Domizil, in dem er über 2.700 Nächte geschlafen hatte. Zuerst fiel ihm das Bett auf. Es war gemacht und unbenutzt, aber mit Staub bedeckt. Auf einem Gestell an der anderen Wand des Zimmers stand noch immer der Zweiflammen-Gasbrenner zum Kochen; aber er war nicht angeschlossen. Genau in der Mitte der gegenüberliegenden Wand stand der Wandschrank, den er vor einigen Jahren mit groben sechs mal zwölf Brettern aus Ausschußholz gezimmert hatte. Jetzt hingen keine Kleider mehr darin, und der Vorhang, der sie einst verdeckt hatte, war auch weg. Bis auf die kleine Badewanne und die Toilette, die sich um die Ecke befanden und seinen Blicken entzogen waren, gab es keine weitere Einrichtung in dem Zimmer. Er setzte sich gedankenverloren auf das Bett. Mit aufgeblähten Nüstern zog er den Geruch der Armut ein, der die stickige Luft durchdrang.

Plötzlich wurde er durch ein Licht, das sich auf seine Augen richtete, aus seinen dumpfen Träumereien gerissen. Irgendwie war es dem örtlichen Bezirkspolizisten gelungen, sich geräuschlos sowohl durch die Vorder- als auch die Trenntür zu schleichen. Oder lag es eher daran, daß Neal zu sehr in seiner Verzweiflung versunken war, um etwas zu hören. Wie auch immer, der Polizist stand jetzt jedenfalls mit Taschenlampe und gezogener Pistole vor Neal.

»Aufstehen, mit dem Gesicht zur Wand dort drüben, Hände an die Wand – höher, über den Kopf«, blaffte er. Während er Neal durchsuchte, erkundigte er sich nach seinem Namen, danach, was er hier zu suchen habe und dergleichen. Da er bei Neal

keine versteckte Waffe fand, führte er ihn nach draußen, wo er ihn weiter verhören wollte. Neals apathische Reaktion und offensichtliche Unbekümmertheit hinsichtlich seines heimlichen Einbruchs lockerte das Mißtrauen des Wachmannes ein wenig. Die Polizeiwache war nicht weit entfernt, und so beschloß er, Neal zu Fuß dorthin zu bringen, um sich seine Geschichte etwas genauer anzuhören und um sicherzugehen, daß es sich nicht um einen Bluff handelte.

Schließlich konnte sich Neal an den Namen eines alten Kunden erinnern, der auch nach einem Anruf zur Wache kam und Neals Befugnis bestätigte, in Schwartz' Friseursalon einzubrechen und ihn zu betreten. Der Polizeicaptain gab sich damit zufrieden, daß Neals Erklärung korrekt war, und entließ ihn ohne Bußgeld.

Als sie gemeinsam die Wache verließen, erzählte ihm der Kunde (an dessen Vorliebe für Gesichtsmassage sich Neal noch gut erinnerte), daß ein nichtsnutziger Landstreicher namens John Harper sich um Schwartz, der erst vor wenigen Wochen gestorben war, gekümmert habe. Da er bereits mit dem Tod von Schwartz, der sich jetzt auf so ungewöhnliche Weise bestätigte, gerechnet hatte, wurde Neal jetzt weder von plötzlicher Trauer gepackt noch fühlte er sich durch die Neuigkeiten schockiert. Im Gegenteil, Neal verspürte bei der unerwarteten Aussicht, mit demjenigen sprechen zu können, der sich um Schwartz gekümmert hatte, eine unerklärliche Erleichterung. Nachdem er sich nach dessen Adresse erkundigt hatte, war er schon wieder so geistesgegenwärtig, daß er sich bei dem ehemaligen Kunden für seine Hilfe bedankte und dem überraschten Mann überschwenglich die Hand schüttelte, bevor er sich eilig davonmachte.

Neal ging schnurstracks zum Wohnsitz des Vagabunden John Harper auf dem Müllabladeplatz am Rande der Stadt. Als er dort eintraf, blieb er zögernd vor der ersten von vier oder fünf Hütten stehen, die in einer Senke inmitten mehrerer Abfallberge standen. Auf sein Klopfen hin tauchte ein runzeliges Gesicht auf, das sofort mit Hilfe eines Paares ausdrucksloser Augen in absichtlich verständnisloser Abweisung erstarrte. Die Augen erinnerten Neal an die eines verrückten Geizhalses und an eine Figur aus einem der wenigen Bücher, die er gelesen hatte, *Silas Marner*. Ein tiefer kehliger Ton quetschte sich zwischen aufblitzendem, zahnlosem Zahnfleisch hindurch und stieß durch verzerrte Lippen ein »Da drüben« aus.

Von allen architektonischen Absurditäten, die auf diesem abstoßenden Flecken Erde errichtet waren, war diese wohl das beste Beispiel dafür, daß sich auch so gut wie Nichts noch als Behausung benutzen ließ. Kisten aus unterschiedlichen Sorten Stahlblech, Fasergipsplatten und zahlreiche andere Materialfetzen, die den Abfallhaufen entrissen waren, bildeten die Zutaten dieser Melange. Vor dieser Hütte kläffte ein rattenartiger kleiner Terrier aus voller Kehle und raste über den schneebedeckten Boden, soweit es der Strick um seinen Hals erlaubte. Sein Gekläff ließ nach und verebbte dann ganz, als Harper sich innen bewegte und »Ruhe« brüllte. Der Hund verstummte, dann ertönte die Stimme von drinnen erneut: »Herein«.

Neal nahm seinen Hut ab und bückte sich, um bequemer durch die niedrige Tür zu kommen. Harper schwang seine Füße auf den mit Sackleinen bedeckten Boden und setzte sich auf seiner Pritsche aus Zeltleinwand auf. Als er Neal so mit dem Hut in der Hand auf der Schwelle erblickte, hielt er es fast für eine respektvolle Geste.

»Wir sind allein«, sagte er und hielt dann inne, die Augen starr auf den aufgeregten Neal gerichtet. »Sie können Ihren Hut auf den Tisch legen.« Er wies auf eine große umgedrehte Kiste mit einer brennenden Kerze darauf, die direkt in der Mitte des Raums stand. Anstelle der Aufforderung nachzukommen, eigentlich kaum dem Inhalt der Worte folgend, fing Neal sofort aufgeregt an, Harper auszufragen. Alles was er sich immer vorgestellt hatte, alles was er wissen mußte, wurde in knappen Fragesätzen ausgestoßen, wobei er dazwischen kaum Luft holte. Als

Harper ihn unterbrach, um zu antworten, fing Neal rasch noch einmal von vorne an, so daß Harper ihn verdutzt anblickte und wartete, bis er fertig war. Neal beendete seinen bewegenden Vortrag mit verzweifelten Selbstvorwürfen hinsichtlich seines Versagens gegenüber Schwartz und schlug sich dramatisch auf die Brust, bis er schließlich neben Harper auf die Pritsche sank und den Mann zum Reden aufforderte. Einen Augenblick herrschte Stille in dem überhitzten Raum: ein Ölofen stieß schwarze Wolken dichten Rauchs aus.

Obwohl er sehr beeindruckt von Neals Darbietung übertriebener Gefühle war, ließ sich Harper nicht davon einschüchtern und beschloß weise, sie zu ignorieren und sich statt dessen auf die einfacheren Aspekte zu konzentrieren. Denn er spürte, daß es dem aufgewühlten Mann vor allem darum ging, etwas Konkretes zu erfahren, woran sich weitere Spekulationen entspinnen konnten. Also sprach er der reinen Wirkung willen die nackten Tatsachen mit aller gebührenden Ausschmückung und Würde aus, deren er fähig war.

»Ich war in der Stadt, um ein paar Fleischreste für Buggyboy da draußen zu organisieren, da kam ich an Ihrem Friseurladen vorbei und hörte ihn herausrufen. Also ging ich rein, und da lag er dort hinten auf dem Bett. Er packte mich am Arm und fragte sogleich, wo Sie sind. Ich wollte ihm gerade sagen, daß ich nur zufällig vorbeikomme und Sie nicht kenne, aber er hörte überhaupt nicht zu, immer rief er nur nach Ihnen. Also blieb ich bei ihm und versuchte ihn zu beruhigen. Tja, ich gab ihm etwas Suppe, die noch dort stand, und es wurde ihm bald besser. Er redete dann auch nicht mehr so wirr und ich blieb ziemlich lange bei ihm, und am Ende versprach ich, daß ich am nächsten Morgen wieder zu ihm kommen würde, und ging, um das Fleisch für meinen Hund zu holen.

Ich besuchte ihn ungefähr eine ganze Woche oder so jeden Tag, doch dann wollte er, daß ich auch über Nacht blieb, und das tat ich dann halt. Ein paar Monate vergingen, und da er nicht arbeiten konnte und der Laden geschlossen war, lebte ich sogar von seinem Geld. Wir haben uns viel unterhalten, ich glaube, das hat ihm enorm geholfen. Dann ging es ihm plötzlich so mies, daß er kaum mehr aufwachte, er hörte auch zu reden auf. Ich glaube, er wußte, daß Sie nicht mehr wiederkommen. Jedenfalls ist er ein paar Tage später gestorben – das muß etwa vor einem Monat gewesen sein.«

Als Neal den Landstreicher gegen Mitternacht verließ, ging es seinem ohnehin sehr empfindlichen Magen noch übler als sonst. Er schrieb es den Kerosindämpfen in seiner Nase zu und wollte die Symptome in seinen Gedärmen nicht auf Seelenqual oder Freudsche Folter zurückführen. Er besuchte Harper nie wieder.

Neal machte den Laden für mehrere Wochen neu auf, verkaufte ihn dann aber ohne Bedenken, als er ein unerwartetes Angebot dafür erhielt. Da der Friseursalon und die Einrichtung alles waren, was Schwartz zurückgelassen hatte, verfiel Neal kurz darauf, als der Frühling wieder ins Land zog, erneut dem Nichtstun und wandte sich allen Ernstes wieder der Parkbank zu. Er fand eine Art dumpfen, brütenden Frieden darin, sich an das Vergangene zu erinnern, und verbrachte ganze Tage damit, über seine 28 Jahre zu sinnieren, und das Philosophieren auf der Bank wurde noch angenehmer, als es Sommer wurde, und sogar der Herbst verging, ohne daß Neal seine Gewohnheiten geändert hätte. Er führte ein unregelmäßiges Leben ohne Freund und Feind, wohnte in einem kleinen Hotel und aß zu den unmöglichsten Zeiten in einem kleinen Café nebenan, das die ganze Nacht über geöffnet hatte. Im Park, wo ihm nur die Eichhörnchen Gesellschaft leisteten, saß er allein, bis zu den Ohren gegen die Kälte eingepackt, und erging sich weiterhin in seiner extremen Selbstversunkenheit.

Natürlich erwarb er sich durch das Leben auf diese masochistische Weise eine gewisse Geduld und entwickelte einen Stolz auf den Gleichmut, der nicht zuließ, daß sein Gleichgewicht durch etwas gestört wurde. Er wünschte sich, daß die Turbulenzen vorüber waren, und gelobte, sich in Zukunft von allen

Gefühlsverwirrungen fernzuhalten und jeden Anflug von Extravaganz zu unterdrücken. Er rauchte Bull-Durham-Tabak, erlaubte sich keinen Luxus und gab sehr wenig Geld aus. Doch obwohl die Summe aus dem Verkauf des Ladens unbestreitbar dahinschmolz, machte er keine Anstalten, sich Geld zu verschaffen. Statt dessen wartete er so lange, bis er total abgebrannt war. Nachdem er seine letzten Pennys für ein Frühstück ausgegeben hatte, spazierte er einfach in den besten Friseursalon der Stadt, erkundigte sich nach Arbeit und wurde sofort eingestellt. Seine Züge verrieten weder Erstaunen noch Dankbarkeit.

Er arbeitete mehrere Jahre in dieser Anstellung und fehlte keinen Tag, mit einer Ausnahme im Sommer 1924. Er nahm seine alte Angewohnheit des Trinkens wieder auf, beschränkte sich damit jedoch auf den Samstagabend.

An einem dieser Samstagabende betrank er sich über die Maßen, nachdem er den ganzen anstrengenden Tag lang Männer rasiert und ihnen die Haare geschnitten hatte, was bedeutete, daß er viele Stunden mit schmerzenden Füßen und seinem angegriffenen Rücken in der drückenden Hitze stehen mußte. Als er spät in der Nacht allein durch die Straßen von Des Moines wankte, kam ihm etwas in den vernebelten Sinn, irgend etwas aus dem Salon, das er dringend und sofort brauchte; seinem betrunkenen Impuls folgend, schlich er torkelnd durch die Gasse hinter dem Gebäude, und als er an der Hintertür des Ladens angekommen war, suchte er nach seinem Schlüssel. In diesem Moment, gerade als er sich hinabbeugte, um das Schlüsselloch näher zu inspizieren, wurde er von einem Polizisten überrascht und herumgewirbelt. Diese ehrenwerte Person wartete nicht, bis Neal schwerzüngig seine Erklärung lallen konnte, sondern versetzte ihm einen gewaltigen Schlag ins Gesicht, direkt zwischen und etwas unterhalb seiner trüben, vom Alkohol umflorten Augen. Der Hieb des brutalen

Bullen erhielt noch erheblichen Nachdruck von einem glänzenden, neuen und schweren Schlagring, den er – wahrscheinlich, um ihn auszuprobieren – über die Knöchel gezogen hatte.

Es ergab sich, daß der diensthabende Sergeant auf der Wache der gleiche Gentleman war, dessen Bekanntschaft Neal in jener entscheidenden Nacht drei Jahre zuvor gemacht hatte. Er war damals schon Polizeicaptain gewesen, mußte inzwischen also versetzt oder degradiert worden sein. Dieser bemerkenswerte Beamte erinnerte sich an Neals Neigung, sich Zugang zu den Friseursalons der Stadt zu verschaffen, und so überprüfte er die Angabe, daß Schwartz Neal seinen Laden überlassen hatte, und befragte ihn bedächtig hinsichtlich des neuen Zwischenfalls. Allerdings nicht so sorgsam, daß er die Unangemessenheit des Streifenmannes in Frage gestellt oder den weiteren Gebrauch seines neuen Spielzeugs eingeschränkt hätte. Vielleicht sprach er ihm unter vier Augen sogar ein Lob für den neuesten Beweis seiner emsigen Wachsamkeit aus. Wie auch immer, Neal jedenfalls wurde erst spät am folgenden Montag entlassen. Er schob die Korrektur seines verschobenen Erkers auf und laborierte in der Folge endlos an dieser Saumseligkeit herum; so kam es, daß ihm die Nase bis zum Ende seiner Tage schief im Gesicht saß.

Eigenartigerweise, und im Gegensatz zur offensichtlichen Logik, riß ihn dieser Schlag jedoch dramatisch aus seiner Verkrustung. Er benahm sich gegenüber den Kollegen und der Kundschaft im Salon viel freundlicher und fing an, mehr Wert auf seine Kleidung zu legen. Er wurde sogar so gesellig, daß er sich leidenschaftlich mit allen Leuten unterhielt. Er verbrachte seine gesamte Freizeit bei gesellschaftlichen Veranstaltungen. Ob Baseball oder Pokerrunden, Platzkonzerte oder Tanzveranstaltungen am Samstagabend – Neal ging überall hin. Diese Entwicklung wurde zur Gewohnheit und ihr wurde sogar Form und Würde verliehen, als Neal einen seiner Stammkunden, einen örtlichen Golflehrer, bat, ihn in die Gesellschaft des Des Moines Country Club einzuführen. Den Reinfall mit Trent in Kansas City schien er vergessen zu haben oder ihm nur noch wenig Gewicht beizumessen, vielleicht wollte er sich auch nur selbst etwas beweisen. Jedenfalls weitete er sein gesellschaftliches Leben enorm aus, und wenn man eine bestimmte Periode in Neals Leben als seine ausgeglichenste und rundum zufriedenste bezeichnen müßte, dann wären es das Jahr oder die achtzehn Monate, nachdem ihm die Nase zerschmettert wurde. Er befand sich buchstäblich auf seinem persönlichen Höhepunkt und war glücklicher als jemals zuvor oder danach. Durch die Pflege seiner Kontakte zur Elite oder zur Beinahe-Elite sowie durch seine Anerkennung in der unteren Schicht dieser Gesellschaft, machte er zahllose Bekanntschaften und fand sogar ein paar Freunde. Schon bald frisierte und rasierte er wichtigere Männer als die meisten anderen Barbiere in der Stadt. Das wurde honoriert, und nach dem Tod des Vorsitzenden der Innung übernahm er diesen Posten. Sein kometenhafter Aufstieg gipfelte in seiner Ernennung zum Geschäftsführer des Salons mit zehn Stühlen im Frühjahr 1925.

Die Genugtuung, die er dabei verspürte, machte vielleicht das wett, was bis dahin nie eine Rolle für ihn gespielt zu haben schien – die Freuden der Liebe. Trotzdem wurde das genaue Gegenteil wahr, die Teilnahme an einem normaleren Leben erweckte in ihm das Verlangen nach weiblicher Gesellschaft, denn als kurz vor Ende der ersten Hälfte des Jahres, welches das Vierteljahrhundert markierte, 32 Jahre seines Lebens vorüber waren, heiratete Neal seine einzige Frau, Maude Jean Scheuer.

– II –

Im Spätherbst des Jahres 1869 dockte im Hafen von New York der Schoner »Giesenstadt« an, der unter deutscher Flagge fuhr und der deutschen Regierung gehörte. Als das Schiff festmachte, freute sich das jüngste Besatzungsmitglied ebenso wie der Rest der Mannschaft auf den sehr kurz bemessenen Landurlaub, der ihnen gestattet wurde, solange das Schiff entladen wurde; doch seine Aufregung wurde von einer mindestens ebensogroßen Angst überschattet.

Otto Scheuer, ein Waisenjunge aus einer großen deutschen Stadt, war gegen seinen Willen in den Marinedienst gezwungen worden, so wie es in jener Zeit durchaus üblich war. Nachdem beide Elternteile einer grassierenden Infektionskrankheit zum Opfer gefallen waren, hatte sich der seiner Familie beraubte Otto auf der Straße herumgetrieben und war bald aufgegriffen worden. Bereits mit sechzehn hatte er sich zu einem kräftigen Kerl mit dem bläßlichen Teint seines Heimatlandes entwickelt, muskelbepackt und mit guten Aussichten, noch größer zu werden. Seine Gedanken schienen stets mit schwerwiegenden Problemen beschäftigt zu sein, die Färbung seiner Seele war trüb grau. Der ausgesprochen körperbetonte Mann behielt zeit seines Lebens den Gang eines Verschwörers bei.

Während der Überquerung des Nordatlantiks war Otto den üblichen Mißhandlungen ausgesetzt, die einem jungen Burschen auf seiner ersten Reise widerfuhren. Nur wenige Seeleute erdulden diese Qualen, ohne gelegentlich an Flucht zu denken. Doch nachdem sie die ersten Fluchtpläne nicht in die Tat umgesetzt hatten, ergaben sich die meisten von ihnen aus Gewohnheit in die unfreiwillige Akzeptanz der mit harter Faust durchgeführten Fahrten, entdeckten bei jeder Fahrt einige Verbesserungen – bis zu einem gewissen Punkt natürlich – und fuhren aus Berufung weiterhin zur See, auch wenn die Zeit ihrer Zwangsaushebung bei der Marine schon längst abgelaufen war. Otto wurde jedoch von seinem Entschluß, seine Freiheit wiederzubekommen, förmlich in Beschlag genommen. Noch bevor die Hälfte der Fahrt hinter ihnen lag, malte er sich die seinem jugendlichen Hirn entsprungenen Pläne, mit denen er sein Ziel erreichen wollte, bis ins kleinste Detail aus. Er wußte, daß das Schiff sein Auslaufen im Falle eines entflohenen Matrosen maximal zwölf Tage verschob, in denen die verbliebenen Matrosen den fehlenden Übeltäter aufzuspüren versuchten. Die Lösung des Problems, wie er diese Zeitspanne sicher überbrücken konnte, hatte sich bislang seiner Vorstellung entzogen, insbesondere, da ein anscheinend unüberwindliches Hindernis jede andere Überlegung blockierte – er konnte kein Englisch.

Natürlich mußte sein Plan in erster Linie berücksichtigen, daß er sofort und so schnell wie möglich vom Schauplatz verschwand. Also entfernte sich Otto so rasch es die Vorsicht erlaubte von der Gruppe, die auf der Suche nach Vergnügungen an den Piers entlangspazierte. Kaum hatte er sich abgesetzt, wurde er Augenzeuge einer Schlägerei, bei der mehrere Männer auf einen einzelnen einprügelten. Der Angegriffene war kaum mehr als anderthalb Meter groß und wog mindestens 90 Kilogramm. Seiner quadratischen Ausmaße wegen erschien er Otto zunächst unzerstörbar wie ein Fels. Doch trotzdem bezog er bei dieser Übermacht so jämmerlich Prügel, daß unser sensibler junger Held sich dazu verpflichtet fühlte, ihm zu Hilfe zu eilen – obwohl er die Blicke seiner Schiffskameraden auf seinem Rücken brennen fühlte. Ärgerlich entledigte er sich seiner Jacke und stürzte sich mitten ins Geschehen, wo er beinahe bis zum Umfallen kämpfte; dabei hielt er sich die ganze Zeit über Rücken an Rücken an seinen Verbündeten, der sogar noch erschöpfter zu sein schien, so rot war sein Gesicht vor lauter Atemlosigkeit. Hart kämpfend bewegten sie sich auf eine Gasse zu, und als alle ihre Gegner einen Augenblick lang auf dem Boden lagen, folgten sie den Ratschlägen einzelner Leute aus Ottos Mannschaft (die eilig herbeigeeilt waren, um sich das Spektakel nicht entgehen zu lassen). Da ihre Ankunft Sieg verhieß, rannten die beiden Verteidiger in die Sicherheit der Seitenstraße, in die sie glücklicherweise niemand verfolgte.

Einige Straßenzüge weiter verdrückten sie sich in eine Taverne, um zu verschnaufen. Als sie sich niedersetzten, fiel Otto die

Jacke wieder ein, die er direkt vor dem Kampf in den Straßengraben geworfen hatte. Er erhob sich, um sie zu holen, damit er seine unterbrochene Flucht fortsetzen konnte, und als er sich auf die Tür zubewegte, dämmerte es seinem Gegenüber – dem vierschrötigen Riesen, auf dessen Seite er gekämpft hatte –, daß er jetzt rasch etwas sagen mußte, sonst war Otto weg. Er hob sein schweres Gesicht mit einiger Anstrengung vom Tisch und sagte: »Mein Name ist Rasmus Svensen, und ich danke dir, mein Freund.« Otto drehte sich halb um und deutete mit gelähmter Zunge und verlegen an, daß er nichts verstand. Svensen, dessen Neugier geweckt war, hob eine Augenbraue und antwortete Otto in seiner eigenen Sprache: »Deutsch? Das kann ich auch.« Otto setzte sich deutlich erleichtert wieder hin, war jedoch zu verdutzt, um es zu zeigen. Dann begann ein langer Abend des Redens und Trinkens, wofür in beiden Fällen der untersetzte New Yorker sorgte.

Zunächst schilderte er ausführlich folgende Geschichte: Er, Rasmus Svensen, sei 1844 auf der Insel Loaland in der Ostsee geboren. Die wunderschöne Heimat ließ sich durch das Einkommen, das seine Eltern aus ihrer riesigen Milchwirtschaft bezogen, ausgiebig genießen. Er war ein Einzelkind. Als er vier Jahre alt war, starb sein Vater. Die zwanzig Jahre jüngere Mutter heiratete kurz darauf einen Mann, der jede Saison neue Nachfolger produzierte, sogar Zwillinge. Diese Kinderflut wurde von Rasmus so heftig abgelehnt, daß seine Mutter, zu der er eine ungewöhnliche Zuneigung empfand, beschloß, ihn auf eine teure Schule nach Deutschland zu schicken. Im Jahre 1860 kehrte er zu seiner schönen Insel zurück, wo inzwischen noch mehr Kinder herumsprangen, und da sich kein Sechzehnjähriger, der etwas auf sich hält, derartiges bieten läßt, suchte er das Weite und versteckte sich auf einem Schiff nach Amerika. Gerade als er sich im Hafen von New York von Bord schleichen wollte, wurde er erwischt.

An dieser Stelle seines Erinnerungsmonologs konnte Otto nicht widerstehen, ihn zu unterbrechen und ihm von seiner eigenen mißlichen Lage zu berichten. Rasmus hörte ihm zu und sagte dann: »Mein Haus liegt auf der anderen Seite des Flusses; dort werden sie dich nie finden.«

Dann erzählte ihm Rasmus von seiner Farm und erläuterte ihm rasch und detailliert, wie er sie erworben hatte. Seine Mutter hatte ihm abgesehen von dem Geld, das die Betreiber der Schiffslinie gefordert hatten, noch mehr Geld geschickt, mit dem er sich Land kaufen und eine neue Heimat aufbauen konnte. »Denn unsere traurigen Herzen wissen ja nur zu gut, daß es hier an der Seite deiner Mutter keine Heimat mehr für dich geben kann«, hatte sie geschrieben. Bei diesem Zitat von seiner »alten Mutter, die ich jetzt schon fast zehn Jahre lang nicht mehr gesehen habe«, rieb er sich in gespielter Trauer die geschwollenen Augenlider. Angefeuert von der einsetzenden Trunkenheit und seinem derben Humor, lief er zu einer selten guten Form auf und berichtete Otto in den höchsten Tönen von dem »Fleckchen roter Erde, dem Land westlich des Hudson«, wo er sich niedergelassen und gebaut hatte und wo er jetzt, neun Jahre später, fest mit seinem eigenen »kleinen Frauchen« verwurzelt war.

Später, in dem Ruderboot, das sie nach New Jersey hinüberbrachte, wurde Rasmus immer einsilbiger, geheimnisvoller und ausweichender, als Otto ihn über den Angriff der Hafenarbeiter ausfragen wollte. Vielleicht geschah es aus der Lethargie nach dem schweren Besäufnis, wahrscheinlicher jedoch aufgrund seiner Launenhaftigkeit, daß er Ottos Fragen mit einem kryptischen und dahingemurmelten: »Ich gerate ständig in Prügeleien« abtat. Nach der Ankunft am anderen Ufer schwang sich Rasmus das Boot auf die Schulter und stapfte landeinwärts. Der verdutzte Otto war schwer beeindruckt, denn obwohl er selbst nicht gerade schmächtig gebaut war und Rasmus' runden Schädel um beinahe 40 Zentimeter überragte, bezweifelte er, ein derartiges Gewicht tragen zu können. Rasmus schaffte es einige hundert Meter bis zu der Stelle, an der er das Boot in einer verborgen gelegenen Hütte verstaute. Dann marschierten sie eilig über den unebenen Boden mehrere Meilen bis zu Svensens Haus.

Am frühen Nachmittag des nächsten Tages wurde Otto, der vor Erschöpfung tief und lange geschlafen hatte, von Rasmus, der mit flüsternder Stimme auf ihn einredete, wachgerüttelt. Als er die Worte hörte, sprang Otto ängstlich auf.

»Da kommen ein paar Männer«, sagte Rasmus. »Vielleicht deine Kollegen. Versteck dich auf dem Dachboden, meine Frau zeigt dir, wo. Wenn sie aber hinter mir her sind, rufe ich laut um Hilfe.« Otto zerrte sich die Hose über, riß das Hemd von der Stuhllehne, stopfte seine großen Füße in noch größere Schuhe und blickte sich panisch im Zimmer um, damit er keine persönliche Habe zurückließ, die ihn womöglich verriet. Während er schon die Treppe hinaufeilte, sah er noch, wie sich der grimmige Rasmus mit einem deutlich sichtbaren Gewehr in der Armbeuge auf der vorderen Veranda aufbaute. Auf dem Dachboden angekommen, wo eine schweigsame Mrs. Svensen einige Bretter entfernt hatte, zwängte er sich kaum in den engen Verschlag dahinter, während sie schon wieder damit anfing, den Geheimraum zu tarnen.

Otto vermutete, daß er ungefähr zwanzig Minuten in seinem Versteck eingesperrt war, als er die Stimmen und Schritte von drei oder vier Männern vernahm, die die Treppe heraufstiegen. Er hörte einige deutsche Worte, und dann, als sie näher kamen, erkannte er den Ersten Offizier der »Giesenstadt«, der mit grausamer und dröhnender Stimme seine Befehle verteilte!

In diesem Augenblick kurz vor seiner Entdeckung konnte die Angst des Jungen vor der Mannschaft nicht ganz sein Erstaunen über die rasche Abfolge der Geschehnisse verdrängen, und seine Gedanken kreisten um die erstaunliche Tatsache, daß seine Schiffskameraden ihn so schnell aufgespürt hatten. Mit dem plötzlichen Gefühl, in eine Falle gelockt worden zu sein, dachte er, daß er so gut wie keine Chance hatte. So irrelevant, wie diese

Ideen aufblitzten, ging ihm plötzlich immer wieder ein Satz aus dem Refrain eines alten deutschen Liedes durch den Kopf, das er seit Jahren nicht mehr gesungen hatte, ein Kindergartenlied, wie er vermutete, doch der Titel fiel ihm nicht mehr ein.

Das Klopfen fing an – und hörte wieder auf. Scharrende Geräusche, mehr Worte, dann das Stampfen von Füßen, die wieder die Treppe hinunterstiegen! Kurz darauf entfernte die Frau die Wandbretter und Otto quetschte sich dankbar heraus, wobei sich sein vor Freude leuchtendes Gesicht verzerrte, als er hastig die frische Luft einsog und vor Staub niesen mußte.

Rasmus saß unten entspannt bei einer Flasche Wein. Der große Sessel, in dem sein Körper ruhte, betonte seine untersetzte Gestalt noch mehr. Otto war zum ersten Mal im Wohnzimmer. Er sah sich neugierig um und versuchte seine Beschämung zu überspielen, während Rasmus erzählte, was sich zugetragen hatte.

»Ich habe dem Ersten Maat ein wenig Geld gegeben, aber er hätte dich ganz bestimmt erwischt, wenn mir nicht die glorreiche Idee mit der Bestechung gekommen wäre. Natürlich mußte ich ihm eine Zeitlang zureden; er machte sich Gedanken wegen der beiden Leute von der Mannschaft, aber ich habe viel Geld und habe ihm genug gegeben, auch für die beiden Halsabschneider, damit er uns nicht mehr belästigt. Jetzt trink einen und vergiß die ganze Sache.«

Die Svensens vermittelten Otto das Gefühl, willkommen zu sein, und so blieb er über ein halbes Jahr bei ihnen; in dieser Zeit konzentrierte er sich darauf, Englisch zu lernen.

Einer von Rasmus' zahlreichen Halbbrüdern, Christian Nils, hatte das herrliche Loaland ebenfalls verlassen und sich mit seiner eigenen Familie inzwischen in Duluth, Minnesota, niedergelassen. Nach einem ausgedehnten Briefwechsel wurde beschlossen, daß Otto zu ihm fahren und dort sein Glück als

Matrose auf den Großen Seen versuchen sollte, so wie Christian. Nachdem man sich darüber einig war, zog Otto widerstrebend los, von Rasmus mit einer kleinen Summe Geldes versorgt. Obwohl sie sich nicht gerne trennten, verabschiedeten sich die beiden unterschiedlichen Männer, die sich unter so eigenartigen Umständen kennengelernt hatten, in stillem Einvernehmen.

Ottos Reise von New Jersey nach Minnesota verlief so reibungslos wie es die Zustände im Jahre 1870 erlaubten. Als Otto in Duluth eintraf, hatte Christian keine Schwierigkeiten, ihn bei einer der Dampfschiffahrtsgesellschaften der Großen Seen unterzubringen, die zufälligerweise eine der ersten war, die ausschließlich mit Dampfmaschinen arbeiteten. Otto bekam eine einfache Arbeit im Maschinenraum als Öler und Schmierer zugeteilt. In diesen neuen Umständen, ohne die Drangsale der deutschen Methoden, fand er die Arbeit zur See erträglich und genoß die Wintermonate, die er an Land als Untermieter in Nils' komfortablem Haus verbrachte. In diesen frühen Jahren wurden die wenigen Grundbedürfnisse, die er vom Leben verlangte, rundum befriedigt, und weitere Ambitionen kamen ihm nicht in den Sinn. Er wurde einer der ältesten Maschinisten auf diesen nördlichen Gewässern und arbeitete letztendlich über vierzig Jahre für die gleiche Firma.

Otto verließ Nils 1875, da war er 22 Jahre alt, und heiratete ein deutsches Mädchen von 18 Jahren, die er kurz zuvor kennengelernt hatte. Sie kauften sich ein Haus am Stadtrand von Duluth und da er fast ununterbrochen von Frühjahr bis Spätherbst auf dem Wasser war, wuchs ihre Familie recht langsam. 1877 kam das erste Kind, ein Mädchen namens Carrie, zur Welt. Ein zweites Kind, der einzige Junge, Charles, wurde 1879 geboren, das nächste Mädchen, Lucille, erst sieben Jahre später, 1886, und ihr letztes Kind, Maude Jean, wurde 1890 geboren.

Ottos Familie blieb bis 1898 intakt, bis seine Frau unerwartet an Lungenentzündung starb, kurz nachdem er sich zu seiner Jahrestour verabschiedet hatte. Carrie und Charles meisterten die schwierige Situation in Abwesenheit des Vaters sehr gut, und kurz nach der Beerdigung ihrer Mutter reiste Carrie, die schon zuvor die enge »Brieffreundin« der Tochter einer der wohlhabendsten Familien von Sioux City, Iowa, gewesen war, in diese Stadt, um bei der Familie als Hausmädchen zu arbeiten. Bruder Charles, damals 19 Jahre alt, bekam sofort eine Anstellung bei der Railway Express Company in Duluth, bei der er beinahe ebenso viele Jahre in Lohn und Brot bleiben sollte wie der alte Otto bei seiner Dampfschiffgesellschaft. Lucy, inzwischen zwölf Jahre alt, beaufsichtigte die achtjährige Maude, während Charles bei der Arbeit oder anderweitig außer Haus war.

Als Otto im Herbst endlich nach Hause kam, leitete er es rasch in die Wege, daß Lucy bei Carrie in Sioux City wohnen konnte, wo sie ebenfalls als Dienstmädchen arbeitete und schließlich ihre Schwester Carrie ersetzte. Maude wurde zur Familie eines Seemannes geschickt, der mit Otto unterwegs war. Die herzensgute Frau dieses Seemannes und ihre zwei oder drei Kinder lebten auf einer kleinen Farm in der Nähe von Duluth, wo Maude ihre nächsten vier Jahre verbrachte. Charles lebte fortan allein zu Hause, mit Ausnahme der vier oder fünf Monate im Jahr, die sein Vater im Haus war. Da Charles nie heiratete und Otto sich nichts aus Frauen machte, lebten die beiden Männer über 20 Jahre in dem einsamen alten Haus, ohne daß auch nur einmal ein weiblicher Fuß über die Schwelle getreten wäre.

Natürlich war Otto seinen Kindern immer ein abwesender Vater gewesen, sowohl was die Umstände seines Berufs als auch seine Charaktereigenschaften, die kaum je den Ausdruck von Zuneigung zuließen, betraf. Er schien sich nicht besonders viel aus der Auflösung seiner Familie gemacht zu haben, denn er unternahm nichts, um sie zusammenzuhalten – eigentlich war er es selbst, der sie zerstreute. Besonders die Mädchen bedeuteten ihm nicht sehr viel, und nach dem Tod ihrer Mutter hörten sie nur noch gelegentlich durch einen herzlich abgefaßten Brief von ihm.

Carrie heiratete 1902 und zog mit ihrem Mann nach Los Angeles. Lucy übernahm ihre Pflichten, und schon bald sorgte man dafür, daß Maude die Farm verlassen und die Lücke füllen konnte, die durch die Hochzeit im Personal des Haushalts entstanden war. Maude und Lucy wohnten, was normalerweise bei Hausmädchen nicht üblich war, in einem eigenen kleinen Häuschen auf dem Anwesen, beinahe eine Meile vom Herrenhaus entfernt. Vielleicht aufgrund der Fürsprache der Töchter hatte die Familie schon vor Jahren zugestimmt, Carrie und Lucy dort unterzubringen, und diese beiden fleißigen Mädchen hatten den ehemaligen Gärtnerschuppen in ein richtiges eigenes Wohnhäuschen verwandelt. Nach Carries Abschied erfolgte durch Maudes Ankunft keine notwendige Veränderung.

Im Gegensatz zu den meisten reichen Familien erwies sich diese hier die ganze Zeit über als beispielhafter Arbeitgeber, und ihre Freundlichkeit Carrie gegenüber schlug in schiere Vernarrtheit in ihre Nachfolgerinnen um. Als Maude direkt von der Farm nach Sioux City kam, war sie noch nicht einmal 13, aber die außergewöhnliche Schönheit, die sie als erwachsene Frau auszeichnen sollte, ließ sich bereits erahnen. Trotz des Potentials für Eifersucht wurde sie aufgrund ihres zurückhaltenden und bescheidenen Charakters der Liebling aller; es dauerte nicht lange, und diese herzensguten Menschen waren ganz verrückt nach ihr und betrachteten sie fast schon als zusätzliche Tochter.

Trotzdem ging sie bei all dieser überschwenglichen Zuneigung mit einer Unbekümmertheit an ihr Tagewerk, die ebenso rar wie ihre Schönheit war. Es war sehr ungewöhnlich für ein Mädchen ihres Alters, so natürlich und unaffektiert aufzutreten, und etwas Besseres als sie konnte man sich bestimmt nicht wünschen: sie war ein anmutiges und sanftmütiges Kleinod. In den Nähzirkeln wurden ihre Charakterzüge lang und breit besprochen, jede einzelne Tugend durchgearbeitet, sorgfältig katalogisiert und kommentiert, bis es schließlich keine Grenze mehr gab, deren Erreichen man vor ihr nicht erwartet hätte. Zum

Glück für ihre Selbstachtung entsprach das Kind ihren Prophezeiungen voll und ganz. Als die Zeit soweit war, kam jedem jungen Mann aus der Oberschicht der Stadt, der sich für derlei Dinge interessierte, das Mädchen Maude zu Ohren.

Die Jahre vergingen, Maude kam ins heiratsfähige Alter und mehrere dieser jungen Männer machten ihr ernsthaft den Hof, darunter auch derjenige, den sie gegen Ende des Jahres 1906 heiratete. Sein Name war James Kenneth Daly. Er war eine gesellschaftlich so hervorragende Partie, daß sich alle aufplusterten und einander zuflüsterten: »Das habe ich schon immer gewußt«, oder »Sehen Sie? Was habe ich damals gesagt?«

Trotz seiner Jugend war Daly schon ein fest in der politischen Gesellschaft der Stadt verankerter Anwalt und seine Familie hatte Geld; er führte seine Frau in eine finanziell abgesicherte Existenz. Er selbst war ein dicklicher Mann, rein irisch hinsichtlich Herkunft, Vorlieben und Temperament: intelligent, mürrisch, rasch in Rage zu bringen, dabei gütig und sentimental. Obwohl er viele Stunden für seine Karriere opferte, fand er doch stets Zeit, auf die Jagd nach kleinerem Wild zu gehen. Insbesondere Enten hatten es ihm angetan. Zu seinen Schwächen zählten McSorrells Ale und kräftige Mahlzeiten. Im Jahre 1919 wurde er dank seines Wahlprogramms im Sinne von Lincoln Steffens, das die Korruption der bestehenden Verwaltung anprangerte, als Außenseiter zum Bürgermeister von Sioux City gewählt. Er trat für eine rigorose Reform in allen Abteilungen ein.

Er starb ganz unerwartet im Amt, am 7. September 1922, kurz vor seiner Wiederwahl. Obwohl er noch keine 40 Jahre alt war, lautete die Todesursache auf Schlaganfall.

Seine Frau hatte ihm über den Zeitraum von 15 Jahren vier Jungen und vier Mädchen geboren. Ein Junge starb bei der Geburt 1917. Die Namen und Geburtsdaten der anderen sieben lauten: William, 1907; Ralph, 1910; John, 1912 (tatsächlich der 12. 12. 1912); Evelyn, 1915; Mae, 1919; Betty 1920; und James Kenneth Jr., 1922 (nachträglich nach seinem Vater benannt). Als Daly mit allen seinem Amt zustehenden Ehren zu Grabe getragen wurde, verbarg Maude ihre Trauer mit Rücksicht auf ihre Schwangerschaft so gut es ging, und ihre stille Würde, verstärkt durch den Stolz auf ihre Kinder, machte die Last der öffentlichen Zeremonie für alle Beteiligten leichter.

Dalys verwitwete Mutter, eine reiche und stolze Frau, hatte Maude seit jeher abgelehnt und bot ihr auch jetzt keinerlei Hilfe an. Zu Maudes großem Erstaunen mußte sie erfahren, daß Jim ihr in seinem Testament nur das Haus, in dem sie und die Kinder wohnten, vermacht hatte, dazu eine Versicherungsrente, die schon bald auslaufen würde. Um den Erinnerungen an Jim zu entkommen (denen sie in ihrem Haus von der Hobbywerkstatt im Keller bis zum Dachboden mit seinem Arsenal an Jagdutensilien ständig ausgesetzt war) und um auch ihrer boshaften Schwiegermutter aus dem Weg zu gehen, entschloß sich Maude, das Haus zu verkaufen und ins nahegelegene Des Moines zu ziehen. Hier machte sich schon bald das Geldproblem bemerkbar, und zum ersten Mal bewiesen die Daly-Jungen ihren ausgeprägten Stolz, indem sie sich umsichtig um ihre bestürzte, geliebte Mutter kümmerten. William ging von der Schule ab und nahm einen Tagesjob an, Ralph konnte nachmittags und samstags bei einem Anstreicher arbeiten. John verkaufte Zeitungen. So kamen sie ohne allzu große Schwierigkeiten über die Runden.

Maude verfiel allmählich in das typische Verhalten der Witwe mittleren Alters, die eine große Familie durchzubringen hat. Gelegentlich kamen einige Freundinnen vorbei, dann wurde ausführlich Bridge gespielt. Natürlich konnte sie sich keine Haushaltshilfe leisten, doch da Evelyn die jüngeren Geschwister ein paar Stunden beaufsichtigte, machte es sich Maude rasch zur Gewohnheit, keines der Sonntagskonzerte zu versäumen, die bei ihren neuen Bekannten hoch im Kurs standen. Und da sie die

Witwe eines verstorbenen Bürgermeisters war, wenn auch momentan in finanziellen Engpässen, wurde sie als respektiertes Mitglied in ihren Kreis aufgenommen. Gegen Ende der Konzertsaison des Jahres 1924 wurden alle Dauerkarteninhaber zur alljährlichen Tanzveranstaltung dieser Gruppierung eingeladen – in den Des Moines Country Club. Bei dieser Gala machte Maude die Bekanntschaft des Mannes, der ihr zweiter Ehemann werden sollte: Neal Cassady.

– III –

IM COUNTRY CLUB von Des Moines, dieser kleinen amerikanischen Stadt im Mittelwesten, gab es einen separaten Ecktisch, an dem sich an den Samstagabenden des Winters 1924-25 eine zaghafte Brautwerbung abspielte. Der etwas zu kurz geratene, aber gutgebaute Junggeselle Neal, der mit seiner zerschlagenen Nase eher wie ein Mittelgewichtsboxer aussah, hatte es mit der angebrachten Zurückhaltung auf Maude, die schlanke, recht große und attraktive Witwe mittleren Alters mit dem kastanienbraunen Haar abgesehen. Die Atmosphäre des Raumes mit dem Kamin und der hochmodernen Einrichtung regte in Kombination mit der hervorragenden Küche und den erlesenen Getränken ihre Romanze an. Unter anderem trug die Geborgenheit dieser Umgebung, die ihre einzige Verbindung zu den Tagen des Nichtstuns darstellte, dazu bei, große Gefühle entstehen zu lassen, so daß sie bereit war, sich und ihre Kinder mir nichts dir nichts in die Obhut dieses alkoholgefährdeten Mannes zu begeben.

Abgesehen von diesen Samstagabenden, die sie immer an dem Ort verbrachten, wo sie sich kennengelernt hatten, war Neal mit Maude und ihrer Familie nur an einem anderen Tag der Woche zusammen – an den Sonntagnachmittagen. Was damit angefangen hatte, daß er sie nach den ersten Konzerten nach Hause begleitete, wurde auch nach den letzten Konzerten der Kapelle sozusagen als romantische Gewohnheit während des Winters fortgesetzt. Bei diesen Gelegenheiten versuchte er, sich mit den älteren Jungen anzufreunden, spielte mit den kleineren Kindern und benahm sich in jeder Hinsicht wie ein Gentleman. Nach diesen Nettigkeiten lud er Maude in seinem neuen Automobil der Marke Star zu Ausfahrten durch die Stadt oder in die nähere Umgebung ein. Als der Winter vorüber war und der fortschreitende Frühling der Natur noch mehr Schönheit und den Straßen mehr Matsch verlieh, parkten sie an einer angemessenen Stelle, um die Aussicht zu genießen und zu verhindern, daß der Wagen irgendwo stecken blieb. Zu einer jener idyllischen Gelegenheiten hielt Neal um ihre Hand an und wurde nicht abgewiesen. Sie heirateten am 1. Mai 1925.

Schon bald nach der Hochzeit erfolgte der erste ihrer beinahe zahllosen Umzüge, die mal aus diesem, mal aus jenem Grund erfolgten und aus ihrem Haushalt etwas ständig im Fluß Befindliches machten. Was auch immer dafür verantwortlich gewesen sein mochte – vielleicht fing es ja mit der simplen Idee von »Flitterwochen« an –, die Frischverheirateten zogen jedenfalls in die Berge, woraufhin sich eine schleichende Zersetzung von Maudes bisheriger Familie einstellte. Neal kaufte einen Ford-Lastwagen und baute mit eigenen Händen (in einem unerwarteten Anfall von handwerklicher Arbeitswut, die weder Vorgänger noch Nachfolger kannte) ein toplastiges Haus mit Schrägdach auf die für zwei Tonnen ausgelegte Ladefläche des Transporters. Er brauchte Monate, um es fertigzustellen. Maude reagierte mit wahrer Begeisterung auf diese ersten konsequenten Arbeitstage. Der jüngste Sohn und die jüngste Tochter, der dreijährige Jimmy und die fünfjährige Betty, sollten die beiden Frischvermählten begleiten. Maude, die mit ihrem neunten und Neals erstem Kind (dem Embryo, nämlich mir) schwanger ging, war ganz darauf versessen, zu einer Fahrt nach Westen aufzubrechen, »um die Welt zu sehen«. Und so kam es, daß sie sich mitten im Winter, an die zehn Monate nach ihrer Hochzeit, in Neals einzigartigem Vehikel auf den Weg nach Hollywood machten.

Die anderen fünf Kinder sollten trotz ihres jugendlichen Alters in Des Moines bleiben und sich allein durchschlagen, bis die Eltern wieder nach Hause kamen. Die drei älteren Jungen schienen eindeutig dazu in der Lage zu sein. Sie alle – William, inzwischen 18, der 15jährige Ralph und der 13jährige John – zeichnete ein aggressives Selbstbewußtsein aus, das sie sich vielleicht in der Zeit erworben hatten, in der sie sich nach dem Tod ihres unbeholfenen Vaters um Maude gekümmert hatten. Als Anwalt mit einer ehrlichen und bestimmten Überzeugung hatte er alles selbst entschieden, angefangen von den kleinsten häuslichen Fragen bis hin zu den größten finanziellen Angelegenheiten. Sein Ableben übertrug diese Verantwortung auf sie und nahm zugleich den Druck seiner steifen Art von ihren noch formbaren Gemütern, die sofort mit jugendlich ausgeprägtem Selbstbewußtsein einen gewaltigen Sprung nach vorne gemacht hatten.

Maude entband unterwegs, und unsere Reisenden erweiterten ihre gesunde Sippe um ein weiteres Mitglied. Nicht weit vom Tabernakel der Heiligen der Letzten Tage und dem runden, eindrucksvollen Tempel mit seinen 78 nach oben weisenden und in die Spitzen des Doppelturms ebenmäßig auslaufenden Säulen liegt das Mormonen-Krankenhaus, an dem am 8. Februar 1926 um 2.05 Uhr morgens Maudes letzter Sohn zur Welt kam. Er sollte Neals einziger Junge bleiben und wurde auch nach ihm benannt, nur daß Neal keinen zweiten Vornamen hatte; also gaben sie dem Kind zum tröstlichen Ausgleich den zusätzlichen Namen »Leon«, was ironischerweise genau das zunichte machte, worauf Neal Sr. am meisten stolz war – einen Neal »Junior«.

Sie blieben einige Wochen in Salt Lake City, bis sich Maude wieder erholt hatte; dann setzten sie ihre Fahrt nach Los Angeles in dem verrückten Lastwagen fort. Direkt an der Ecke Hollywood Street und Vine Street gab es einen Friseursalon, den Neal mit seinen letzten Ersparnissen kaufte. Das Geschäft lief nicht besonders gut, da Neal von Anfang an immer wieder ein paar Tage zusperrte, um sich zu betrinken. Irgendwie war er fest davon überzeugt, daß ohne ihn der ganze Laden nicht lief, und so entließ er seine Helfer jedesmal, wenn ihn der Drang zum Saufen überkam. Innerhalb eines Jahres gingen aufgrund dieser Praxis die Geschäfte trotz der hervorragenden Lage so schlecht, daß Neal eines Tages, als er stocknüchtern in einer miesen Stimmung und voll des Selbstekels war, den Salon für einen Bruchteil des von ihm bezahlten Preises verkaufte.

Was jetzt? Da kam ein Brief von Maudes Bruder Charles, der immer noch bei der Railway Express Company arbeitete, aber vor kurzem nach Denver, Colorado, versetzt worden war. Er schlug vor, Maude und Neal sollten ins schöne Denver kommen und sich dort niederlassen – in erster Linie deswegen, weil er die vielen grünen Rasenflächen so liebte, daß er davon überzeugt war, das sei Grund genug, seinen Verwandten zu empfehlen, sich ebenfalls dort anzusiedeln und selbst einen dieser Rasen zu pflegen. Oder zumindest so lange dort zu bleiben, bis sie sich genau überlegt hatten, welchen Schritt sie als nächsten machen wollten. Ein wenig widerstrebend, da sie kein richtiges Ziel vor Augen hatten, aber mit frischem Mut und einigermaßen erleichtert, machten sie in ihrer natürlichen Naivität, die sie trotz ihres mittleren Alters noch nicht abgelegt hatten, erneut kehrt und fuhren im Jahre 1928 in Richtung Denver los.

Dort, in der 23rd Street zwischen Welton und Glenarm, gleich an der Ecke zur Seitengasse, stand ein braunes Backsteinhaus von winzigen Dimensionen. Darin war ein unglaublich vollgestopfter Schuhreparaturladen mit einer Ansammlung von Lederresten aus mindestens einem halben Jahrhundert untergebracht. Der alte Schuhflicker, der Tag für Tag vor der bis zur Decke aufgetürmten Barriere von Resten hockte und in seinem Laden buchstäblich erstickte, war Neals neuer Vermieter. Sein Friseursalon mit zwei Stühlen, der sich das Gebäude mit dem Schusterladen teilen mußte, wurde per Jahresvertrag verpachtet. Neal, Maude, Jimmy, Betty und der kleine Neal zogen in die beengten Wohnräume im rückwärtigen Teil des Salons ein. Dann benachrichtigte man die anderen Kinder in Des Moines, und kurz darauf trafen Bill, Ralph, Jack und Mae per Zug in Denver ein. Die dreizehnjährige Evelyn, die nicht weniger unternehmungslustig als ihre Brüder war, nahm das Angebot einer alten Freundin Maudes aus ihren Hausmädchentagen in Sioux City an und blieb bis zu ihrem 21. Geburtstag dort; dann heiratete sie ihren Cousin ersten Grades und zog mit ihm für immer nach Kalifornien.

Doch auch mit sieben Kindern waren die Umstände in den beiden Zimmern hinter dem Laden unerträglich. Es gab nicht einmal genug Betten. Überall lagen Kleider herum, sie konnten sich nicht alle gemeinsam in der Küche aufhalten, weswegen in zwei Schichten gegessen wurde. Die großen Jungen hielten es nicht lange in diesem von ihrem Stiefvater bereitgestellten Provisorium aus und zogen schon bald aus, um für sich selbst zu sorgen. Damit verblieben Maude nur noch drei Kinder von Daly und natürlich der kleine Neal.

Bill, der älteste, war jetzt 21 Jahre alt und ließ sich von niemandem mehr etwas vormachen. Innerhalb eines Monats, nachdem er in dieser eigenartigen Stadt eingetroffen war, machte er die Bekanntschaft einer hübschen jungen Witwe, deren beträchtliches Einkommen aus dem Nachlaß ihres verstorbenen Mannes stammte, in der Hauptsache von einem Lokal namens »Dine and Dance«, ein Stück außerhalb der westlichen Stadtgrenze von Denver. Bill heiratete sie und bewirtschaftete diese Taverne mit ihr, lernte die Grundbegriffe eines Kneipenwirts und wurde mit der Zeit ein leidenschaftlicher Barkeeper, so daß er nie mehr einem anderen Beruf nachging. Später rühmte er sich mit stolzgeschwellter Brust damit, daß er einmal den größten, am meistbesuchten und besten Club zwischen New York und Los Angeles geführt habe, was natürlich etwas übertrieben war, grundsätzlich jedoch stimmte.

Der nächste in der Folge, Ralph, war der bestaussehende und durchtriebenste der ganzen Schar. Es dauerte nicht lange, da transportierte er schwarzgebrannten Schnaps für einen gewissen »Sam« an der Ecke 11th und Larimer Street im Kneipenviertel von Denver, obwohl er damals gerade mal 18 Jahre alt war. Zu seinen vielfältigen Aufgaben gehörte es, die Ware aus mehreren, zwanzig oder dreißig Meilen außerhalb der Stadt liegenden Brennereien nach Denver zu liefern. In den Bergen nicht weit von Denver lebte ein gewisser »Blackie Barlow«, vielleicht der größte, gewiß aber der hochnäsigste und derjenige mit dem schönsten Anwesen von diesen illegalen Whiskeybrennern. Ralph besuchte ihn regelmäßig, und nach kurzer Zeit hatte er seinem jüngeren Bruder Jack, damals 16, einen Job als Wachmann auf dieser schönen »Ranch« besorgt.

Nicht lange danach, gerade als Jack Dienst hatte, gab es eine Razzia auf Barlowes Ranch. Die daran beteiligten Agenten der Bundesbehörde erwischten Jack als ersten, kurz darauf einen zweiten unaufmerksamen Wächter. Sie schlossen sie mit Handschellen aneinander und ließen sie in der Obhut eines gewissen Oscar Dirks zurück, während die Hauptgruppe weiter auf das jetzt unbewachte Haus vorrückte, um sich die anderen zu schnappen. Die gefesselten Männer verständigten sich mit einem kurzen Blick; sie hatten den gleichen Gedanken. Nach wie vor durch die Handschellen aneinandergekettet, rannten sie plötzlich wie vom Teufel geritten den bewaldeten Berghang hinab. Agent Dirks zog ohne zu zögern seinen Revolver und feuerte blindlings hinter ihnen her, obwohl ihm durch das dichte Unterholz jede Sicht auf seine Beute genommen war. Jack und sein Schicksalsgenosse hatten einen hübschen Vorsprung in die zumindest zeitweilige Freiheit herausgeholt, als sie den Fehler begingen, nicht auf der gleichen Seite an einem Baum vorbeizurennen. Der Baum bremste ihre Flucht entschieden ab, sie wurden um den Stamm herumgeschleudert, um auf der anderen Seite so heftig mit den Köpfen zusammenzustoßen, daß Jack besinnungslos zu Boden fiel. Sein benommener Kumpel rappelte sich wieder auf und torkelte gerade zu Jacks Seite hinüber, als Dirks sie überwältigte. Der Regierungsmann zerrte Jack auf die Knie und schlug ihm, ohne Rücksicht auf die geschlossenen Augen und das bleiche Gesicht des Jungen, mit der Revolverhand kräftig auf den Mund. Der schwere Revolverlauf richtete ziemlichen Schaden an, brach jedoch nur vier Zähne aus dem Oberkiefer heraus. Danach entblößte Jack beim Sprechen jedesmal glänzendes Gold.

Jack saß seine Zeit im Gefängnis ab, machte aber nach seiner Entlassung mit dem illegalen Schnapshandel weiter. Ralph hatte keinen Ärger mit der Polizei und häufte eine beträchtliche Menge Geld an, so wie Bill, der sich sein Einkommen auf der Erbschaft seiner Frau beständig ausbaute und nebenher an bevorzugte Kunden Alkohol verkaufte. Etwas später erwarben Jack und Ralph zwei gleiche Ford Model A und stiegen selbst ins Geschäft ein, wobei sie unter anderen auch Bill belieferten.

In der Zwischenzeit kämpften sich Neal und Maude als Ehepaar weiter durch. Obwohl Maude durch die von Neals Trunksucht hervorgerufene Armut mehr und mehr auf die finanzielle Hilfe ihrer Söhne angewiesen war, liebte sie ihn doch noch so sehr, daß sie weiterhin zu ihm hielt. Die Jungen hingegen (vor allem Jack und Ralph – Bill war eher desinteressiert) hielt nur der Respekt vor ihrer Mutter davor ab, Neal in hohem Bogen aus der Wohnung zu schmeißen. Sie stritten sich endlos über ihn, ordneten sich jedoch stets den Wünschen Maudes unter – solange sie versprach, Neal nichts von dem Geld zu geben, das sie ihr zusteckten.

Im Sommer 1929 leisteten Jack and Ralph gemeinsam die erste Anzahlung für ein neues Haus an der Ecke West Colfax und Stuart Street. Es sah alles wieder rosiger aus, auch weil Neal diesmal ernsthaft versuchte, sich als guter Vater zu erweisen – ein letztes Aufbäumen, wie sich herausstellen sollte. Er verdiente anständig Geld als Friseur in einem schicken Salon in der Nähe des Schlachthofs auf der anderen Seite der Stadt und nahm sogar einige Monate lang die Verpflichtung auf sich, den Jungen die Abzahlung für das Haus abzunehmen. Die ganze Familie lebte bis zum Ende des Jahres in diesem neuen Haus in annehmbarer Harmonie. Bill und seine Frau blieben vielleicht nur deshalb dort, weil sie es nicht weit zu ihrem Restaurant hatten; Ralph und Jack betrieben weiter ihre illegalen Schnapsgeschäfte; die zehnjährige Mae und die gerade neunjährige Betty gingen jeden Morgen zur Sacred Heart School auf der anderen Seite der Stadt; der siebenjährige Jimmy und der kleine Neal, inzwischen drei Jahre alt, spielten jeden Nachmittag auf dem Schulhof auf der anderen Straßenseite. In diese Schule ging Jimmy dann selbst ab September.

Der Zusammenbruch kam früher als er sich andernfalls ereignet hätte. Man kann davon ausgehen, daß die Familie in bescheidener Sicherheit noch mindestens ein paar Jahre so weiter hätte leben können, wenn sich nicht im Oktober 1929 der große Börsenkrach ereignet hätte. So schienen plötzlich alle auf einmal pleite zu sein, wenn auch nicht so stark wie in anderen Ecken des Landes, und in Wirklichkeit vielleicht sogar überhaupt nicht. Trotzdem klammerten sich alle natürlich doppelt so fest an ihr Geld. Die Schnapsgeschäfte der Jungs liefen nicht mehr, Neal wurde gefeuert und sogar der Glückspilz Bill mußte sich strekken, um Monat für Monat einigermaßen über die Runden zu kommen. Es dauerte volle zehn Jahre, bei manchen sogar noch länger, bis die Familie wieder genug zu essen hatte und dem täglichen Von-der-Hand-in-den-Mund-Leben einigermaßen entronnen war.

1930 ereigneten sich viele Dinge, denn schon früh im Jahr verloren sie ihr Haus. Bill und seine Frau übersiedelten in ein Motel in West Denver und zogen sich fast völlig von den anderen zurück. Ralph überraschte alle damit, daß er heiratete. Die Braut hieß Mitch und war eine Krankenschwesterschülerin, zwei Jahre vor dem Abschluß. Jack wohnte überall, wo er seinen Hut an den Haken hängen konnte. Da er es sich trotz der Anwesenheit des verhaßten Neal zur Gewohnheit gemacht hatte, seine Mutter täglich zu besuchen, kam er normalerweise zumindest jede Nacht nach Hause, um ein paar Stunden zu schlafen.

Dieses neue »Zuhause«, das Neal ausfindig gemacht hatte, war eine echte Depressionsbude. Es war eine billige Mietwohnung mit zwei Zimmern über einem lauten Milchgeschäft an der Ecke 20th Street und Court Place. Da sie kein Geld für ihren Unterhalt übrig hatten, wandte sich Maude an die katholische Fürsorge, die Mae und Betty im Queen of Heaven-Waisenhaus unterbrachte, bis Neal wieder ein angemessenes Haus mieten konnte oder die Mädchen das Alter von 16 erreichten.

Eine neue Schwierigkeit zwang Maude dazu, sich zeitweilig von Mae und Betty zu trennen – sie war wieder schwanger. Am 22. Mai 1930 brachte sie im Alter von 40 Jahren ihr zehntes und letztes Kind zur Welt, ein Mädchen, das auf den Namen Shirley Jean getauft wurde.

Für lange Zeit standen sie wirklich mit dem Rücken zur Wand. Neal konnte oft nur samstags Arbeit finden und sie mußten die ganze Woche von seinem Lohn für diesen einen Friseurstag leben. Natürlich half Jack aus, so gut er konnte, und auch Ralph steuerte ab und zu ein paar Dollar bei, aber es war nie genug. Schließlich erwischte Neal am Ende dieses hektischen Jahres einen Salon mit zwei Stühlen nahe der Ecke 26th und Champa Street. In diesem erbärmlichen kleinen Laden voller Streit und Zank verbrachten Neal und Maude die letzten Jahre ihrer jämmerlichen Ehe.

Auch wenn das Essen stets kanpp war, so gab es wenigstens immer eine Nachspeise, denn gleich im nächsten Häuserblock befand sich die Puritan Pie Company, und oftmals schnitt Neal sonntags hinter heruntergezogenen Rollos im Tausch gegen einen oder zwei Kuchen einem der Angestellten die Haare. An anderen Sonntagen, wenn er mit dem Auto mitgenommen wurde, fuhr Neal nach North Denver, wo er seinen Schwager Charles, den Rasenliebhaber, barbierte. Charles war inzwischen ein nahezu hilfloser Paralytiker, der von einer kleinen Pension lebte und von seiner freundlichen Vermieterin gepflegt wurde. Charles starb später am gleichen Tag und im gleichen Krankenhaus wie seine Schwester Maude, doch keiner von beiden erfuhr je von diesem Zufall.

Neals Trunkenheit hielt weiterhin an, ebenso wie sein Kundenschwund, so daß sie nie mehr richtig auf die Beine kamen und Neal den Laden, den letzten in einer langen Reihe von Salons, Anfang 1932 aufgeben mußte. Er verlor auch seine Ehefrau, die in eine Wohnung an der Ecke 22nd und Stout Street zog, die Jack zahlte. Und sie nahm Jimmy und das Baby Shirley mit. Der kleine Neal hingegen zog mit seinem Säufervater in die schäbigsten Slums von Denver.

Handwerk ausgeübt hatte, und ich war »der Junge vom Friseur«. Sie sagten alle, ich sähe genauso aus wie er, aber ich fand, das stimmte überhaupt nicht. Und sie verfolgten mein Heranwachsen mit Kommentaren wie »He, sieh mal – sein Kopf ist schon höher als dein Gürtel!«; das war gar keine besondere Leistung, so groß zu sein, fand ich, denn mein Vater hatte ungemein kurze Beine.

Als die Familie sich im Jahre 1932 durch die Trennung meiner Eltern auflöste, tat es mir nicht leid, meinen Vater in seinen Schlupfwinkel in der Larimer Street zu begleiten. Vor allem tat es mir nicht leid, meinem erschreckend brutalen Bruder Jimmy auf zwei Jahre, wie sich herausstellen sollte, Lebewohl zu sagen, nicht einmal meiner Mutter und meiner jüngeren Schwester, über die ich mir weniger Gedanken machte. Die Aussicht auf Abenteuer erfüllte meinen sechsjährigen Kopf; außerdem blieb mir von jetzt an der Anblick von Gewalt an jedem Sonntag erspart. Da mein Vater für immer fort war, konnten meine älteren Halbbrüder Jack und Ralph ihm nicht mehr das Gesicht blutig schlagen, wenn er so ergeben von seinen Samstagnacht-Sauftouren heimkehrte. Mutter weinte immer und bat sie, mit dem Prügeln aufzuhören, aber, wie ich in den folgenden Jahren viele Male beobachtete, wenn diese Jungen anfingen, ihre Fäuste einzusetzen, konnte nur die Erschöpfung ihren hirnverbrannten Rasereien ein Ende setzen.

Aber jetzt lag all das und ähnlicher Schrecken, wie zum Beispiel wenn Jimmy mich zwang, mich mit anderen kleinen Jungen zu schlagen, hinter mir, und im Augenblick interessierte ich mich zunehmend für meine neue Umgebung, die so einmalig ungewöhnlich war, und es bereitete mir ein unvergleichliches Vergnügen, den Abschaum gleich von seinem Anbeginn an zu beobachten. Während ich jenen aus dem Weg ging, die der Alkohol mürrisch und diktatorisch machte, indem ich mit den eher eingeschüchterten Freunden meines Vaters zusammen war, genoß ich gewisse unorthodoxe Freiheiten, die amerikanische Jungen im Alter von sechs Jahren normalerweise nicht hatten. Außerdem war mein Vater, der für gewöhnlich betrunken war oder darauf aus war, zwangsläufig ein bißchen lax in seiner Disziplin. Ich nutzte ihn trotzdem nicht allzusehr aus, da ich den alten Knaben wirklich liebte.

In dem Monat, in dem ich meinen sechsten Geburtstag feierte und wie üblich ein strenger Winter über der Stadt lastete, zogen Papa und ich in das Metropolitan. Das ist ein fünfstöckiges Gebäude, das schon verfallen war, bevor ich dorthin kam (obwohl es bis vor ganz kurzer Zeit noch nicht abgerissen war), an der Ecke 16. Straße und Market Street. Trotz Einsturzgefahr beherbergte es etwa hundert Penner, die ständig in Denver lebten, und das ist noch heute der Fall. In jedem der oberen Stockwerke gab es mehr als dreißig kleine Räume, deren Trennwände ein paar Meter niedriger waren und sie daher unverhältnismäßig hoch erscheinen ließen. Diese Schlafkojen kosteten meist zehn bis fünfzehn Cents pro Nacht; einige bessere kosteten fünfundzwanzig Cents und wir hatten eine von denen, zahlten aber, weil sie im obersten Stockwerk lag, nur den wöchentlichen Preis von einem halben Dollar, da wir den Raum mit einer dritten Person teilten.

Unser Zimmergenosse schlief auf einer Art Plattform, aus einem Brett gemacht, das ein Rohrknie der Installation überdeckte. Nicht jedermann konnte dort bequem schlafen, denn die Leiste war nur knapp über einen Meter lang, doch er paßte ganz gemütlich in diesen Platz hinein, da seine beiden Beine vor vielen Jahren von der Hüfte an amputiert worden waren. Dementsprechend wurde er Shorty genannt, und dieses Zusammenpassen von Name und Tatsache erschien mir sehr lustig. Jeden Morgen war er zeitig auf und schwang mit seinen übergroßen

Armen einen dünnen Rumpf jene fünf Stockwerke hinunter. Ich sah ihn nie anhalten, um den Gemeinschaftswaschraum im zweiten Stock zu benutzen, und nahm an, daß die Waschbekken zu hoch für ihn waren, so daß er seine Toilette anderswo erledigte. Auf dem Randstein setzte er sich in eine Art Puppenwagen und schob sich, wobei er in jeder Hand einen Holzklotz benutzte, zu seinem Bettelstandplatz. Für gewöhnlich begab er sich um die Ecke auf die Larimer Street und postierte sich vor das Manhattan-Restaurant. Die Larimer Street war Denvers Hauptstraße im neunzehnten Jahrhundert und das Manhattan war ihr bestes Restaurant. Heutzutage ist alles andere der Billigkeit zum Opfer gefallen, aber das feine Manhattan wird noch immer von Touristen und von den Wohlhabenden frequentiert. Shortys Stundenplan war dem der Penner mit normalen Gliedmaßen um ein paar Stunden voraus, und oft hatte er schon vor der Mittagszeit einen Dollar oder mehr erbettelt, weil er sich den Vorteil seiner Behinderung zunutze gemacht hatte, indem er sie an diesem guten Platz zur Schau stellte. Nachdem er den Betrag für ein bis zwei Flaschen beisammen hatte, pflegte er in das Zimmer zurückzukehren und sich bis zur Besinnungslosigkeit zu besaufen.

Meistens war er schon betrunken oder beinahe soweit, wenn ich von der Schule nach Hause kam, aber manche Tage waren flau und an diesen Tagen blieb er sehr lange am Abend aus. Der frühe Nachmittag schien für ihn die Grenze zu sein, und wenn er bis dahin nicht im Zimmer war, dann kam er überhaupt nicht. Ich lernte diese Zeit fürchten, denn dann trank er auf der Straße und mir fiel es zu, mitzuhelfen, die Gassen und Torwege abzusuchen, bis wir ihn fanden. Papa pflegte ihn nach Hause zu tragen, während ich folgte und seinen Wagen abwechselnd mit den Rollschuhrädern bergauf zog und auf ihm bergab rollte.

Hin und wieder, wenn ich mit kindlichem Überschwang ins Zimmer platzte, ertappte ich Shorty dabei, wie er mit sich selbst spielte. (Ich dachte immer, es wären Spiegeleier, die auf dem

Fußboden herumlägen.) Obwohl er schon über vierzig war, bin ich sicher, daß jegliche Beschäftigung mit dieser Art von Zeitvertreib gerechtfertigt war, denn seinem Aussehen nach zu urteilen hatte er seit seiner Jugend keine Frau gehabt, wenn überhaupt jemals. Von Schmutz verkrustet, stank er nach Körpergeruch, und er war sehr häßlich, mit einem Gesicht ohne Stirn, ausgefüllt von einem grinsenden Gummimund, der schwarze Zahnstummel zeigte. Doch Jungen meines Alters waren gewiß nicht nach seinem Geschmack, denn die ein oder zwei Male, wo ich ihn entblößt sah, brüllte er mich an, ich solle abhauen, und das waren die einzigen Äußerungen von Zorn, an die ich mich erinnere.

Mein Vater und ich lebten mit Shorty bis zum Juni und nach diesen vier oder fünf Monaten sahen wir ihn nie wieder, obwohl ich aus Neugierde nach ihm suchte, und so habe ich nie erfahren, was aus dem alten Kumpel Shorty geworden ist.

Am ersten günstigen Montag nach unserem Einzug in das Metropolitan steckte mich Papa wieder in die Schule. Meine Morgenwaschung wurde mit besorgter Eile erledigt, obwohl die übliche Sorgfalt, hinter meine Ohren zu gelangen, vorhanden war. Ein fleckiger Spiegel hing an dem aufgesprungenen Verputz der Wand, dessen weißer Staub in den Gestank des metallenen Bekkens darunter bröckelte, und während mein Vater über jene verzerrte Spiegelung sich waschender Männer hinwegblickte, unterzog er sein verschwommenes Gesicht einer letzten Prüfung, ehe er mich zu einem eilig hinuntergeschlungenen Frühstück von Hirn mit Ei für zwanzig Cents antrieb. Rauf auf die große gelbe Straßenbahn zu einer schnellen Fahrt über die 16. Straße nach Welton, dann nach links zur 23. Straße. Auf dem etwa einen Häuserblock langen Weg zu unserem Ziel, Glenarm Street, hielten wir einen Augenblick an, um zu gaffen, als Papa wieder einmal auf den ganzen zusammengepferchten Wirrwarr hinter dem Schaufenster des Flickschusters neben seinem ersten Friseurladen von Denver deutete. Dann betraten wir das moderne Gebäude aus glänzendem weißen Schamottstein, das heißt die Ebert-Volksschule, und näherten uns ängstlich dem Informationspult. Mein Alter informierte die Empfangsdame schüchtern, daß ich soweit war, wieder zur Schule zu gehen. Das Schuljahr hatte vor ein paar Wochen angefangen und er fürchtete, ich würde wieder von vorne, mit dem Kindergarten, beginnen müssen. Es war eine unbegründete Angst, denn meine verspätete Einschreibung machte keinen Unterschied, ich wurde ohne Fragen in meiner entsprechenden Klasse, der ersten, untergebracht. Als die hübsche Angestellte meine Karte ausfüllte, fragte sie, wo ich wohnte, und Paps war klug genug, Mutters Adresse Ecke 22. und Stout Street anzugeben, die nur vier Häuserblock entfernt lag.

Diese Art Lüge wurde zur Gewohnheit, denn in all den Jahren, die ich bei meinem Vater verbrachte, mußte ich der Schule eine fiktive Wohnadresse angeben. Ich entwickelte eine ständige Besorgnis, sie würden mir dahinterkommen, daß ich außerhalb des Ebert-Bezirks wohnte. Dann würde ich gezwungen sein, in dem Bezirk, in dem ich lebte, zur Schule zu gehen, und der Gedanke an einen Schulwechsel jagte mir Angst ein. So ging ich, der Geographie von Denver zum Trotz, sechs volle Jahre in die Ebert-Schule. Und das war keine schwache Fußtour; ich wohnte immer mindestens eineinhalb Kilometer und oft noch weiter von der Schule entfernt, manchmal sogar mehr als sechs Kilometer. Tatsächlich lag es wohl an den vielen Morgen, an denen ich diese Kilometer rannte, um nicht zu spät zu kommen (da ich selten das Fahrgeld besaß beziehungsweise benutzte, wenn ich es hatte), daß ich soweit kam, mich für Langstreckenlauf zu interessieren.

Nachts, im Elend des Metropolitan, schliefen wir Seite an Seite, mein Daddy und ich, in einem Bett ohne Laken. Es gab dort gar keine Uhr, daher verließ ich mich darauf, daß die vom Mammutturm des Daniels & Fisher-Kaufhauses mich zur Schule aufweckte, und das tat sie. Oder zumindest glaube ich, daß es das war, was mich weckte, denn wenn sie um sieben Uhr morgens auf mich herabdröhnte, öffnete ich stets meine Augen und streckte meinen Kopf unter der ungewaschenen Decke hervor in die beißende Luft unseres Zimmers. Da schnarchte mein Vater, der, für gewöhnlich zu betrunken, um sich zu rühren, blind war gegen alles. Während ich mich vom Geruch seines Atems, der aus seinem aufgequollenen Gesicht kam, abwandte, erhob ich meine nackte Wenigkeit mit zitternder Lautlosigkeit von der knarrenden Pritsche. Eilig stieg ich in ein paar verhaßte abgelegte Kleider meines Bruders Jimmy; zu knappe Schuhe und Kniehosen, die sich oberhalb meiner Knie ringelten. Die langen Wollstrümpfe, die ich trug, konnten diesen peinlichen Zwischenraum nicht wirksam verdecken. Die meiste Zeit schnarchte Papa einfach immer weiter, und da Shortys Bett leer war (er ging manchmal fort, wenn es draußen noch dunkel war), erwachte ich ohne kommandierende Stimmen. Ich schlüpfte durch unsere Türe und über einen gesplitterten Holzboden, ging vorbei an Zimmern, in denen andere geschwächte Körper mit zerstörten Seelen sich meinem Vater darin anschlossen, durch Lärmerzeugung einem schweren Schlaf Ausdruck zu geben. Abgetretene Stufen auf leisen Sohlen hinunter und ein rascher Schritt in einen sonnenhellen Waschraum voller Aktivität. Im Widerhall des riesigen Raumes waren viele unbeschreibliche Männer bei ihrer Toilette. Die meisten von ihnen rasierten sich, einige hatten das »Zittern«, so daß es eine ganz schöne Arbeit war; und um sich nicht zu schneiden oder allzuoft dieser Qual auszusetzen, rasierten sie sich nur dann, wenn sie vorhatten, in die Stadt zu gehen, um ein paar Groschen zusammenzubetteln. Schmutzige Hosen bauschten sich über abgetretenen Schuhen. Ihre schweren Mäntel und ausgefransten Hemden hingen neben ihnen am Haken, denn wenn sie sich wuschen, dann spritzten sie wahrhaftig mit der Unbekümmertheit eines Hausmeisters herum. Ich erinnere mich, wie ich diesen Wasserpfützen auswich, wenn ich zu einem der großen Fenster des Raumes hüpfte und auf Zehenspitzen durch schmutzige Fensterscheiben spähte, um die Zeit abzulesen; ich konnte sie am Winkel der kaum wahrnehmbaren schwarzen Zeiger hinter dem trüben weißen Glas des mit römischen Zahlen beschrifteten Ziffernblattes oben auf dem mächtigen Turm des Daniels & Fisher-Kaufhauses, Denvers höchstem Gebäude, erraten – es war 7.15 Uhr. Nach dem Waschen trippelte ich wieder nach oben, um meinen Tennisball und den Mantel zu holen und Paps auf irgendwelche Anzeichen von Nüchternheit oder Interesse an Essen zu untersuchen, aber an den meisten Schultagen bewegte er sich kaum, daher machte ich mich allein an das Frühstück.

Wieder stieg ich die Treppe hinunter, ging durch die Vorhalle, in der zu dieser Stunde keine Männer herumlungerten, und noch ein paar große, stark abgetretene Steinstufen hinunter auf die stark belebte Kreuzung der 16. Straße und Market Street. Große Lastwagen mit Kettenantrieb auf Hartgummireifen rumpelten über das glitschige Kopfsteinpflaster der Market Street. Die Fleischgroßhändler, die Geflügelgeschäfte, die Fischmärkte, die Läden für Kaffee und Gewürze und die Käsegenossenschaften öffneten ihre Türen für das Tagesgeschäft – damals war ich immer hungrig –, auch die Stellenvermittlungsbüros, die Restaurants und Bars und ein paar Handelsunternehmen, die ich vergessen habe, und die dicht nebeneinander in den Häuserblocks der Market Street zwischen 14. und 18. Straße untergebracht waren. Auf der 16. Straße ratterte der Hauptverkehr von einem Straßenbahnviadukt nach Nord-Denver hinein – von dem halben Dutzend Viadukten in Denver hatte nur dieser eine Straßenbahnschienen –, ein Engpaß der übergroßen Straßenbahnen, die sich, vollgestopft mit Arbeitern, ganz langsam in Richtung Loop,

Larimer, Zentrum bewegten, und ganz Ost-Denver klingelte an mir vorbei, wenn ich aus dem Hotel kam. Ich ging einen Häuserblock weit die 16. Straße hinauf, wandte mich nach links zum neu eröffneten Dave Cook-Sportartikelgeschäft an der Ecke Larimer Street und ging in das anschließende Gebäude. Es war die Bürgermission, die von einer protestantischen Kirchenorganisation geleitet und nachdrücklich von einem gutherzigen Abgeordneten unterstützt wurde (dessen Namen ich vergessen habe, obwohl Papa in seinen Tagträumen, daß er es zu irgend etwas bringen würde, immer davon sprach, er werde »So-und-so« drüben in der Mission besuchen, um einen festen Job zu kriegen, jetzt erinnere ich mich wieder – Val Higgins!). Die Mission verteilte Frühstück und Abendessen an zirka zweihundert Männer pro Tag und hatte dafür zweimal die Woche einen gut besuchten Gottesdienst, etwas, dessen sich ihre verschiedenen Konkurrenten in beiden Richtungen der Straße ebenfalls rühmen konnten, aber ich verstand nicht, wieso, da sie doch kein Essen ausgaben. Ein paar Jahre später begann die Mission zum Heiligen Vater, die Larimer Street hinauf auf der 24. Straße, in der Mitte des Häuserblocks, Mahlzeiten auszuteilen. Sie gaben bloß ein Mittagessen aus, das aber wirklich gut schmeckte, und es gab einen großen Rummel unter den Jungen, als sie eröffneten, denn wir alle hatten die Unterbrechung zwischen Frühstück und Abendessen bei der Mission gespürt. Aber im Augenblick hatten wir nur die Mission, und ich war um ein gutes Dutzend Jahre ihr jüngstes Mitglied.

Die Fassade der Bürgermission war aus unpassend strahlend gelbem Stuck. Die zwei Doppeltüren in der Mitte führten in einen Vortragssaal mit massiven Kirchenstühlen aus Holz, die Platz für hundert Leute boten. Am Ende des Mittelganges war eine erhöhte Plattform mit einer logenartigen Kanzel in der Mitte vorne, ebenfalls auf dieser Bühne befanden sich ein verstimmtes Klavier und ein Tisch, dahinter Stühle in einem Halbkreis. Von der Straße aus gab es an jedem Ende des Gebäudes einzelne Türen, die zur Rechten führte nach oben in die Verwaltungsbüros, aber ich benutzte sie nie und wählte stattdessen immer die Tür zur Linken. In einer ordentlichen Reihe von hungrigen Männern bewegte ich mich langsam über Metallstufen hinunter in eine warme Küche voll Gerüche und Geklapper. Da im Selbstbedienungsstil serviert wurde, holte sich jeder von uns Tablett, Löffel, Schüssel und eine Tasse aus Blech, und geduldig bewegten wir uns die Wand entlang, bis wir vor den Tischen, wo die Speisen über Dampf warmgehalten wurden, an die Reihe kamen. Die erste Frau mit weißer Schürze – alle Essensausteiler waren Frauen, die uns anlächelten und erfüllt waren von einer »guten Sache« – legte zwei Scheiben Brot auf das Tablett, die zweite tat einen Schöpflöffel Hafergrütze in jede Schüssel, während die dritte heißen Kaffee eingoß. (Es gab keine Sahne, aber jede Menge Zucker, und man konnte eine zweite Tasse bekommen.) Wir gingen der Reihe nach zu den Bänken aus rostfreiem Stahl und setzten uns an lange, klirrende Tische aus dem gleichen Material, das vom Aufprall des Geschirrs so stark vibrierte, daß meine empfindlichen Ohren wie betäubt waren. Rundherum waren Haufen von Männern, und aus Platzmangel waren wir Ellbogen an Ellbogen in dem überfüllten Kellerraum aneinandergedrängt. Manchmal kam es vor, daß meine Frühstücksgefährten mit mir redeten und manchmal nicht. Soweit ich mich erinnere, war es in jedem Fall dasselbe. Natürlich erfuhr ich schließlich, daß fast alle von ihnen Alkoholiker waren, und viele von ihnen litten sehr stark an dieser Krankheit, aber es gab auch mehrere alte Rentner und einen indifferenten Haufen von jüngeren Männern, die einfach aufgrund der Depression Pech hatten.

Links von der Mission war das Manhattan-Restaurant, und vor dem Gebäude in seinem Wagen sitzend war Shorty immer an der Arbeit. Er saß in der hellen Morgensonne des Winters, wenn ihr kaltes Licht gerade die äußere Kante des Randsteins berührte, wandte seine trüben Augen der Masse auf der Larimer Street zu und lehnte sich gegen den Sockel eines reich verzierten Trinkbrunnens, dessen Doppelhähne seit langem außer Betrieb waren und dessen Amoretten in goldenem Kontrast über seinem Kopf tanzten. Wenn ich auf meinem Weg zur 17. Straße an ihm vorbeiging, schenkte er mir ein gleichgültiges Kopfnicken, das im Gegensatz zu dem grinsenden Mund stand, den er in der Privatsphäre unseres Zimmers zeigte, und ich begriff, daß er für die Öffentlichkeit ein anderes Gesicht aufsetzte.

Mein Weg zur Ebert-Schule war immer ein sorgfältiger Zickzack. Das Spiel bestand darin, rasche Abkürzungen zu finden und keinen Schritt zu vergeuden, speziell das Verbrechen zu vermeiden, beim konstanten Dribbeln des schmutzigen Tennisballs einen Aufschlag zu verpassen. Ich vermied auch Risse im Asphalt, ein Ersatz für das unpraktische Spiel »Sidewalk's Poison«, welches ich auf den späteren Touren von den Wohnbezirken zur Schule zu einer wahren Kunst entwickelte. Ich ging an einer Reihe von Bars und Pfandleihen der Larimer Street vorbei, dann die 17. Straße hinauf zu der neu erbauten Federal Reserve Bank mit ihren massiven Marmorplatten und den eleganten Eisengittern, die ihre Fenster absicherten. Im Gegensatz zu anderen Banken auf der 17. Straße waren ihre enormen Bronzetüren mit dem verschnörkelten Flachrelief, die wagenlenkende Bogenschützen zeigten, niemals offen, und ich machte mir Gedanken über das Geheimnis ihrer Tresore. Noch einmal links um die Ecke und vorbei an einem Block von Hurenhäusern in der Arapahoe Street, deren Kunde ich später wurde. Dann rechts um die Ecke auf die geschäftige 18. Straße mit ihren lärmenden Eisenblechgeschäften, Motorradschauräumen und Garagen. Quer über die Ecke Curtis Street mit Bonbonfirma, Parkplatz, billigem Hotel und noch billigerem Restaurant und hinauf zur Champa Street mit dem mächtigen Säulengang des Postamts. Von diesem Häuserblock kam aus den Tiefen der muffig riechenden Second-hand-Kleidergeschäfte gelegentlich das quietschende Kreischen ernsthafter jugendlicher Geigenstunden. An der Ecke des Postamts hielt ich immer an, um kurz vom öffentlichen Brunnen zu trinken, der im Gegensatz zu den meisten anderen von Denver im Winter nicht abgedreht war, so daß der silbrige Knauf der Fontäne von Eiszapfen attackiert wurde, und an gewissen kalten Tagen verstopften sie siegreich das Becken und vereisten das Abflußventil des Bassins. Der Grundgedanke war, den Sturzbächen des nicht abgeflossenen Wassers zu entgehen, auf den Brunnen zu springen, um einen Schluck zu ergattern, und mich dann eilig zurückzuziehen, bevor meine Schuhe voll Wasser waren. Wenn es keinen frischen Schnee gab, auf dem man ausrutschte, galoppierte ich als nächstes über eine riesige Steinbank, deren enorme Größe selbst Erwachsene dazu verleitete, nur ihre Kante zum Sitzen zu benutzen. Ich machte den verwirrenden Spruch, der in ihren Granit gemeißelt war, zu einem Paradoxon, denn er warnte vor zuviel Ruhe, während er sie freigebig anbot: »Suche Ruhe, aber suche nicht allzuviel.« Ein hoher Sprung hinauf zu der Seite der 18. Straße mit der breiten Treppe, die rund um das Postamt führte, um durch die Wärme seiner einen Block langen Vorhalle zu spazieren. An milderen Tagen verschmähte ich diese Minute der Hitze und tollte stattdessen in einem schlängelnden Lauf rund um die gerillten Seiten jeder einzelnen der riesigen Säulen, die der Stout Street gegenüberstanden. Dann gab es etwa dreißig Meter Bürgersteig – wodurch der nutzlose Raum zwischen Randstein und Postamt ausgefüllt wurde. Die 19. Straße hinunter, drei Stufen auf einmal, und um die schräg gegenüberliegende Ecke zum steilen Grat einer schmalen Mauer, die mein Gleichgewicht herausforderte. Mein Hochseil war die winkelige Oberseite einer fünfzehn Zentimeter hohen Randsteinkante, die das Gelände des neuen Amtsgebäudes umgab. Ich pflegte auf meinem Schrägsitz eine Pause zu machen, um hinauf auf die weiße Pracht der fast vollendeten Struktur zu starren, die jetzt einen ganz genauso aussehenden quadratischen

Häuserblock zu der massiven Gestalt des Postamts bildete. Quer über die California Street, um in die kleine Gasse hinter der Kellerkirche zum Heiligen Geist zu gelangen, in der ich später ein Jahr lang als Ministrant diente, ohne einen Tag zu fehlen, dann unter einem Anschlagbrett für leere Bauplätze hindurch, um zur Kreuzung von Welton, Broadway und der 20. Avenue zu kommen, in die fünf Straßen einmündeten. Das dreieckige Crest-Hotel erhob sich in zehn luxuriösen Stockwerken; gegenüber gab es ein buntes Durcheinander von Drugstore, Blumenladen, Schönheitssalon und zwei großen Lebensmittelgeschäften. Über diesen Geschäften türmten sich Hotelgebäude, wie Klötze aneinandergereiht, deren einheitliche Fassaden nur durch den sechs Meter breiten Abstand einer Einmündung in eine Hintergasse unterbrochen wurden. Aus dieser Häuserschlucht heraus – in Denver äußerst selten – jagte ich bergauf über eine weitere Rarität. Es war ein ungewöhnlicher Buckel auf der Fahrbahn, mit einer so großen Entfernung von Randstein zu Randstein, daß ich mir ein Spiel daraus machte, sie im Zickzack zu überqueren. Der besondere Gedanke dieser Reise bestand darin, meinen Atem ohne heimliches Luftholen anzuhalten, solange ich mich auf dem Asphalt selbst befand, und wenn ich nicht mit Höchstgeschwindigkeit rannte oder wenn ich nicht von vornherein meinen Brustkorb extrem ausdehnte, gelang es mir nicht. Vom Beginn ihrer Wölbung in der Nähe der Welton Street bis zu ihrem oberen Ende bei der Sherman Street war der Hügel dieser Straßenoberfläche der 20. Avenue ganze zwei Häuserblocks lang und auf meinem Weg von der Lincoln bis zur Glenarm war er leicht an die neun Meter breit. Mein Ehrgeiz bestand darin, mein kleines Kunststück des Nichtatemholens den ganzen Weg durchzuhalten, aber ein abschätzender Blick auf diese riesige Distanz entmutigte stets jede Bemühung. Es war, als hätte man ganze 4000 m^2 gedankenlos abgerissen, nur damit Autos in jede der drei Richtungen mit viel zu viel überflüssigem Raum abzweigen konnten; in der Mitte befand sich sogar ein Dreieck aus erhöhten, ovalen

Verkehrsinseln, das nichts weiter enthielt und zu keinem anderen Zweck da war, als Autos fernzuhalten, da einige rücksichtslose Fahrer ansonsten in Versuchung kommen mochten, wilde und phantastische Kurven auf dieser großen Asphaltfläche zu drehen – in späteren Jahren machte ich selbst versuchsweise ein paar Speedway-Schwünge rund um dieses Dreieck. Wenn ich den Bürgersteig der Glenarm Street mit meinen doppelt so schnell arbeitenden Lungen erreichte, ging ich an einer Handelsschule an der Ecke vorbei und danach am ersten der Wohnhäuser, die das Gebiet des Stadtzentrums umsäumten. Sie schmiegten sich zwischen eine prächtige katholische Kirche mit dazu passenden schlanken Spitztürmen aus Stein und das Denver-Bibelinstitut, dessen merkwürdiger Glockenturm sich in einer plumpen Bretterverschalung – offenbar ein nachträglicher Einfall – unter den Bäumen des Institutshofes versteckte. Jetzt begann das Wohngebiet erst so richtig, und von der 21. und 22. Straße beeinträchtigte nur ein winziges Bonbongeschäft die einheitlich angeordneten Häuserreihen. Ich bog um die Ecke und betrat von der Rückseite her den riesigen, mit Kies bestreuten Spielplatz der Ebert-Schule und rannte mit Höchstgeschwindigkeit über seine ganze Länge, denn für gewöhnlich läutete gerade die Glocke.

Ich erinnere mich undeutlich an meine wenigen Wochen im Kindergarten mit Klötzen und Perlen. Ebenso verschwommen ist die Erinnerung an die erste Klasse, mit Ausnahme der mühsamen Versuche, meinen Namen zu schreiben. Unser Klassenzimmer lag in der Mitte des Gebäudes und sah auf den Spielplatz hinaus; unter seinen Fenstern war ein Fahrweg, der von Kohlenlastwagen und anderen Lieferfahrzeugen benutzt wurde, und neben dem Eingang zum Fahrweg befanden sich eine kleine Rutsche und eine Reihe von Schaukeln, die für die jüngeren Kinder gedacht waren. Um sie herum wurde später ein Schutzgitter aus Eisenrohren gebaut, das bei den Schaukeln für verstärkte Aufregung sorgte, denn die älteren Jungen entdeckten, daß sie, wenn sie im Schwingen am höchsten Punkt von der Schaukel sprangen, dieses Hindernis glatt überspringen konnten. Ich beobachtete das Kunststück lange Zeit voll Scheu, bevor ich wagte, es selbst zu versuchen; mit meinen allerbesten Sprüngen konnte ich gerade das Geländer oben streifen und oft hatte ich, vom Spielfieber gepackt, das Pech, rittlings auf das Geländer zu fallen. In der Nähe der Spielplatzmitte standen zwei alte Bäume zirka dreißig Meter voneinander entfernt; an ihren Stämmen mit vertrockneter Rinde, die durch das jahrelange Einschnitzen von Initialen narbig und leblos geworden waren, hingen zwei identische Körbe, die die karge Fläche eines Basketballfeldes markierten. Im entferntesten Winkel des Hofes gab es neben einem zerklüfteten Baseballfeld eine Gruppe von Ringen, eine weitere Rutsche und eine größere Anzahl von Schaukeln. Weiter unten, in der Nähe der Glenarm Street, befand sich das Haus des Schulwarts mit fünf oder sechs Räumen, zur Gänze vom Spielplatz durch einen hohen Holzzaun abgetrennt, über den wir Kinder nicht klettern durften. Rund um das ganze quadratische Areal des Schulhofs lief ein etwa zwei Meter hoher Drahtgitterzaun, hergestellt von »Cyclone«, wie die alle paar Meter angebrachten Metallschilder bezeugten.

Ebert selbst ist ein »I«-förmiges, zweistöckiges Gebäude, wobei die Klassenzimmer in beiden Stockwerken den langen Balken des »I« bilden, nur befand sich nahe dem einen Ende des Hauptkorridors ein großer Raum für die Direktorin und ihre Büroangestellten. Die beiden Enden des »I« enthielten eine herrliche Turnhalle und einen Vortragssaal. Das Schulbuffet im Keller wurde vom überwiegenden Teil der Schüler nicht frequentiert, da die meisten Kinder mittags in ihr nahegelegenes Elternhaus essen gingen, und daher benützten die Jungpfadfinder, der Schülerrat und andere Gruppen mit ähnlich organisatorischen Aktivitäten diesen mit Bänken ausgestatteten Raum für ihre Treffen. Aber es gab doch ein paar Dutzend von uns, die dort aßen; die Stadt hatte einen kleinen Fonds für die bedürftigen Kinder bewilligt, deren Eltern darum ansuchten (Vater schob das wochenlang hinaus); ein Mittagssnack, bestehend aus Milch und Grahamkeksen.

Bei meiner Rückkehr von der Schule fehlte das eilige Tempo vom Morgen, und ich machte gemächliche Abstecher zum Spielen. Mein Hauptinteresse bestand darin, den stets in Bewegung befindlichen Tennisball, mit dem ich ganz allein Fangen spielte, nicht zu verlieren. Viele Male gelang das im letzten Moment, wenn nach einem Fehler nur ein wildes Losstürmen oder ein verzweifelter Sprung den Ball aus dem Rinnstein retten konnte. Es gab große Kämpfe mit dem Kanalgitter und ein paar behutsame Schritte die widerliche Eisenleiter hinunter in ein schrekkenerregendes Loch, um den umhertreibenden Ball aus dem übelriechenden Wasser herauszufischen. Oft ging die Jagd nach oben, immer dann, wenn ich das Abprallen von einer Dachschräge falsch einschätzte. Wenn es sich nicht um ein besonders abgelegenes Dach handelte, das allen Manövern trotzte, schreckte mich keine noch so schwierige Klettertour jemals ab, die unfreundliche Dachrinne dazu zu bringen, ihre Beute herauszugeben. Ich begann, alle Regenrinnen in der Umgebung zu plündern, und fand in manchen von den am wenigsten zugänglichen wahrhafte Nester von verlorenen Bällen.

Das Abendessen bei der Bürgermission begann um fünf Uhr. Es ging darum, in der ersten Gruppe zu sein, um nicht durch die ständig wachsende Zahl von Männern aufgehalten zu werden, die bedient werden mußten. Die Reihe bewegte sich zu allen Zeiten langsam vorwärts, und wenn man nicht in den Anfangsschub hineinkam, konnte einen das einen großen Teil vom frühen Abend kosten, zu seiner Mahlzeit zu kommen. War ich allein, dann konnte ich durch den ganzen Vorgang in weniger als einer halben Stunde durchzischen, denn dann schubsten mich immer ein paar freundliche Schlangesteher an sich vorbei. Oft schlich ich mich auf diese Weise an mein Essen heran und drückte mich um ein paar Dutzend von diesen nachsichtigen Männern herum, die, während sie den Betrug für mich begingen, ihren Kumpeln ein verschmitztes Blinzeln und ein überschwengliches, selbstzufriedenes Glucksen schenkten. Diese Abendessen ohne Zeitverschwendung fanden nur dann statt, wenn ich so spät von der Schule kam, daß keine Zeit mehr blieb, wegen Papa beim Metropolitan haltzumachen, oder wenn er betrunken im Bett lag. Für gewöhnlich trafen wir uns natürlich und dann wartete ich mit ihm in der Schlange, bis wir im Kreislauf des Schlurfens ordnungsgemäß an die Reihe kamen.

Den aufregendsten Teil des Tages bildeten wohl die Abende im Metropolitan. In der geräumigen Vorhalle des Hauptgeschosses standen zahlreiche Stühle mit Rückenlehnen wahllos hingestellt herum, die unter dem quietschenden Protest von altem Holz ihre müde Fleischeslast abstützten. In dieses zugige, hohe Salongewölbe des Elends drängte sich jener Abschaum, der nichts zu tun hatte und trübe Stunden einer schweren Zeit damit verbrachte, einfach nur dazusitzen. Aber niemand saß in unmittelbarer Nähe des dickbäuchigen Ofens, der auf einer Metallplatte in der Mitte des holprigen Fußbodens stand, denn im Gegensatz zu den ungeheizten oberen Stockwerken und der extremen Kälte draußen strahlten die kirschroten Backen des überheizten Ofens mit seinem grimmig dröhnenden, stets offenen Abzug unwillkommene Wellen von allzugroßer Hitze aus.

Es gab eine Innenhalle von geringeren Ausmaßen, die im ganzen genommen bequemer war, und im Gegensatz zur äußeren Halle mit ihren riesigen, schmutzverkrusteten Fenstern, auf denen der Preis der Betten angeschrieben stand, gab es in diesem Raum bis auf eine schmale Tür ansonsten keinerlei Unterbrechungen der schmutzigen Wände. Innerhalb seiner Wände herrschte eine angenehme, intime Atmosphäre, die im Foyer völlig fehlte, denn hier drängten sich Männer ohne Geld an den Tischen, die die Zeit mit Kartenspielen totschlugen. Ein oder zwei Jahre später, als das Metropolitan sogar noch vollgestopfter war mit dem Bodensatz der Gesellschaft, entfernten die Hauseigentümer – Verwalter der Nachlaßmasse eines verstorbenen Klempners und Installateurs, der mit cleveren Grundstückgeschäften ganz klein begonnen hatte – alles, was diese zweite Halle an Möbelstücken besaß, und stellte Pritschen hinein, um einen Schlafsaal für die »einmaligen Nächtigungen« daraus zu machen. Aber jetzt gab es hier eine ständige Runde von Rommé, Cribbage, Con-Can, Casino, Pieute, Pinokel, Poker und vielen anderen Kartenspielen. Hier verbrachte ich den Großteil des Abends und erlernte die meisten Spiele recht gut, neben verschiedenen raffinierten Kartentricks, an denen ich besonders viel Freude hatte. Ich verbrachte auch viele Abendstunden damit, meinen mühsam hergestellten Pfeil zu schleudern; er bestand aus einer Nähnadel, in ein Streichholz eingesetzt, dessen Ende gespalten war, um seine Zeitungspapier-Federn aufzunehmen, und durch einen Faden befestigt, der dann um die gespaltene Stelle gewickelt wurde. Trotz meiner dürftigen Kinderkonstruktion pflegte diese Vorrichtung eine Zeitlang gut zu funktionieren, wenn niemand darauftrat. Natürlich mußte man die instabile Nadel immer wieder neu ausrichten und die Papierpropeller, die für einen balancierten Flug so notwendig waren, mußte ich besonders oft neu falten. Nichtsdestoweniger liebte ich meine Waffe, wenn ich sie mit der linken Hand mit Würfen von unberechenbarer Geschwindigkeit zum Ziel segeln ließ. Ohne Unterbrechung, bis auf die Augenblicke der Adjustierung, rannte ich zwischen verärgerten Zuschauern hin und her und verlor den Pfeil überall dort, wo er steckenbleiben konnte. Diese Ziele gab es in dem Raum voller Männer überall; ein bestimmter schmutziger Punkt auf dem Wandverputz über ihren Köpfen, ein Riß im Holzfußboden, ein leerer Stuhl, ein Fensterbrett.

An der Rückseite der Vorhalle, direkt beim dunklen Stiegenaufgang, war die blasse Goldfarbe auf den Gitterstäben eines Kassenraums noch immer zu sehen. Er war mit dem typischen, hochbeinigen Hocker und dem schwarzen Safe ausgestattet, dessen trübe Politur das Licht einer winzigen Glühbirne reflektierte, die auf die Zahlenkombination gerichtet war. In diesem kleinen Büroraum saß der Mann, der jeden Abend die paar Pfennige Miete von den hereinkommenden Übernachtenden kassierte. Beim Zahlen kritzelte jeder Mieter seinen Namen in ein uraltes Gästebuch. Wenn ich von Pfeil- und Kartenspielen erschöpft war, dann war es mein stilles Vergnügen, das Buch auf meinen Schoß zu nehmen und seine vielen hundert tintenbekleckste Seiten zu durchforschen. Es wurde mir zur Gewohnheit, in einem regelmäßigen privaten Ritual neugierig alle lesbaren Unterschriften zu studieren und sie mir selbst vorzusprechen, an ihrem Klang zu erraten, bei welchen es sich um Decknamen handelte. Die Namen in dem Buch von vor langer Zeit abgereisten Gästen, mit Daten vor meiner Geburt beginnend, erfüllten mein Denken mit Faszination. Ich war ganz darin vertieft, die langen Spalten zu lesen, die Städte und Staaten anführten, und vor allem staunte ich über die verschiedenen Vornamen und ihren Ursprung: *Das Schicksal jedes einzelnen war mir gänzlich unbekannt und während ich mir in Tagträumen die Vielfalt der möglichen Geschicke vorstellte, staunte ich zum erstenmal bewußt über das Leben.*

Heute gibt es im unteren Teil der Larimer Street zwischen der 17. und der 18. Straße nur ein »Zaza«. Zu meiner Zeit gab es zwei, aber das Theater, das einmal denselben Namen trug, wurde mittlerweile zum »Kiva«. Der Friseurladen Zaza neben dem Theater hat in all den Jahren, abgesehen davon, daß er seinen ursprünglichen Namen behielt, denselben Besitzer und auch denselben Gehilfen behalten. Charley führte den Laden von seinem Friseurstuhl aus mit einer stillen Würde, die für eine kleine, verfallene Gasse ungewöhnlich war. Im Laufe der zwei Jahrzehnte, die ich Gelegenheit hatte, ihn zu sehen, war dieser italienische Friseur niemals verärgert oder schlecht gelaunt. Noch erstaunlicher ist vielleicht, daß kein schwarzes Haar auf seinem unbekümmerten Kopf bisher grau wurde und er für mich noch immer unverändert ist, außer daß sich sein immer schon fetter Körper noch mehr aufblähte. Ich lernte diese Herren nur deshalb kennen, weil Papa, als wir anfangs in die Larimer Street kamen, von Charley einen »Samstagjob« zugesichert bekam.

Die Prozedur an jedem Samstag war sich ähnlich – wir verließen das Metropolitan, frühstückten und gingen gemeinsam zu Charleys Laden mit den drei Stühlen. Während Papa an seinen vereinzelten Morgenkunden arbeitete oder in dem schäbigen Friseurstuhl saß, um seine Füße auszuruhen, verschlang ich, soviel ich nur konnte, vom »Liberty Magazine« und den »Rocky Mountain News«. Und ich erinnere mich daran, daß meine kindliche Aufmerksamkeit ewig durch die Buchstaben auf den Fußrastern aller Friseurstühle verwirrt wurde. Da stand »THE O A KNOX CO CHICAGO«, ohne Interpunktion. Ich überlegte ständig, ob es »The O. A. Knox Co.« oder »Theo. A. Knox Co.« hieß. Obwohl ich dazu tendierte, das erstere anzunehmen, schien auch letzteres möglich, weil das »O« näher zum »THE« stand als zum »A«. Ich fragte niemals und kam nie dahinter.

So war ich teilweise durch Worte und Gedanken gebändigt, saß immer auf der Bank und atmete den schweren Ladengeruch von Haarpomaden und Talkpuder ein, der von zurückgelehnten Männern, die eingeölt und massiert wurden, zu mir herüberwehte. Ich wartete darauf, daß das Zaza nebenan öffnen würde, und mein Vergnügen an den Friseurladenstunden verlor durch das Verlangen nach diesem erhofften Genuß seine Schärfe. Dieses Lichtspielhaus war das absolut schlechteste von Denver und versorgte eine entsprechend arme Kundschaft. Für zehn Cent Eintritt konnte jedermann in dem schmutzigen Saal sitzen und sich das Wunder von Hollywood länger als einen halben Tag ansehen (mit Ausnahme der Kinder, die dasselbe für fünf Cent tun konnten), ohne dieselbe Szene zweimal zu sehen. Von allen Veränderungen, die meine Sinne im unmittelbaren Übergang vom Laden zur Vorstellung aufnahmen, habe ich am stärksten den Geruchskontrast in Erinnerung. Es bedurfte nur eines Augenblicks, um nach dem süßen Duft alkoholhältiger Wässerchen völlig in einem unbeschreiblichen Gestank zu versinken. Da schwebte überall fein verteilt unter dem Plafond des Zaza der überwältigende Gestank von Dingen. Ich erinnere mich nur an einen Bruchteil der vielen Komponenten dieses großen Gestanks und kann mir nicht ganz vorstellen, woher er stammte; ein eigenartiger Moschusgeruch erhob sich wie aus Jauchegruben, die unter dem im Fußboden eingegrabenen Schmutz verborgen waren. Von der einen Wand bis zur ungreifbaren anderen prallte er hin und her und kam in ungehinderten Wellen über das Geländer des verkürzten Balkons. Der Geruch jedes einzelnen Besuchers trug zur eigenen Mischung des Gebäudes bei, um eine komplizierte Vielfalt von Verwesung zu bilden, die in die Nasenlöcher mit einer solchen Kraft eindrang, daß ich, während ich damit kämpfte, mich daran zu gewöhnen, so wenig wie möglich durch den offenen Mund atmete.

Natürlich bestand das Programm hauptsächlich aus Wildwestfilmen, und von allen Leinwand-Cowboys war mein Held Tim McCoy. Aber besser erinnere ich mich an andere billige Hits, die ich in den späteren Jahren im Zaza gesehen habe. Es waren kunstvolle Musicals wie »Flying Down to Rio« mit Astaire und Rogers, »Zigfield Follies« mit Astaire und Rogers oder Bobby Breens jugendlicher Sopran, der den Mississippi verherrlichte, während er an seinen Ufern schlenderte. Es gab ein paar Unvergeßliche von anderer Art, wie etwa »King Kong« und »Son of Kong«, mit all den schreckenerregenden Dinosauriern – tatsächlich zitierte ich monatelang nach diesem Film immer wieder im Singsang den zufällig irgendwo gehörten Reim »King Kong spielt Ping-Pong mit seinem Ding-Dong«.

Nach der Vorstellung, die mich für das Unbehagen des Gestanks voll entschädigte, kehrte ich jedesmal sofort zum Laden zurück, um Vater eine grelle Kinder-Beschreibung von jeder lebhaften Szene zu geben. Charley und der Mexikaner schienen meine Neuschöpfung des Leinwandgeschehens sogar noch mehr zu schätzen als Papa, und von ihrer Aufmerksamkeit angespornt, enthielt ich ihnen kein Detail der Handlung vor, so wie ich sie gesehen hatte.

Meine Berichte von diesen Vormittagsfilmen fanden in der Pause statt, bevor mein Vater entschied, daß es Zeit war zu essen. Um nicht zu riskieren, daß er einen Haarschnitt oder eine Rasur verpaßte, da er ja nur pro bedienter Person bezahlt wurde, gehörte es zu seiner Taktik, das Essengehen aufzuschieben, bis er den Spielraum von mindestens einem unbesetzten Hauptstuhl hatte. Oft während ich fort war, war das Geschäft in Schwung gekommen, so daß sich diese Wartezeit für unser Mittagessen bis zum Nachmittag erstreckte. Wenn Daddy schließlich die Schürze ablegte, nahm er meine Hand mit einem breiten, liebevollen Grinsen, und wir eilten gemeinsam zur Tür hinaus. Ich blieb fast laufend auf seiner Höhe, während wir um die Ecke auf die 18. Straße kurvten und auf Mac's Lunch in die Nähe der Market Street zusteuerten. In diesem belebten Pennerlokal verwöhnten wir unseren Gaumen mit Gusto, ehe wir wieder zum Laden zurückeilten. Trotz der Eile war es schon so etwas wie eine besondere Gelegenheit, Samstag zu Mac's zu gehen, denn es war eines der wenigen Male in der Woche, daß wir in einem Restaurant aßen.

Wenn ich Vater verließ, schwankte ich für den Rest meines Tages zwischen der Vorhalle des Metropolitan und den nahe gelegenen Seitengassen. Bis die Dunkelheit mich abschreckte, durchstreifte ich Mülltonnen auf einer enthusiastischen Suche nach Flaschen oder irgend etwas anderem von Wert. Aus diesen bescheidenen Larimer-Anfängen heraus sollte ich so verzaubert vom »Abfallsuchen« werden, daß ich in den folgenden Jahren mein Aasgeiertum zu regelmäßigen wöchentlichen Touren entwickelte, die ich in allen Hintergassen von Denver abspulte. Aber jetzt, wo es keine Aschengruben und Apartmenthausverbrennungsöfen zum Plündern gab und wo nur wenige Schätze aus den riesigen Mülltonnen im Zentrum zu holen waren, mußte die Blume dieser heftigen Verzückung eine gehemmte Knospe bleiben, bis ich in den Wohngebieten lebte, die sie zu voller Blüte bringen konnten. Während ich mich mit der jeweiligen Ausbuchtung geborgener Abfälle abmühte, die mein Jutesack enthielt, wandte ich dann meine eiskalten Füße heimwärts, und wenn ich eine Pause einlegte, genoß ich es, das Schauspiel zu betrachten, wie sich nach Westen hin weiße Gipfel erhoben, die langsam die perfekte Kugel einer sinkenden Wintersonne verdeckten. Im Metropolitan bat ich dann irgendeinen freundlichen Mann, eine grobe Schätzung meines Horts vorzunehmen, so daß ich, durch diese Einschätzung vorgewarnt, das Ausmaß des Betrugs der Händler erraten konnte. Bald gaben mir diese hilfsbereiten Metropolitaner und manchmal die Altwarenhändler selbst Ratschläge, was von den vielen Dingen, die mir anfangs anbietenswürdig erschienen waren, unverkäuflich war. Obwohl dieses Wissen mir später viel überflüssiges Schleppen ersparte, half es mir nicht besonders, meinen Schmerz zu lindern, bei jenen zahllosen Gelegenheiten, wo ich im Haufen einer Mülltonne wühlte oder den alles einnebelnden Staub eines Aschenhaufens durchsiebte, nur um auf seinem Grunde die mir vertraute Nemesis mit der Aufschrift »Verkauf oder Wiederverwendung dieser Flasche gesetzlich untersagt« zu finden. Nach der Wertfeststellung meiner ausgewählten Altwaren, die ich allmählich anwachsen ließ, ehe ich sie die beachtliche Distanz zur Larimer Street zu einem Altwarenhändler zum Verkaufen brachte, versteckte ich sie immer unter der Treppe in der Vorhalle und kehrte zum Friseurladen zurück.

Laut Gesetz des Staates Colorado mußte Charley um neun Uhr abends schließen, und wenn ich um diese Zeit hinkam, konnte ich sehen, daß Vaters Mittagszeit-Grinsen zu einem riesigen Begrüßungslächeln geworden war. Liebe strahlte aus seinen Augen, aber sie und das Entblößen seiner Zähne, das gegen Ende des Tages immer stärker wurde, wurden nicht hauptsächlich durch meine Gegenwart hervorgerufen oder durch glückliche Erleichterung, daß die Arbeit des Tages bald zu Ende ging, oder selbst durch den Gedanken, die Dollars zu kassieren, die er verdient hatte. Der Hauptgrund für die zunehmende Zahl der aufgeregten Seitenblicke und des häufigen Aufleuchtens seiner Augen, das jetzt von seinem geröteten Gesicht ausging, war einfach, daß der erhoffte Augenblick für die Befriedigung seines unersättlichen Verlangens immer näherrückte. Und es gab eine Gewißheit, daß er seine Befriedigung erlangen würde, denn der Samstag versprach eine doppelte Garantie, wenn auch von gegensätzlichen Bedingungen. Vaters Morgennüchternheit für die Arbeit war garantiert, und ebenso sicher war, ob während der Woche oft erreicht oder nicht, seine Samstagabend-Sauferei.

Ich lernte früh, nicht mit Erfolg zu rechnen, wenn ich Papa bat, nicht zu trinken. Viele Monate lang beantwortete er diese unmögliche Bitte mit Versicherungen, daß er aufhören werde, abstrakt gesprochen sogar noch in dem Augenblick, in dem er das zerstörerische Getränk kaufte. Dann, als ich älter wurde und er gezwungen war, sich mit mir über dieses Thema auf angemessenere Weise auseinanderzusetzen, erdachte er ehrlich klingende Versuche, mir meinen Argwohn abzugewöhnen, mit der im »Nur dieses eine Mal«-Trick angedeuteten Besserung. Und wenn die Zerstreuung des Trinkens seine Hemmung lockerte, überkam ihn oft ein nostalgisches Bedürfnis, zu weinen, und dann war ich stundenlang in ein Tränenbad eingehüllt, von dem ich mein peinlich berührtes Gesicht stets abwandte. Weder selbstmitleidiges Schluchzen noch viele verbale Proteste halfen, seine guten Absichten zu verwirklichen, und ich begriff schließlich, daß er niemals aufhören könnte. Ich bat ihn immer seltener aufzuhören, und dementsprechend kündigte er immer seltender seine Versuche an, bis der Tag kam, an dem er jede Bemühung in dieser Richtung offen zurückwies. Mit dieser endgültigen Resignation dem Alkohol gegenüber, womit er seine Unfähigkeit akzeptierte, es auch nur zu versuchen und sich zu beherrschen, gab ich es auf und verlegte mich stattdessen auf die Frage des Ausmaßes. Er gewann natürlich bei diesem Tauschhandel auf der ganzen Linie, und all mein Gezänk erwies sich als nutzlos, denn bis wir mehrere Jahre später eine Einigung auf nur eine Flasche pro Tag erreicht hatten, war sein Alkoholspiegel derart, daß der Konsum von nur einem halben Liter Alkohol ihn auf der Stelle beinahe bewußtlos machte. Aber all das stand noch bevor, und in der Frische unserer Anfangszeit verheimlichte er einfach, so gut er konnte, sein Trinken vor mir.

Wenn der letzte Kunde gegangen war, wurde Vater ausbezahlt, und, beide in Feststimmung, verließen er und ich auf der Stelle Charleys Zaza, um uns den geliebten Lichtern der Curtis Street zuzuwenden. Schnell aßen wir noch eine Restaurantmahlzeit, hielten bei einem Bonbonladen, machten einen kurzen Abstecher in den Drugstore, wo ich am Groschenautomaten spielte, während er hinter mir das hochgeschätzte Objekt erstand, das sofort und mit erfolgloser Heimlichkeit in die Innentasche seines Mantels geschmuggelt wurde. Tragikomisch war die ernsthafte Art, in der er diesen ungeschickt stümperhaften Schmuggelversuch durchführte, den ich mit scharfen Augen und unruhigem Herzen niemals übersah. Aber ich war ausgelassen, während ich die Vorstellung aussuchte (für Papa machte es keinen Unterschied, was er sah), und ich zerrte ihn ungeduldig durch die überfüllte Vorhalle zur Treppe, wo er rauchen konnte. Zwischen Paaren aus der Unterschicht mit ihrer wimmernden Brut auf dem Balkon behaglich ausgestreckt, selbstvergessenen Liebenden, lärmenden jungen Rowdys, die durch ihr Pfeifen schüchterne Mädchen verwirrten, welche kichernd in Gruppen die Treppe heraufkamen, und allen Arten von Mitternachts-Kinobesuchern pflegte Vater zufrieden an seinem Wein, gefolgt von gesalzenen Erdnüssen, zu nippen. Für mich enthielten diese Stunden an seiner Seite nichts als pausenlos ablaufende Sensationen. In meinem Mund schmolz nahezu unmerklich gute Schokolade, und ich spürte die Spannung der schwitzenden Umklammerung nicht, mit der meine klebrigen Finger das Kissen festhielten, denn ich saß wie betäubt vor Entzücken da, während ich das prächtige Leinwandgeschehen verfolgte.

So geschah es also mit Vater gemeinsam, ungefähr ein Jahr später, daß ich das eindrucksvollste Filmwerk sah, das ich jemals erlebte: »Der Graf von Monte Christo.« Ich erinnere mich deutlich, daß ich bei jeder Szene in einem Freudenrausch bebte, und als ich das Theater wie betäubt verließ, war ich so überwältigt, daß ich den kommenden Montag mit leidenschaftlichem Verlangen herbeisehnte, um aus der Ebert-Bibliothek das Buch holen zu können, auf das der Film zurückging. Der Montag kam, und ich stürzte mich in die Lektüre aller Abenteuer des Grafen. In meiner gierigen Gründlichkeit brauchte ich länger, als die Vierzehntagefrist der Bibliothek es gestattete, und so durchforschte ich den Roman ein zweites Mal. Daraus ergab sich eine Katastrophe. Um bei jeder Gelegenheit einen Abschnitt erhaschen zu können, trug ich meinen umfangreichen Helden stets mit mir herum und lernte, im Gehen zu lesen. Eines Nachmittags blieb ich speziell deswegen bei einem reichen Freund stehen, um die Schildkröten zu beobachten, die bei ihm in einem Hinterhofteich voll merkwürdiger Flossentiere gehalten wurden. Um diese häßlichen Kreaturen besser bestaunen zu können, legte ich meinen Dumas in die Astgabel eines kleinen Baumes und kniete nieder, um sie genauer zu betrachten. Nachdem ich an den Falten der widerwärtigen Haut an Hals und Beinen gezogen, behutsam gegen die Schale gepocht hatte, um zu sehen, wie der perlenbesetzte Kopf sich faltig zurückzog, und ihn zur Bewegung angestachelt hatte, war meine Schildkrötenneugierde befriedigt, und ich machte mich auf den Heimweg. Ich war noch nicht weit gegangen, als ich das Buch vermißte, und besorgt lief ich den Weg zurück. Es war nicht im Baum, noch war es anderswo im Hof zu sehen. Der

Junge Freddy leugnete sofort, daß ich ein Buch vergessen hätte, sagte, ich hätte nichts unterm Arm getragen, und wenn es ein Buch gegeben hatte, mußte es anderswo verlegt worden sein. Sein ruhiges Beharren überzeugte mich einigermaßen, dennoch setzte ich weinend die Durchsuchung des Gestrüpps und des Bodens fort, bis er mir, als ob er schließlich durch meine Dummheit erbost wäre, zu gehen befahl. Von seinem Benehmen überrascht, das so plötzlich von der überzeugten Gelassenheit entschiedener Versicherungen, daß ich im Irrtum war, zu plötzlichem Zorn und offensichtlichem Abscheu überwechselte, war ich todunglücklich und wußte nicht mehr, wie ich mich verhalten sollte, und ich stolperte rot vor Scham von seinem Besitz davon. In der leidenschaftlichen Hoffnung, daß er vielleicht recht hatte und ich es irgendwo liegengelassen hatte, veranstaltete ich auf dem Weg von seinem Haus zu meinem Schulspind eine wilde Jagd, die nichts anderes enthüllte als eine weitere Bestätigung, daß ich das Buch zu meinem unglückseligen Besuch mitgebracht hatte. Als schließlich nervöse Angst zu blanker Verzweiflung wurde, akzeptierte ich die Niederlage und machte mich mit dem immer stärker werdenden Verdacht auf den Heimweg, daß der Junge mein Buch gestohlen hatte; denn, als ich zufällig nahe dem Platz gesucht hatte, wo es versteckt war, hatte er mich hinausgewiesen, um zu vermeiden, daß ich seinen Diebstahl ans Licht brachte und seine kunstvolle Lüge entdeckte.

Vaters Persönlichkeit war so, daß es ihm ganz unmöglich war, mir in meiner Not zu helfen, indem er den wohlhabenden Eltern des Jungen mutig entgegentrat, denn sein sanftes Wesen fand das Leben schon zu schwierig, um sich auch nur kümmerlich durchzuschlagen, als daß man erwarten konnte, er würde zusätzliche Schwierigkeiten auf sich nehmen, um mein Buchproblem zu lösen. So schlich ich mich ganz allein am nächsten Tag, und danach noch viele Male, auf einer aussichtslosen Suche heimlich in den Hof des Jungen, obwohl ich nicht so dumm war, zu bezweifeln, daß das Buch schon längst in sein Haus verschwunden war. Doch das war nicht der Fall, wie sich viele Jahre später herausstellte, ich erinnere mich, daß ich beinahe zehn war, als sich das Geheimnis des verschwundenen Buches durch eine bloße Laune des Zufalls von selber löste.

Eines Tages ergab es sich zufällig, daß ich durch die Gasse hinter dem Haus des Jungen spazierte, und mit mir war mein jüngster Bruder Jimmy. In seinem Sadismus steckte ein großes Ausmaß von Haß gegen Tiere, der sich anfangs durch das genaue Imitieren seines Idols, Bruder Ralph, gebildet hatte. Nun, mit vierzehn Jahren, waren Jimmys aggressive Aktionen weit über Ralphs gedankenlosen Zeitvertreib hinaus entwickelt, Kätzchen in der Toilette hinunterzuspülen, und hatten sich zu einem echten Instinkt für wirkliche Gewalttätigkeit ausgewachsen. Ich erinnere mich an den Sommer davor, wo ich sie auf einem unbebauten Grundstück in East Denver mit einer 22er gemeinsam Scharfschießen üben gesehen hatte; hierher zogen sie sich zurück, nachdem sie den Nachmittag damit verbracht hatten, streunende Katzen aufzulesen. Der eine pflegte ein kreischendes Tier himmelwärts zu schleudern, nachdem er es am Schwanz im Kreis geschwungen hatte, um es auf volle Touren zu bringen, während der andere es mit Kugeln durchlöcherte, bevor es zu Boden fiel. Jimmy verabscheute vor allem schwarze Katzen, und an diesem Tag raste er, als eine zufällig an uns vorbeilief, in einer mörderischen Verfolgungsjagd hinter ihr her. Nachdem er sie schnell gefangen hatte, schwang er sie am praktischen Schwanzende über seinem Kopf und schleuderte sie mit aller Kraft, die er besaß, gegen Freddys Aschengrube. Er stürzte sich auf die betäubte Katze, ehe sie sich erholen konnte, und knallte sie wieder und wieder auf den Beton. Aber die unglückliche Kreatur weigerte sich, einen leichten Tod zu sterben, obwohl ihr ausgetretenes Gehirn überall verspritzt war, und durch den blutigen Brei der eingeschlagenen Schnauze blinzelten die ernsten Augen unter jedem neuen Aufprall immer langsamer. Zum Schluß, in der Erschöpfung seiner grausamen Erregung, zielte Jim schlecht, und sein letzter, schon schwacher Wurf des Pelztiers ging am Ziel vorbei und verkeilte das Tier stattdessen fest in einem schmalen Spalt zwischen der Ausbuchtung der Aschengrube und der Garagenmauer. Und dort starb es, unter stillen Zuckungen seines kraftlosen und aufgeschwollenen Körpers; natürlich hatte ich während der ganzen Zeit, da er die Katze totschlug, geschrien und ihn am Arm gezogen, in dem Versuch, ihn zum Aufhören zu bringen, und er versuchte mehrmals, das Tier herauszuzerren, um mit dem Schlachten fortzufahren; dann beschloß er plötzlich, aufzuhören. Als er in enttäuschter Wut zurücktrat, um neue Kraft zu sammeln und zur Besinnung zu kommen, starrte ich mit schmerzlicher Furcht auf den zuckenden Kadaver und beobachtete halbkrank, wie das Blut durch sein zerschmettertes Fleisch strömte. Es fiel tropfenweise aus dem schwarzen Fell herab und bildete kleine Bäche, die an den rostfarbenen Ziegeln herunterflossen. Als es den flachen Boden erreichte, begann sich ein kleiner Teich aus dunkler Flüssigkeit zu bilden auf meinem Buch!!!

Meine Tränen hörten zu fließen auf und mein Herz blieb in diesem Augenblick stehen, da ich meinen lange verlorenen Grafen wiederfand. Da war es, genau dort, wo Freddy es in einem unbekümmerten Streich hingeworfen haben mußte, und nachdem es drei Jahre lang dem strengen Klima Denvers ausgesetzt war, lag es nun zerfetzt da, wie das sterbende Tier, das meinen heißgeliebten Wälzer noch mehr entweihte. Mühsam ignorierte ich die Katze und zwängte meinen Arm weit genug in den Zwischenraum, so daß meine Finger den Einband ergreifen und meinen alten Helden hervorholen konnten. Ich schabte das frische Blut und die kleinen Eingeweidestückchen mit all der Sorgfalt ab, die meine überreizten Nerven für diesen Akt der Liebe aufzubringen vermochten, und glättete mit großer Sorgfalt die vom Wetter vergilbten Seiten.

Und so gewann ich meine beschmutzte Kostbarkeit wieder, und sie erlebte eine Auferstehung, wo ich doch so schrecklich wenig Freude mit ihr gehabt hatte, seit sie verlorengegangen war. Als ich Dumas von neuem las, wurde mir klar, daß ich, selbst wenn das möglich gewesen wäre, nicht einen Augenblick der Freude, die mir diese wundersamen geistigen Abenteuer schenkten, gegen all den Frieden hätte tauschen mögen, den ich für 1,68 Dollar bekommen hätte. Denn ich hatte fünf Jahre fast täglicher Quälerei durch die Ebert-Bibliothekarin auf mich genommen, bis ich schließlich jene Summe bezahlen konnte, die das Buch die Schule gekostet hatte. Nur mit diesem Wertsystem konnte ich die periodische Pein wegrationalisieren, wenn ich angesichts Mrs. Utterbacks, in ihrem Zimmer, das voll vom Zauber der vielen Bücher war, beschämt eingestehen mußte, daß ich kein Geld hatte. Es war tatsächlich notwendig, daß die Schule mir meinen Abschluß verweigerte, bis ich schließlich jemanden so weit bringen konnte, das Buch zu bezahlen. Rita, die Frau meines Bruders Jack, kam mir zu Hilfe; sie gab mir eines Mittags das gesamte Trinkgeld, das sie bei ihrer Vormittagsarbeit als Kellnerin eingenommen hatte.

Natürlich war die Lektüre des Grafen meine erste Forschungsreise in die Welt des erweiterten Denkens gewesen, und zusammen mit dem Film »Der unsichtbare Mann« hatte es meiner Phantasie lange Zeit all das geschenkt, was sie brauchte. Wenn ich von der Schule nach Hause ging, verirrte ich mich oft für Augenblicke, so geistesabwesend war ich unter dem Einfluß eines großen Tagtraums, der die Handlungsfäden zu Ende spann und dann mit seiner eigenen Phantasie fortfuhr, bis alle Gedanken unter ihrer bloßen Zahl erstickt wurden.

Die Liebe zur Literatur, die hervorsprudelte, nahm nicht ab, und wenn ich mich fortan ihrer Gesamtheit in zufriedener Einsamkeit widmen sollte, so blickte ich immer noch zu Vater auf, damit er meinen prüfenden Geist über die Bedeutung der Dinge schulte, die die Filme darstellten. Doch es war eine unentschlossene Belehrung, denn er selbst war sich selten irgendeiner Sache sicher. Das heißt, wenn er überhaupt eine ins einzelne gehende

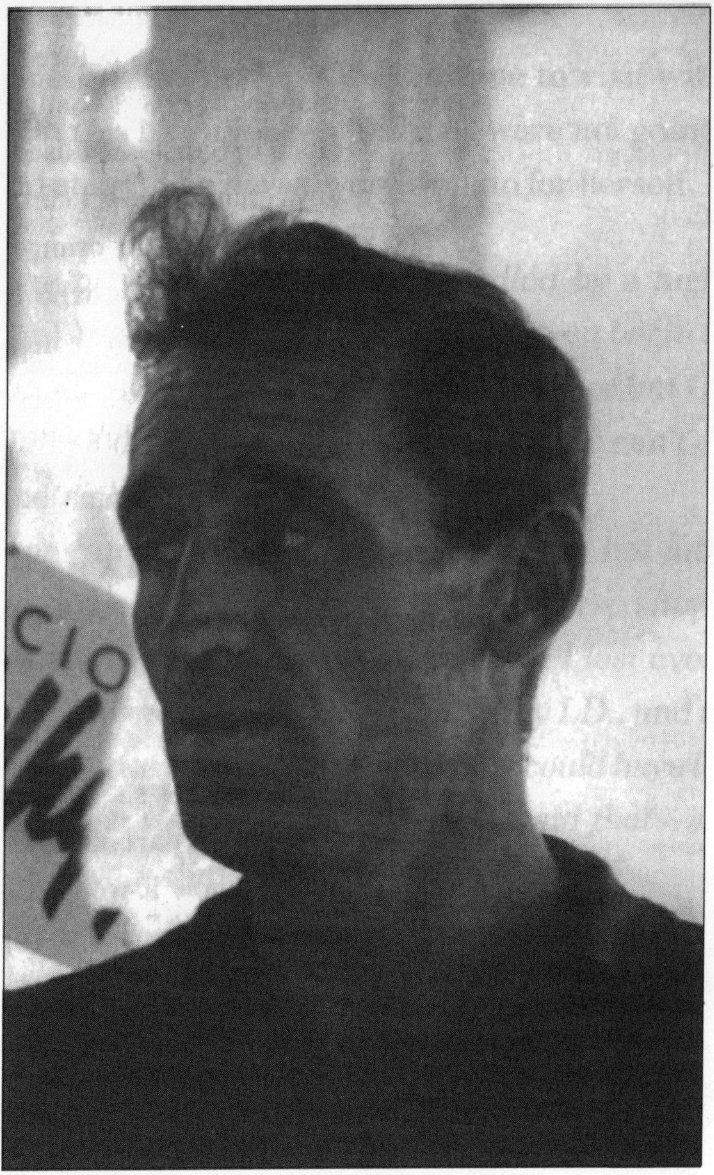

Antwort wußte – es konnten aber auch ein, zwei oder mehr Gegenstände sein –, pflegte er eine positive Äußerung zu vermeiden, denn die Gewohnheit des unverbindlichen Sprechens war zu stark in ihm, um irgendeine direkte Aussage zu gestatten, wenn irgendein Irrtum möglich war. Seit er zu trinken begonnen hatte, hielt er sich an die Sicherheit von unfertigen Meinungen, infolge seines Bedürfnisses, mit jedem zum Ausdruck gebrachten Gedanken übereinzustimmen. Das war besonders offenkundig, wenn er in nüchternem Zustand redete; zutiefst unentschlossen aufgrund der langen Unterdrückung seines schüchternen Egos, weigerte sich sein abgestumpfter Geist, irgend etwas zu klären, und wich sogar den trivialsten Ansichten gewandt aus, wo er sich genötigt fühlen konnte, irgendeinen Standpunkt zu beziehen. Ein solches Beispiel dieser Rückentwicklung, das deutlich den Verfall zeigte, den seine geistige Unterwürfigkeit in seiner Denkfähigkeit bewirkt hatte, trat ein, als ich ihn fragte, was das Wort »Kill« in dem Filmtitel »Four Hours to Kill« bedeutete. Nach der Erklärung, es bedeutete, jemanden zu ermorden, kam ihm der Gedanke, es könnte Zeit totschlagen heißen. Sein Verstand, wenn auch leicht zu verwirren, mußte gewußt haben, daß das richtig war, aber sein Wesen fühlte sich auf perverse Weise verpflichtet, durch den Gedankennebel eine komplizierte dritte Möglichkeit zu filtern, die, wenn auch nach minutenlangem intensiven Denken unauffindbar, doch lieber erforscht werden sollte, anstatt eine übereilte Entscheidung für eine der zwei wahrscheinlicheren Bedeutungen des Wortes zu riskieren.

Sein zweites Merkmal, die Sanftmut, war, verbunden mit dem intellektuellen Zögern des Säufers, in einem ungewöhnlichen Ausmaß vorhanden. In seiner Schwäche unterwarf sich Vater völlig der Herrschaft seines Lasters, und so war er in der Gewalt von dessen heftigen Angriffen, und seine wehrlose sklavische Haltung gegenüber dem Trinken bewirkte die treibende Kraft für eine Art heilige Sanftmut, die er immer zeigte, wenn er nüchtern war. Vom zerstörerischen Exzeß einer unkontrollierbaren

Schwäche tief durchdrungen, nahm seine Seele die Schuld auf sich, wodurch das Anrecht auf sein Leiden nicht in Frage zu stellen war. Ohne sichtbare Bitterkeit akzeptierte er stets unschuldig die Qual, die ihm zuteil wurde, als wußte er nicht, daß er sich wehren konnte. Bei ihm war diese christliche Tugend, »die andere Wange hinzuhalten«, keine Heuchelei, denn die Geringschätzung, die er für sein versoffenes Ich übrig hatte, zielte auf eine fast-ehrliche Demut gegenüber seiner Sünde ab. Da er schwächlich in seine eigene Schuld verstrickt war, konnte er nichts fordern und war daher blind gegenüber der Schuld anderer. Die demütige Haltung, erzeugt durch seine übertriebene Selbsterniedrigung, zeigt sich in der Tatsache, daß, obwohl meine Brüder, vor allem Jack, ihn jahrelang mit grausamer und brutaler Arroganz verprügelten und herabsetzten, ich ihn nie anders als in Ausdrücken höchsten Lobes von ihnen reden hörte. Diese elenden Dummheiten waren keine heuchlerischen Äußerungen von Angst; sie waren vielmehr durch sein ehrliches Empfinden ihrer Überlegenheit motiviert und durch sein innerliches Akzeptieren, daß die gemeinen Dinge, die sie über ihn sagten, alle wirklich wahr waren.

Da Paps ein solcher Fußabstreifer war, mochte ihn natürlich jeder gut leiden, und seine Unterwürfigkeit blieb nur selten jenen verborgen, die ihn regelmäßig trafen. Selbst von seiten der nicht gewalttätigen Typen unter den freudlosen Pennern, mit denen wir verkehrten, gab es Kommentare wie »Neal würde keiner Fliege was zuleide tun« und »Gib dem Friseur noch einen Drink, er ist so verdammt schüchtern, er könnte vergessen, den Mund aufzumachen.« Von Mutter und den paar anderen Frauen, die er später kannte, kam: »Neal ist so ein netter Mann, so liebevoll und aufmerksam, wenn er nur mit dem Trinken aufhören könnte.« Und von meinen Brüdern: »Neal ist okay, wenn er nüchtern ist, aber das ist nicht oft genug der Fall.«

Mein Interesse an der Sache äußerte sich anfangs nur in der wachsenden Erbitterung über die Notwendigkeit, daß man die

Grenzen seines Intellekts herausfordern und aufknacken mußte, ehe er zu irgend etwas, von dem die Rede war, »Ja« oder »Nein« sagte. Erst später nahm ich ihm übel, daß er sich herumstoßen ließ, und dann begann ich mich doppelt über ihn zu ärgern, denn er blieb eine träge Masse, während ich ihn, dumm in meiner kindlichen Ahnungslosigkeit über das Leben, abwechselnd antrieb und anbettelte, um ihn so weit zu bringen, solche Kränkungen nicht mehr hinzunehmen. Aber im Augenblick war so ziemlich das einzige, was mich deprimierte, die absurde Trägheit seiner Bewegungen, vor allem dann, wenn er betrunken war. Nach unserem Samstagabend auf der Curtis Street, der unweigerlich damit endete, daß ich ihn aus einem betrunkenen Nickerchen wachboxte, wobei uns im grellen Licht des Zuschauerraums neugierige Leute aus großen verlegenen Augen anblickten, während sie der Reihe nach hinausgingen, brachte ich den Torkelnden immer mit dem quälenden Gefühl der Frustration nach Hause, daß sein Zeitlupenschritt die demütigende Reise unnötig verlängerte.

Er behinderte auch irgendwie mein Herumflitzen an unseren Sonntagen, aber da ich ihn dann nicht auf den Beinen halten mußte, lenkte ich seine Schritte aus der Entfernung und nicht unter seinem erdrückenden Gewicht, und so war seine irritierende Langsamkeit eher das übliche Nachhinken des Erwachsenen hinter dem herumtollenden Jungen; da ich in einem Fieber der Erregung war, machte es für mein unaufmerksames Denken, das nur auf die angefachte Forscherfreude eingestellt war, wenig Unterschied, was die Ursache für Vaters momentane Mattigkeit sein mochte. Heute weiß ich zu würdigen, daß sein schwaches Lächeln, trotz Kopfschmerzen oder empfindlichem Magen, unter dem Ertragen des schwer nervösen »Zitterns« oft um Rast bittend, sich als das kranke Grinsen eines Mannes von einer gewissen Tapferkeit interpretieren läßt. Denn ich schenkte ihm keine Pause, da der Sonntag »mein Tag« war, und von früh bis spät ließ ich ihn kilometerweit zu den zahllosen Wundern marschieren, die zu finden ich auszog.

Unterhalb der Larimer-Linie von Denvers Bowery gibt es ein riesiges Gebiet, in dem ich einen Großteil meiner Kindheit auf Streifzügen verbrachte. Vater kannte diese Gegend besser als die meisten Leute, wenn auch nicht so genau wie mein aufnahmefähiger Geist, der, einmal angespornt, all sein Verlangen auf die Erforschung ständig neuer geographischer Vielfalt richtete. Wegen des miserablen Wetters führte Daddy mich nicht in mein Märchenland, ehe fast neunzig Tage unseres Aufenthalts im Metropolitan mit dem Zeitvertreib in der Vorhalle, der später alle unsere Winterabende ausfüllte, verstrichen waren. Die Sonntage des Februar, März und zu einem Großteil des April, wurden mit Kartenspielen, vor allem Rommé, verbracht, während man den Pennerkameraden beim Erzählen ihrer Geschichten von früheren Nöten und Zeiten des Hungers zuhörte. Aber schon an den ersten schönen Tagen des Frühlings führte Vater mich zu den neuen Horizonten eines mannigfaltigen Wunderlands; an diesen Sonntagen, die mir durch den letzten Rest seiner schwindenden Kraft, eine Handlung zur Gänze einem anderen zu widmen, großzügig geschenkt wurden, schaffte er es immer, sich rechtzeitig zu unserem späten Frühstück in der Mission wachzukämpfen. Dann liefen wir zur 16. Straße zurück, die menschenleer war am Sabbath und die wir in ungleichmäßigem Schritt hinabeilten, wobei sich das Vergnügen steigerte, je näher wir zu meinem Spielplatz kamen. Als wir wieder am Metropolitan vorbeigingen, legten wir für gewöhnlich eine Pause ein, um mit den alten Knaben zu plaudern, die die Vordertreppe plump mit ihrer eigenen Widerwärtigkeit zierten und sich um die vollgespuckte Eingangstür drängten, um so viel Kraft aufzusaugen, wie sie nur konnten. Sonnenbaden war eine ihrer ständigen Hauptbeschäftigungen, diese stimulierende Energie, das wußten sie, benötigten ihre Alkohol-Körper, um das Morgenelend auszuschwitzen und einen Anschein von Normalität wiederzuerlangen.

Nachdem wir die Gruppentherapie mit ihren Gesundheitsproblemen allein gelassen hatten, führte ein direkter Weg zum

Union-Bahnhof und danach zum Platte River mit seinem steinigen Terrain. Von der Market zur Wyboop Street waren es vier Häuserblocks, die aus Tankstelle, Samenhandlung, dem »American Furniture Company«-Möbelhaus, Cranes Installations- und Klempnergeschäft, der Singer-Nähmaschinenfirma, dem »Cummings«-Diesel-Automobil-Ausstellungsraum, dem »Great Western Sugar«-Gebäude und der »Solitaire«-Kaffee-Company auf der gegenüberliegenden Seite bestanden, unter die sich immer wieder einige der üblichen Bars, Restaurants und Penner-Hotels mischten. Am Anfang des Viadukts hielten wir uns rechts und gingen unter dem Dröhnen der Hochbahn durch einen Block mit ständig feuchten Schatten. Der Union-Bahnhof am Fuße der 17. Straße rückte ins Blickfeld. Wenn nicht Papas morgendlicher Wartesaal-Besuch, an den er fest glaubte, einen Umweg notwendig machte, mieden wir das Gebäude wegen der Sackgasse der Eisenbahnremise an seinem anderen Ende. Stattdessen umkreisten wir geschäftige Männer, die Post und Gepäck in die Waggons unmittelbar hinter den zischenden Maschinen luden, und wandten uns dem löchrigen Straßenpflaster der 15. Straße zu, um die Geleise zu überqueren. Jetzt erhob sich die kilometerlange aufgeschüttete Böschung des Viadukts der 14. Straße, und dort, unter seiner Höhe von mehr als sieben Metern, breiteten sich kleine Kohlenlagerplätze aus, zwischen den dichten Haufen schweigender Katastrophen eingeklemmt, die das Lager des Autofriedhofs bildeten. Das Ganze war nur durch lose Gitterzäune geschützt, deren Durchhängen meinen Forscherdrang stets in Versuchung führte. Aber diese geschäftige Hauptverkehrsstraße verbarg die größeren Wunder von der 1. bis zur 14. Straße vor unseren Blicken: die Santa-Fe-Eisenbahnwerkstätten mit ihren sauberen Stapeln von unzähligen Ersatzteilen, den Lokomotivschuppen mit einem faszinierenden Abstellgleis für ausrangierte Loks daneben, mit Bretterfenstern versehene Möbelmagazine, kleine Farben-, Getreide- und Ölfirmen und da und dort einzeln hingestreut die winzigen Abfallhaufen des Hobo-Dschungels.

Wir gingen geradeaus, vorbei an den C.-B. und Q.-Frachtbüros, flankiert von dort dicht hintereinander abgestellten Kühlwagen. Dahinter waren eine Auto-Laderampe, ein riesiger Kran und dann allmählich spärlicher werdende Geleise.

Wo der südliche Platte River unter der aus Winkeleisen und knarrendem Holz bestehenden Brücke der 15. Straße vorbeifließt, kletterten wir dann etwa dreieinhalb Meter zum Kiesgrund am Fluß hinunter. An eben der Stelle verbrachten wir die meisten unserer Sonntagnachmittage, indem wir auf den paar hundert Metern einer Art Strand zwischen der 15. und der 17. Straße auf- und abspazierten. Ich war damit beschäftigt, Steine über das Wasser hüpfen zu lassen, um zu zählen, wie viele Male es mir gelang, sie aufspringen zu lassen. Dieser Zeitvertreib beschäftigte mich viele Jahre lang, ebensosehr wie alle Wurfarten in meiner Denver-Zeit, und er wurde letztlich nur durch eine Football-Verletzung eingeschränkt. Da die über alles entscheidende Wahl des Steines im Hinblick auf Flachheit und Gewicht und der Winkel, in dem er das erste Mal auf das Wasser traf, mehr zählten als die Kraft des Wurfes, erzielte ich bald, obwohl erst sieben, eine Trefferzahl zwischen zehn und zwanzig, und schon bevor ich altersmäßig zwischen zehn und zwanzig war, konnte ich mit einem Stein stets zwanzig Treffer oder mehr erzielen. So beschlossen wir diese Sonntags-Sonnentage in inniger Harmonie, wobei ich herumtollte und Steine schleuderte, während Vater dasaß, mir zusah und mit mir ausharrte. Dann ein langsamer Spaziergang zum 6-Uhr-Abendessen in der Mission, bevor wir in die Metropolitan-Vorhalle zu Kartenspiel und Männergesprächen, die dem Zubettgehen vorausgingen, zurückkehrten.

In den folgenden fünf Jahren sollte die ganze Stadt mein Spielplatz werden – in Anbetracht der immer größer werdenden Leidenschaft für »Altwarensammeln« und der Freiheit, ihr nachzugeben –, so daß selbst die vielen Meilen des Cherry Creek (von seinem oberen Bereich bis weit hinter Denvers südöstliche Grenzen mit den Molkereien, Hühnerfarmen, Reitschulen und Nachtklubs im Cowboy-Stil) meiner Neigung die eindrucksvollsten Goldschätze seines Bodens bescheren sollte, das heißt Abfallverstecke unter Dutzenden Brücken, mit verkäuflichen leeren Wein- und Bierflaschen oder alten Luftschläuchen für Steinschleudern und überhängende Äste, auf denen man über den mehr als vier Meter hohen Zementwänden am Wasserlauf klettern konnte, oder Landstreicher-Nester, die nicht allzusehr mit Lebensmittelabfällen vollgestopft waren (ganz dicht unter den Brückenboden geschmiegt), wo ich mich für eine stille Stunde allein hineinkuscheln konnte. In diesem ersten Sommer erforschte ich das ganze Gebiet, das das Zentrum von Nord-Denver trennt. Es waren vor allem die Ufer des Platte, die den gewundenen, schmalen Landstreifen für meine Reisen lieferten. Ich machte mich oft von einem riesigen Schornstein einer Ziegelei, auf dem Gelände des hier fließenden Stromes an der 8. Avenue, zu einem noch enormeren Backsteinkamin in der Nähe des Union-Pacific-Bahnhofsgebäudes in der 38. Avenue auf (der vor ein paar Jahren in mehreren spektakulären Explosionen mit Dynamit in die Luft gesprengt wurde – mehr als drei Fünftel der halben Million Einwohner von Denver kamen, um diesem einen Tag dauernden Unternehmen zuzusehen –, dieser Schornstein war mein Ziel, als ich das erste Mal von zu Hause fortlief). Auf diesen stets aufregenden Entdeckungsreisen trieb ich mich meistens – und lernte dabei schwimmen, wenn mich meine Nacktheit auch in Verlegenheit brachte – unter dem Viadukt der 14. Straße herum, wo der Zusammenfluß des Cherry Creek und des stark verschmutzten Platte bis zur Höhe meines Kopfes gestaut war, so daß das Intercity-Elektrizitätswerk Strom bekam. Ich erinnere mich, daß ich durch schwere Drahtgitter spähte, die sich vor einer Schublok öffneten, um offene Güterwagen voll mit naßglänzender Kohle direkt in das Gebäude zu schieben, und ich war erstaunt über diese ungeheure Größe und daß das Innere, Fußböden, Boiler, Rohre, Meßgeräte und alles, obwohl fleckenlos, völlig von einem feinen Maschinenölfilm überzogen schien;

das laute Wimmern von vibrierenden Dynamos hypnotisierte mich stundenlang. Und weiter vorne, gleich an der 16. Straße, gab es ein richtiges Schloß aus Stein, heute sind seine Fensterläden verschlossen und wird als Umkleideraum für Eisenbahner benutzt, damals war es die Endstation der Moffet-Nebenlinie von Craig. Ich war stolz, wenn ich daran dachte, daß die Geleise, an deren Ende ich jetzt stand, durch Amerikas längsten Eisenbahntunnel führten – eben fertiggestellt, Moffet, 13 Kilometer – und daß sie, wo sie die Große Wasserscheide überquerten, höher hinaufgingen als jede andere US-Schienenbahn. Während ich dahintrabte (nach ein oder zwei Jahren wurde diese Gewohnheit, zu laufen, so stark, daß ich es mir zur Regel machte, im Freien niemals zu gehen, außer ich war durch die Begleitung eines Erwachsenen dazu gezwungen), sah ich die kleinen, zusammengehorteten Häufchen von verrußten Konserven und Weinflaschen-Wasserkrügen verstreut daliegen, alle von einem unvermeidlichen Kreis von Steinen umgeben, die gleichmäßig genug angelegt waren, um einen improvisierten Feuerrost zu stützen, der für gewöhnlich aus verbogenen Drahtkleiderhaken fabriziert war. Bald sollte ich in solchen Dschungeln wie diesen überall im ganzen Westen leben und sogar lernen, einen für die Nacht zu finden: das Wichtigste war, in der Nähe von Wasser und Holz zu sein. Natürlich machte ich selten als erster ein Lager, vielmehr spürte ich ein verlassenes auf, so daß Daddy und ich und seine üblichen ein oder zwei Kumpel (mit denen er zum Schnorren unterwegs war, während ich suchte) allein sein konnten. Nur selten näherten wir uns dem Haupthaufen der Penner, wann immer wir ihnen auf den größeren Bahnhofsgeländen begegneten. Vielleicht fürchtete Vater, weil er dachte, ich sei in irgendeiner Weise etwas Kostbares, um unsere Sicherheit. Ich fand, daß er die Bedeutung meiner Anwesenheit beim Schnorren überbewertete, aber ich sah, daß wir es immer schafften, zu essen, obwohl das bei den anderen oft nicht so war. Denn in jedem improvisierten Lager war man sich allgemein einig, zu holen, was man kriegen konnte, um es als Gemeinschaftseigentum miteinander zu teilen. Da sie in ihrem Hunger sofort alles aßen, bis auf das, was gekocht werden mußte, bestand der Rest hauptsächlich aus Bohnen und Kartoffeln, als dünnes Eintopfgericht. Die heutzutage nur mehr nostalgische »Hobo-Honeytown«-Operationsbasis, wo ich die meisten Stunden mit Spielen verbrachte, war ein einsamer Ort – sie lag inmitten der großen Gleis- und Autobahnkreuzung des nahegelegenen Union-Pacific-Lokomotivschuppens und des Viadukts der 24. Straße, unter einem Eisenbahngerüst von skelettartiger Konstruktion mit Schwellen darauf und Betonpfeilern, auf denen eine mir unverständliche Vielzahl von grob und fein gezeichneten Obszönitäten zu entziffern war. Aber in meinem Alter konnte ich diese Worte und Bilder, Leckerbissen einer noch unbekannten Zukunft, nicht in ihrem vollen Wert würdigen, und ich erinnere mich, daß ich all das wunderbare Klettern viel lieber mochte, das die vielen Viaduktkonstruktionen erforderten; bis auf den Viadukt bei der 16. Straße (der einzige, der ganz aus Beton war), dessen Bogen zu hoch waren, um hinaufzukommen, so daß ich diese Brücke oft mit frustrierter Sehnsucht betrachtete.

In meinen Träumen aus dieser Zeit (zusammen mit vielen starken und lebhaft realistischen, in denen ich bei allen leeren Güterwagen ein- und auskletterte, die die Rangierbahnhöfe der fünf Erste-Klasse-Eisenbahnen von Denver füllten) kehrte eine weitere Entdeckung bei einer meiner Spritztouren in dieser Gegend immer wieder, die »Pride of the Rockies«-Getreidemühle. Ich hatte ihr unbenütztes Inneres mehrere Male durchforscht, bis mich irgendein Fabrikswächter entdeckte, und nachdem er mich weggeschickt hatte, wagte ich es nicht mehr, zurückzukehren (denn ich mißachtete niemals den Befehl irgendeines Fremden, bis ich älter als zehn und beinahe über die sechste Schulstufe hinaus war), sosehr ich auch wollte. Diese Träume waren von der Geographie des Gebäudes erfüllt. Es hatte ein geräumiges Kellergeschoß, auf dessen Boden große, feststehende Dampfkessel montiert waren, die sich drei volle Stockwerke hoch erhoben, mit schmalen, hervorspringenden Zementsimsen und vielen schmalen Eisenstiegen, die ihren Rand umsäumten. In den oberen Stockwerken waren riesige, ausladende Maschinen so eng aneinandergedrängt, daß alle Pfade richtige Tunnels bildeten, genau übereinstimmend mit meiner Größe. In den Beton waren Quadrate geschnitten, damit sich riesige Treibriemen in mächtigen Geweben aus Leder über die ganze Mühle erstrecken konnten. Über den durcheinanderliegenden zerbrochenen Maschinenteilen, viele schwerer als Ambosse, den schartigen Stücken von Lederriemen, zu breit, um etwas damit anzufangen, über den riesigen Kisten – die meisten noch immer fest mit Stahlbändern umwunden –, voll mit vielen kleinen Ersatzteilen, Federn, Rädern, Bolzen usw., und auf dem ganzen schlafenden Gebäude überhaupt, lag der angesammelte Staub von Dutzenden Jahren. Unangenehmerweise war es toter Staub; obwohl er bis zu den Knöcheln reichte, drang niemals ein Stäubchen in meine Schuhe, wenn ich in meinem verblüfften Schlafwandel umherschlenderte. Alles war tot – ruhig, keine Aktivität und kein Laut, mit Ausnahme einer Sache: Hunderte von Sonnenenergie angetriebene Fliegen summten über mir. Ich fühlte mich wie in einer Gruft, so isoliert war ich durch die dicken Mauern vom ratternden Viadukt der 20. Straße, der nur ein paar Meter entfernt lag. Ich hatte auch, und das war das Erdrückendste, die Gewißheit, daß die Sommerhitze stärker werden würde, bis ihre Überschwenglichkeit mit der Zeit zu übermächtig wäre, um ihr jemals wieder zu entkommen.

Zweites Kapitel

SEIT WIR UNS zum erstenmal der Larimer Pennerbrigade angeschlossen hatten, wartete Vater ungeduldig auf das Kommen des Sommers und auf meine Erlösung von der Schule, damit wir unsere Reise nach Osten antreten konnten. Das ganze Jahr über hatte er von Missouri gesprochen und von dem angenehmen

Aufenthalt, den wir dort haben würden, besonders von dem vielen und guten Essen, das es dort gab. Schließlich, Mitte Juni 1932, näherte sich der Tag, an dem die Reise in das Gelobte Land begann, als Papa, unsere zusätzliche Kleidung fest in dem zusammengerollten Bettzeug auf seinem Rücken verpackt, mich zu den Güterbahnhöfen der Union Pacific im Norden von Denver brachte. Er hatte geplant, daß wir rechtzeitig den Frühmorgen-Frachtgüterzug von der 38. Straße aus erreichen, aber wir brachen so spät auf, daß der Zug vor unserer Ankunft abgefahren war, also marschierten wir, um nicht auf einen Güterzug warten zu müssen, unbeirrt zur Autobahn, wo uns, glücklicher Zufall, ein Mann, der nach Cheyenne unterwegs war, mitnahm, noch ehe wir hundert Meter weit gegangen waren.

Indem wir diese erste Mitfahrgelegenheit akzeptierten, veranschaulichte Vater die zwei Vorstellungen (im Gegensatz zu ihren offensichtlich vernünftigen Negationen), die ich in meiner jugendlichen Ungeduld beim Autostoppen ebenfalls vertrat. Die eine war, immer zu gehen, sogar nachts, anstatt darauf zu warten, daß jemand dich mitnahm, das heißt, wir hatten nicht bei einer günstigen Stoptafel angehalten, sondern waren die hundert Meter gegangen. Die andere, auch mit der Grundidee der »Vertrau auf die göttliche Vorsehung«-Methode des Penner-Transportsystems verwandte, war, daß irgendeine Mitfahrgelegenheit besser als gar keine war. Er hielt es für besser, Zugang zur Hauptverkehrsstraße Nr. 30 zu erlangen, wenn sich die Gelegenheit bot, obwohl wir dadurch von der direkten Autobahn-Nr.-6-Route zu unserem Ziel, Unionville, Missouri, abkamen. Wir fuhren den ganzen Weg in dieser wahllosen Weise per Anhalter, und es war bei jedem Aufenthalt ein Aus-einem-Auto-raus-in-ein-anderes-Hinein. Weil mein extrem jugendliches Alter für die Landstraße vermutlich die natürliche Angst der Leute verminderte und sie zu Mitleid tendieren ließ, zögerten wenige, uns mitzunehmen, und so kamen wir unglaublich schnell vorwärts, trotz Vaters allzu optimistischer Routine, die uns oft derart ungünstige

Plätze für eine Mitfahrgelegenheit einbrockte, wie zum Beispiel eine offene ländliche Gegend um Mitternacht.

In die Verschwommenheit der Erinnerung sind ein paar herausragende Ereignisse eingestreut, die auf dieser ersten Reise außerhalb Denvers eintraten. Eines war ein Karneval in der Nähe von Grand Island, Nebraska, durch den Vater mich liebevoll führte. Ein anderes war das anstrengende Erlebnis, im Sitzen über das Armaturenbrett hinweg auf die auf- und abhüpfenden Lichter der Scheinwerfer zu schauen, die sich vor dem Führerhaus eines großen Schleppers ausbreiteten – süßer Schlaf, lyrisch zum Brummen des großen Motors, tief vergraben in dem riesigen Bett hinter dem Lenker; und wieder lebhafte Stunden, die ich mit der Betrachtung einer sich unterwegs verändernden Landschaft verbrachte. Diese Aufregungen gab es auf der Anhalter-Etappe der Reise nach Osten. Ein paar Monate später, als wir uns durch Missouri, Kansas und Nord-Colorado zurückbewegten, war die Silhouette der Ereignisse, an die ich mich erinnere, weniger angenehm. Wir kamen per Güterzug zurück, und diese Monstren waren um so vieles furchteinflößender als die gewohnten Automobile, daß ich danach noch jahrelang mit Alpträumen von ihrer donnernden Fahrt aufzuwachen pflegte und mich bei jedem tatsächlichen Pfeifton verzweifelt unter den Decken verkroch.

Ich kontrollierte diesen kindlichen Schrecken auf meiner ersten Bahnreise nach Westen, es war ein Zug, auf den wir aufsprangen, bevor er aus Kansas City hinausraste, wobei unsere Arme noch mit kaltem Huhn – frisch von Tante Evas Farm bei Unionville – beladen waren. Wir waren mit Vetter Ryals Benzintankwagen nach Kansas gefahren und hatten mit viel Glück diesen langen Expreßgüterschnellzug erwischt, der die ganze Nacht durchrollte. In einer großen Stadt in Mittelkansas hielt der Zug schließlich. Die Mehrzahl der über ein Dutzend Hobos, die in unserem Güterwagen eingepfercht waren, nahm ganz richtig an, daß die Lokomotive ihren Wasservorrat verbraucht hatte, daher verschwanden einige von ihnen, einschließlich Vater, während der Tender neu aufgefüllt wurde, auf einem dunklen Pfad, um eilig nach Trinkwasser für uns alle zu suchen. Obwohl sie wußten, daß eine Maschine nur Minuten braucht, um neues Wasser aufzunehmen, fühlten sie sich gezwungen, diese vielleicht einzigartige Gelegenheit wahrzunehmen, einen Schluck für sich selbst und für mich, »das arme Kind«, zu finden. Insbesondere ich war durstig gewesen, vollgefressen mit dem vielen salzigen Huhn, und mein klagendes Wimmern weckte das Mitleid der Männer mit trockener Kehle, denen meine Gegenwart die momentane Würde uneigennütziger Motivation verlieh; daß sie mein lautstarkes Leiden spürten, machte ihr eigenes gewohntes Gejammer überflüssig. Mein Bewußtsein von meiner eigenen Wichtigkeit hatte zu viel Auftrieb erhalten, als daß ich versucht hätte, mein Schluchzen zu unterdrücken. Plötzlich machte der Güterzug unter mir einen Ruck nach vorwärts. Sofort vergaß ich den festen Entschluß, mein noch immer verzerrtes Gesicht beizubehalten, und wandte mich ängstlich von den anderen ab, um mit den Augen die Dunkelheit nach Papas Rückkehr abzusuchen. Er kam nicht, und während der Zug langsam an Geschwindigkeit gewann, stand ich schon wieder heulend an der Waggontür. Bald fuhren wir zu schnell, um zu erwarten, daß irgendein kleiner Kopf aus der Nacht auftauchen und er auf unseren Güterwaggon aufspringen würde, und die Hobos, die sich anscheinend bewußt waren, daß ich hinunterspringen könnte, rückten zusammen, um mich von der Tür zu vertreiben. Zuerst hatte ich einen Anfall, der wild genug war, um als hysterisch bezeichnet zu werden. Wehgeschrei, Stöhnen usw., dann sank ich in meine Ecke zurück, mit einem leiser werdenden Schluchzen, und ich begann, über meine mißliche Lage nachzudenken. Ich hatte Vater verloren und wußte, er würde mich nie finden.

Zwei Hauptgedanken vermischten sich miteinander: wie ich allein nach Denver zurückkommen sollte und wie ich mich von der Schuld an dieser Katastrophe befreien konnte. Während ich dalag, bemühte ich mich, meinen sechseinhalb Jahre alten Verstand aufzutauen, um die Sorge loszuwerden, wie ich nach Hause finden könnte, doch ich konnte das niemals lösen, da ich geographisch nicht einmal halbwegs zu planen fähig war. Die ganze Zeit drehten sich darüber hinaus reuevolle Gedanken in meinem Kopf, wie zum Beispiel: »Wenn er nur nicht weggegangen oder heil wieder zurück wäre, würde ich schwören, nie wieder Wasser zu trinken, egal, wie durstig ich bin.« Ich wußte, wie undurchführbar das war, denn ich würde sterben, aber genau deswegen beschloß ich es ja. Ich hatte das Gefühl, wenn ich solche extremen Dinge dachte, würde ich irgendwie alles ausgleichen, um ihn zurückzubekommen. Auch konnte ich auf diese Weise vielleicht Vergebung für das finden, was ich für meinen schweren Fehler, den Durst, hielt, der ihn weggeschickt hatte. Natürlich versuchten die Penner, zu trösten, aber ich wehrte mich gegen ihre Berührung, so daß, obwohl es wie eine normale, widerwillige, schmollende Sturheit erschien, nach mehreren Stunden ständiger Ablehnung dieses düsteren Trostes ein paradoxer Stolz des Selbstvertrauens entstand, der schließlich meine Angst überwand, und ich schlief wie betäubt ein.

Unser Zug ratterte Kilometer, die mir endlos schienen, über die trostlose Ebene dahin, und es war in der späten Abenddämmerung in Goodland, Kansas, bevor er wieder anhielt. Ich hatte die Stunden seit dem Morgengrauen damit verbracht, mich auf riesigen Pappkartonbögen hin- und herzuwälzen, die in dicken Schichten über einen Teil des Bodens des Güterwagens ausgebreitet waren, und nachdem ich immer wieder einen unregelmäßigen Schlaf gefunden hatte, weigerte ich mich noch immer, mit den Pennern zu sprechen, die mein Lager teilten, wie sehr sie auch versuchten, sich mir zu nähern. Der Zug hatte kaum drei Minuten gehalten, und ich war gerade wach genug, um mit dem Gedanken zu spielen, abzuhauen, aber weil mich die Angst vor einem peinlichen Vorbeigehen an den herumlungernden, geschwätzigen Gestalten hemmte, hatte ich noch nicht gewagt, meinen Kopf zu heben, als schnell und leise, wie um mich zu überraschen, mein Vater mich umfing, um sich unbeholfen zu einer tränenreichen Umarmung herabzubeugen! Es war mir nie eingefallen, daß, obwohl er durch die zu schnelle Abfahrt des Zuges nicht zu unserem Waggon zurückkehren konnte, es ihm doch gelungen war, einen Waggon vor dem Bremswagen zu erwischen und er daher die ganze Zeit über auf demselben Zug gewesen war; aber entweder aus Angst davor, über die Dächer dieser schweren Ladungen von Bauholz und Maschinen zu laufen, oder weil er dachte, ich sei in der Obhut seiner Kumpel gut aufgehoben, die ihn auf dem Zug vermutet haben mußten, und da er, obwohl er ihn erreicht hatte, sich während der Fahrt nicht bis zu unserem Waggon schwingen konnte, hatte er beschlossen, auf eine Station zu warten, bevor er wiederkam. Und so war mir die beruhigende Hilfe versagt geblieben, die wenige Minuten nach dem verhängnisvollen Wasser-Aufenthalt vom Dach unseres Waggons hätte kommen können, wenn Vater nur den seltsamen Umstand vermutet hätte, daß die Penner bei allen Ideen, die ihnen in ihrer Gutwilligkeit eingefallen waren, um mich zu überzeugen, Papa würde mich finden, mir nie gesagt hatten, er könnte weiter hinten auf den Zug aufgesprungen sein. Ich war erstaunt, daß man mir von einer solchen Möglichkeit nichts gesagt hatte.

Und wieder, wenige Stunden später, glaubte ich wirklich, daß ich Vater für immer verloren hätte; nur weil es so schnell vor meinen Augen passierte, erschreckte mich dieses Unglück direkter und wie ein echter Gruselfilm. Möglicherweise gingen wir gerade durch die Rangierbahnhöfe von Sterling, Colorado, oder wir mochten schon zu Hause angekommen sein und gerade im Union-Pacific-Rangierbahnhof im Zentrum von Denver aus dem Zug gestiegen sein. Wie auch immer, als wir die Geleise überquerten, steckte Vater seinen Fuß in eine Weiche, als ein Arbeiter im Stellwerkturm sie gerade durch Fernsteuerung umstellte. Papa fluchte (eine seltene Sache, für gewöhnlich war er äußerst freundlich, wenn nüchtern) und wackelte ein paar Augenblicke herum, war wütend und kam sich blöde vor angesichts der Dummheit, daß der Fuß klemmte, als gerade da ganz dramatisch eine Lokomotive auftauchte und sich anschickte, aus ein paar hundert Metern Entfernung auf ihn loszuziehen. Von weitem sah er die Lokomotive – wäre er ein erfahrener Eisenbahner gewesen, so hätte er beurteilen können, ob sie rechtzeitig stehenbleiben konnte –; er begann, sich wie wild mit seinem ganzen Körper herausziehen und in verzweifelter Hast an seinem Schnürsenkel zu zerren, während er mir, der ich daneben stand und nichts tat, außer wie rasend herumzutanzen, zubrüllte, ich sollte schnell hinlaufen und die Maschine zum Anhalten bringen. Jetzt war ich völlig verrückt, ich schrie und mir brach der kalte Angstschweiß aus, ich hatte aber genügend Mut gefaßt, um endlich auf die schreckenerregende Maschine zuzulaufen, als das Drama, so unerwartet, wie es begonnen hatte, sein Ende fand, indem Papa seinen bestrumpften Fuß befreite und, um die fürchterlichen Augenblicke davor auszugleichen und zu vermindern, in eisiger Haltung von übertriebener Ruhe gerade noch über das Gleis wegstieg. Immer noch kam die Lokomotive mit den Waggons näher – es mochte ein ganzer Zug gewesen sein, aber ich halte das für unwahrscheinlich, da die Verschübe, die täglich auf jedem Rangierbahnhof vor sich gehen, nur in sehr geringem Maße die Züge selbst betreffen (»eine Lokomotive oder auch mehrere aneinandergekoppelt, mit Waggons oder nicht, die Markierungen haben«), also muß es eine Zugmaschine gewesen sein, die ein paar Wagen auf das Hauptgleis zog, damit sie auf ihre entsprechenden Geleise verteilt wurden, oder ein Güterzug, der innerhalb des Bahnhofsgeländes anderswohin fuhr, oder vielleicht wurde einfach eine Handvoll Waggons von einem Gleis zum anderen ganz normal verschoben; in dem Fall hätte der Schweinskopf (Lokführer) gewiß rechtzeitig anhalten können, und Papa – durch seine Angst im Nachteil und unentschlossen, wie er den Zugführer zum Anhalten bewegen könnte – vielleicht durch den drohenden Unfall zu sehr verunsichert, um das anzuhalten, was ihm wie ein ganzer Tag vorkam, nur damit er ein

Stück Schuhwerk rettete – stand untätig daneben und beobachtete hilflos, wie die Lokomotive herankroch, um seinen Schuh völlig zu zermalmen.

Ich erinnere mich noch, daß der Schuh tatsächlich so zermalmt war, daß man ihn nicht mehr tragen konnte, weil wir ihn nachher untersuchten; und eben jetzt, während ich erfolglos versuche, mich zu erinnern, wie er zu neuen Schuhen kam, gibt meine spröde Erinnerung schließlich die Tatsache frei, daß Papa, obwohl wirklich recht nervös, sich nicht zu gut war, sich zu bücken, um an dem gefangenen Schnürschuh zu zerren, gerade in dem Augenblick, bevor die herannahende Maschine ihn zum Rückzug zwang.

Diese zwei Monate bei Tante Eva (obwohl sie erst kurz durch den tödlichen Autounfall ihres Mannes verwitwet war, fuhr sie fort, einen großen Clan zu kommandieren) hatten mir die großartigen, doppelten Anfänge eines Glücks beschert, die mir in den folgenden Jahren erhalten bleiben sollten. Fast täglich widmete ich mich der ersten Beschäftigung mit Mädchen, die die normale exhibitionistische Neugier jeder Kindheit enthielt. Und damals begann die reine ekstatische Flucht in große Spielrunden, die, ob sexuell oder nicht, hauptsächlich in der Heimlichkeit des riesigen Stalles stattfanden, um neugierigen Erwachsenenblicken zu entgehen. Diese Besessenheit beim Spielen nahm solche Dimensionen an, daß sie Jahre später noch immer ganz unkontrollierbar war, und daher wurde ich oft von meinem gesetzlichen Vormund, meinem Bruder Jack, verprügelt, weil ich in der Erregung der Spiele völlig auf die vorgeschriebene Zeit vergessen hatte, zu der ich zu Hause sein mußte. Es gab noch andere Dinge bei der lieben Tante Eva: Groß-und Urgroßtanten und Onkel, alle reglos auf der Veranda, und sie rauchten die üblichen Maiskolbenpfeifen von Sonnenaufgang bis Sonnenuntergang; erwachsene Cousinen, barfuß und spärlich bekleidet – aber hauptsächlich erinnere ich mich nur an ganz kleine Mädchen und Spiele ohne Grenzen.

Man hatte sich geeinigt: ich sollte während der Schulzeit bei Mutter bleiben und nur die 90 Tage im Sommer bei Vater. Die Ernährer Jack und Ralph, erfolgreiche Alkoholschmuggler, hatten in unserer Abwesenheit Mutter, Jimmy und Shirley in eine größere, wenn auch nicht viel bessere Wohnung umgesiedelt, in einem Haus an der Ecke 26. und Champa Street. Mein Umzug in dieses neue Zuhause fand statt, als eines Tages die »dunklen Brüder« durch die Tür des Metropolitan schritten – zweifellos ihr erster Besuch –, um zu sehen, wie es mir erging. Vater trat sofort ins Fettnäpfchen, als er da in der Halle vor seinen Saufkumpanen stand und sich ihrer aufmerksamen Blicke bewußt war, die den Besuch der Brüder beobachteten, er begann gewohnheitsmäßig mit seinem Sohn zu prahlen, was er gegenüber jedem von ihnen getan hätte (und gegenüber vielen bereits getan hatte); eine schmerzlich stolze, wenn auch kuriose und weitschweifige Darstellung meines Mutes auf unserer anstrengenden, eben vollendeten etwa 3000 Kilometer weiten Reise. Es muß wohl am Schweigen der Jungen gelegen sein, das täuschte, wie sie wohlwollend dastanden, mit sanftem Stiefsohn-Lächeln, das ihm gestattete, ein paar Minuten lang in einer eigenartigen Show von blutleerer Geselligkeit so weiterzureden. Aber am Ende der naiven Geschichte vom tapferen Kind wurde der unschuldige Säufer aus seinen Gedanken herausgeprügelt, als meine Brüder die Kehrseite der Medaille zeigten, indem sie aus der Rolle der milden Stiefsöhne fielen und zu bösen Ungeheuern wurden, die erschrockene Selbstgerechtigkeit vorschützten und begannen, abwechselnd auf ihn loszuprügeln. Einer schlug ihn nieder, stellte ihn dann für den anderen auf die Beine, der ihn wieder zu Boden schmetterte, wobei sie ihn die ganze Zeit in Richtung Ausgang prügelten; sie hielten einander mit vorwurfsvollen Aufmunterungen in Schwung, die nur von einem gelegentlichen verkrampften Kichern oder von angestrengtem Grunzen unterbrochen wurden. Schließlich waren meine Halbbrüder fertig, aber nur, weil sie außer Atem waren, weil die Arme erlahmt waren, oder weil ihnen die Knöchel weh taten; Vater war schon seit langem kaltgestellt, und so übergingen sie, nachdem sie ihn mit einem letzten kräftigen Schlag quer über der Türschwelle niedergestreckt hatten, all seine feigen Pennerfreunde, die wie Statuen herumstanden (als wären sie gar nicht da, mit ihren Stielaugen und zu Eis erstarrt), und nahmen mich mit Gewalt mit zu Mutter, wobei sie noch immer ihre pseudo-schockierten Gespräche weiterführten.

Das Apartmenthaus, in dem ich mich somit dem Alter der Vernunft näherte, hieß »Snowden«, so benannt nach dem sehr alten geilen Hausbesitzer, der nie in die Nähe des Hauses kam, außer um die Miete für jene Wohnungen, in denen es etwas Entsprechendes zu holen gab, persönlich zu kassieren. Dieser vierstöckige ziegelrote Mammutbau lag direkt im Herzen der mir unbekannten Lower Eastside von Denver, die mir im Laufe meiner Kinderjahre so vertraut werden sollte. Gleich gegenüber auf der anderen Straßenseite war die Bäckerei, eine Kombination von Lebensmittelgeschäft und Brotladen, bekannt für niedrige Preise; sie war jahrelang der Laden, zu dem ich einkaufen geschickt wurde und vor dem ich stundenlang spielte, da ich nicht einmal die Freiheit hatte, in der Nachbarschaft umherzustreifen (in diesem ersten und längsten von drei verschiedenen »Snowden«-Aufenthalten, durch den Nachdruck der vorsichtigen Mutter: »Geh nicht weg von unserem Häuserblock.«). Neben der Bäckerei und an die Straßenecke geklebt, befand sich, abgesehen von einem fahlen Bungalow, der sogar noch mehr eingekeilt war, derselbe Friseurladen, wo meine Eltern zuletzt zusammengelebt hatten; und in seinem engen rückwärtigen Teil hatten Schwester Shirley und ich auf dem aufklappbaren Bett »Colonel und Mrs. Lindberg« gespielt, wobei wir das breite Fußende des Bettes als Steuer benutzten, um unseren beherzten »Spirit of St. Louis« unter Kontrolle zu halten. Links von der Bäckerei, Richtung 25. Straße, war mein erstes »Spukhaus«, obwohl es mir als Szenerie eines frühen sexuellen Erlebnisses besser in Erinnerung ist, das ich im Jahr zuvor hatte, als ich noch im Friseurladen wohnte. An der morschen Wand dieses seit langem leerstehenden, zweistökkigen Fachwerkhauses, im tiefen Schatten der ausladenden Dachrinnen aus Schindeln, und während Leute auf dem belebten Gehsteig daneben vorbeischlenderten, küßte ihn mir ein komischer älterer Junge und nahm ihn dann in seinen Mund, um mein »Pipi« zu trinken. Wir rannten gemeinsam durch das wackelige, baufällige Haus mit dem löchrigen Fußboden und stiegen sogar auf das leicht zu erreichende Dach, und ich hatte gar keine Angst; obwohl ich sie im selben Jahr bekam, bald nachdem ich den widerlichen Umzug vom Metropolitan zum »Snowden« gemacht hatte. Meine Furcht entstand eines Abends, gleich nachdem ich von irgendwem eine Gespenstergeschichte gehört hatte; da ich an der Wahrscheinlichkeit von »Spuk« zweifelte, riskierte ich dummerweise, durch einen Hintereingang in das Haus zu gelangen, und stieß auf seine mir unbekannte Rückseite, die zu erforschen ich entschlossen war, was ich schon tagsüber getan hatte, aber seine stille absolute Schwärze und der unerwartet seltsame Anblick seiner Silhouette gegen die dahinjagenden Wolken des Winterhimmels waren zuviel für mich und ich kehrte zitternd um. Jedenfalls erlebte ich das »Spukhaus« nicht lange, denn dies spielte sich gerade in der Nacht ab, bevor die Abbruchmänner das Gebäude niederrissen und der triste, nüchterne Platz zu einem schmalen, unbebauten Grundstück wurde, dessen Einfassung ein paar knappe Zentimeter über das Beton-Keller-Gerüst hinausragte; es stieg, wie ich im Laufe der Jahre bemerkte, allmählich bis zur Bodenhöhe hinauf, indem es jede Art von Mist, von zerbrochenen Flaschen bis zu Autofahrgestellen und Abfällen menschlicher (in den Ecken) und anderer Art (wahllos verstreut) als seinen widerlichen Füllstoff aufnahm. Links von diesem Grundstück war »The Crescent Arms«, zwanzig Meter von der Champa Street eingerückt, mit einer wunderbaren Spielmauer von etwa eineinhalb Meter Höhe und leicht zu erklettern, wenn auch zu dick für meine Finger, um beim Springen ihren äußeren Rand zu fassen zu kriegen. Jede Hälfte dieser eleganten, modernistischen Mauer ragte aus gegenüberliegenden Wohnflügeln hervor, die selbst wiederum in einer vertikalen Ebene mit dem Randstein gebaut waren – von der Bäckerei bis hierher war der Gehsteig zu einer zehn oder zwölf Meter breiten und mehrere Male so langen betonierten Fläche verbreitert, und in Anbetracht der Einschränkung der Spielplätze für kleinere Kinder nach Einbruch der Dunkelheit war es ein beliebtes Zentrum für die Jugendlichen der Nachbarschaft, die sich, wie ich auch, zu kurzen, abenteuerlichen Spielen nach dem Abendessen trafen; das war doppelt ideal durch die hellen Lichter der Bäckerei, wo man die Leute sehen konnte, und durch die Heimlichkeit des »Crescent Arms«-Vorgartens, der hinter der Mauer so dunkel war, daß sie einen nicht sehen konnten, vor allem die Mütter, die ihre Kinder riefen – und diese Mauern endeten in zwei Türmen an den Eingängen, die mindestens zwei Meter hoch und aus denselben roten Ziegeln errichtet waren wie die Mauern selbst. Die quadratischen Türme, jeder mit zwei längst unbrauchbar gewordenen Elektrokabeln versehen, die aus den zolldicken Betonplattformen an der Spitze herauskamen, hatten für mich genügend Durchmesser, um darauf ein paar Augenblicke lang als »König der Berge« zu stehen, nachdem ich mich aus der Verwicklung mit den anderen Spielgefährten freigekämpft hatte. Und gleich zur Linken lag das »Hubbard«, größer und eher nobel, das die reicheren Bürger des Blocks beherbergte. Danach kam »The Avery«, Schauplatz vieler emotionaler Ereignisse, angefangen damit, daß ich von einem wütenden Manager gejagt wurde, bis zu zahlreichen häuslichen Ereignissen, als zuerst Bruder Ralph und Familie, dann Schwester Betty und Ehemann dort lebten, und schließlich die Erlebnisse des Halbwüchsigen, mit Zigarre-Rauchen und Brillantinefrisur, Freiersrufen nach einer »Flamme«, die mir nach langer Unentschlossenheit den Laufpaß gab und (nur aufgrund seiner angeblich spektakulären genitalen Entwicklung, wie sie mir selbst in einem Versuch, so dachte ich, meine Eifersucht anzustacheln, erzählte) einen behaarten Knülch im Tweedanzug namens John Harroway heiratete. Letzten Endes gab es in dem Block eine namenlose Herberge für Säufer und Schlimmeres. An der Kreuzung der 25. Straße und den anderen drei Ecken der Champa Street gab es eine Tankstelle, ein großes privates Wohnhaus und (auf der Abkürzung in Richtung Stout Street) eine einen halben Block umfassende Reihe von schrecklichen Behausungen, deren billigstes Zimmer nur eines der Dutzend Löcher war, die ich mit Vater in diesen langen Jahren teilte; ich erinnere mich, daß er damals, als wir dort wohnten, die noch lange anhaltende Gewohnheit annahm, jeden Sonntagmorgen eine große Menge Abführmittel einzunehmen. Und das gleiche galt für fast jedes Haus in diesem Block und in den anschließenden Blocks; alle beinhalteten eine persönliche Beziehung für mich und jedes Haus hatte seine eigene Bedeutung, entweder aufgrund irgendeines Ereignisses, das darin oder in seiner Nähe eingetreten war, oder weil es das Haus von »So-und-so« war, irgend jemand, den ich kannte.

Aber am besten kannte ich das »Snowden«, jene Burg meiner Kindheit, um die sich die zersplitterte Häuslichkeit der von der Wirtschaftskrise gezeichneten Familien – wie die meine – konzentrierte, bis, nachdem der alte Snowden an einem Herzanfall gestorben war, ein neuer Hausherr (wer es auch immer war und aus welchen Gründen auch immer) die ganze Schweinerei im Jänner 1937 säubern ließ – alle wurden ausgesiedelt, so daß »meine Villa« teilweise abgerissen, halb renoviert, in »The Queen City« umbenannt werden konnte (zufälligerweise der Name des Geburtsortes von meinem Vater) und an völlig neue Familien sehr teuer vermietet wurde. Im Herbst 1932 jedoch, als ich frisch von den apathischen Pennern des Metropolitan kam, war es ein eher unbeliebter Platz, vor allem als Hochburg für Schwarzhandel bekannt, obwohl es auch, auf der ganzen East Side jedenfalls, für seine Charaktere berüchtigt war, die recht ungewöhnlich waren: Ex-Sträflinge, Perverse, Jazzmusiker, Nutten ohne Zuhälter, Süchtige, vorwiegend Alkoholiker, wilde junge Männer mit lüsternem Geist und unsauberen Betätigungen; es gab jedoch auch einen normalen Kern von frommen Eltern, so wie Mutter, die sich für ihre vielen Kinder abplagte, und ein paar alte Jungfern und Junggesellen. Und obwohl die »Snowden«-Bewohner alle arm waren, oder vielleicht weil sie es waren, stellten sie Tag und Nacht den Laden auf den Kopf. Das Haus hatte eine Lärmmanie, die Luft schien immer erfüllt zu sein von verschiedenen jaulenden Katzenrufen, gebrüllten Flüchen, erschrockenen Schreien und, in meiner Erinnerung über allem stehend, dem Gekreisch von obszönem Frauenlachen. Es gab kaum einen Augenblick, an dem nicht irgendetwas Unglückseliges geschah, vor allem fielen mir die praktisch ununterbrochenen Pokerspiele auf, Strip-Poker und andere Arten, auf die die Kellerwohnungen ein Monopol hatten. Zu jeder Zeit konnten verliebte Paare angerempelt werden, wenn betrunkene Väter in den engen Korridoren von zornigen Ehefrauen ausgezankt wurden. Und am frühen Abend, nach einem mageren Nachtmahl, pflegten immer noch hungrige Kinder ihr ganzes Interesse auf Spiele von ernsthafter Logik zu konzentrieren, die am Fuße des gigantischen Stiegenhauses im Haupteingang gespielt wurden.

Wie eine Art großes Füllhorn begann dieses Stiegenhaus auf einer riesigen Fläche und verlor sich dann systematisch bei jedem Treppenabsatz nach oben. Riesige Pfosten im Parterre bewachten sein mächtiges Maul, das sich zu breitlippigen Stufen nach außen wölbte, nach innen kräftig geschnitzte Sprossen, die ein Mahagonigeländer trugen, das zu breit war, um zupacken zu können, und zu hoch für jemanden von meiner Größe. Diese bemerkenswerte Erinnerung an den viktorianischen Prunk des »Snowden« nahm mit zunehmender Höhe ab, bis das Geländer am höchsten Punkt völlig aus Schrott gebaut zu sein schien, fast wie ein nachträglicher Einfall, eilig und schwach, oder als wäre es in dem pragmatischen Bewußtsein erbaut, daß weniger Leute es benutzen würden, weil es nur zu einer Wohnung führte, und so kam ich zu der Annahme, daß die Zimmerleute absichtlich ihren perfekten Beginn unten weiter oben in Bosheit verwandelt hatten. Diese letzte unsichere rachitische Treppe führte zu einer einzigen Wohnung, die über das Dach hinausragte, um das Gebäude wie ein Indianer-Tipi aus Blech zu krönen; darin wohnte für weniger Miete als irgend jemand sonst mein »Snowden«-Freund Bobby Ragsdale und seine schöne Mutter, deren einziger Makel eine Knopfnase war.

Ich lernte Bobby zuerst als Liebesrivalen bei einer erstklassigen Blondine kennen, die vielleicht ein Jahr oder so älter war als wir mit unseren sechs Jahren und ein bißchen, deren Schönheit selbst der Unbeholfenste sehen konnte, und kennerisch im Gespräch vor dem Haustor, wenn sie vorbeiging, mochte er ausrufen: »Die wird in zehn Jahren alle umhauen«, »Die wird sich keine Geldsorgen machen brauchen, wenn sie mal groß ist«. Bobby und ich lernten von ihr die genaue Bedeutung jenes Wortes, als wir drei beim Spielen darauf stießen, quer über die hohe Hofmauer des »Snowden« gekritzelt, auf die vor allem ich mich immer ohne Hilfe hinaufzusetzen versuchte, selten mit Erfolg. Und eines süßen Tages, kurz danach, bot mir diese Liebliche an, mir ihres zu zeigen, wenn ich ihr meines zeigte. Wir wählten die nächste Kellertoilette, um ungestört zu sein, was uns aber bald leid tat; in unserer Erregung vergaßen wir, daß es die am schlechtesten behandelte und am seltensten gereinigte von allen im ganzen Haus war, da sie das Pissoir für alle durchziehenden Kartenspieler sowie der allerüblichste Platz war, den jeder kotzende Betrunkene aufsuchte, um sich zu erleichtern. Der kräftige Geruch zwang uns, das gegenseitige Entblößen kurz zu fassen; bald gab es keine Gelegenheit mehr, unser neues Spiel wieder aufzunehmen, denn sie verliebte sich stark genug in Bobby, um mich total links liegen zu lassen, obwohl sie ein paar Monate später, bevor sie auszog, zwischendurch wieder zu mir zurückkehrte, was mir genügte, um Bobby zu verzeihen, daß ich ihn beneidete, und wir wurden engere Freunde, das heißt, wir wurden freundlichere Rivalen auf anderen Gebieten, abgesehen von kleinen Mädchen, als sich Jahre hindurch, nachdem wir das »Snowden« verlassen hatten, unser Lebensweg häufig kreuzte; besonders an Mittwoch- und Samstagabenden am Ende der dreißiger Jahre trafen wir uns regelmäßig im Badehaus auf der 20. und Curtis Street, ein Ort von Duschreinlichkeit und Dreck, Spielhallenvergnügen und Müdigkeit, von Turnübungen, Scheibenschießen und Tischtennisfertigkeit, was die Stadt für solche wie uns gratis zur Verfügung stellte, bis schließlich die zwölf Jahre gemeinsamer, ähnlicher Knabenzeiterfahrungen durch einen Zufall beendet werden sollten, den ich später herausfand, aber um den ich mich damals zu wenig kümmerte, um ihn als merkwürdig oder interessant anzusehen; wir verbrachten beide die gleichen dunklen Monate der Depression auf Bänken sitzend in Spielhallen, die im Zentrum von Denver, zwischen Glenarm und Curtis Street, sechs Häuserblocks voneinander getrennt waren, ich besuchte Petersen's auf der ersteren, und er Bagnell's auf der letzteren Straße.

Um die Qual einer widerwilligen Bewunderung für Bobby auszugleichen, der größer war als ich, ebenso gutaussehend wie ich und – wie ich, wenn auch nicht vor dem Ende meiner Kindheit, dahinterkam und deshalb nachher davon beeinflußt war, jede Spur von »Durchschnitt« von oben herab anzusehen – weitaus normaler als ich (und dessen Mutter ich seit der Zeit liebte, als sie eine schwarzhaarige und weißhäutige Schönheit in ihren üppigen Dreißigern war, immer unter dem ritterlichen Schutz des einen oder anderen Mannes, unterwegs zur Tivoli-Bühnenschau, mit Abendessen vorher und Getränken nachher, bis sie, süß und adrett, zu einer noch immer viel begleiteten Vierzigjährigen mit grauen Haarsträhnen verblaßte, die ich über Monate heftiger Jünglingslust begehrte, voller Neugier, wie ihr schlanker nackter Körper aussehen mochte), gab es noch einen anderen Jungen, mit dem sich eine Freundschaft bildete, die jene mit Bobby völlig wettmachte. Sein Name war Art »Sonny«

Barlow, einziger Sohn des »Blackie« Barlow, der meine Brüder Ralph und Jack in seinen Alkoholschmugglertagen angeheuert hatte (die erst jetzt gerade zu Ende gingen, so daß er auf der Suche nach legaleren Investitionen erst kürzlich eine Service-Tankstelle gekauft hatte, die er, als ich zuletzt davon hörte, um eine ganze Flotte von Tankwagen erweitert hatte, daneben besaß er noch sieben oder elf Texaco-Tankstellen). Ich erinnere mich, Sonny einmal vor dieser ersten »Snowden«-Zeit getroffen zu haben; es war bei einem Nachmittagsbesuch in Blackies wunderbarem Haus in den Bergen; Sonny hatte mir, obwohl ich, wie mir schien, mit bewundernswerter Geduld wartete, bis er genug davon hatte, eine Spielrunde mit seinen dampfbetriebenen Löffelbagger abgeschlagen, der mich sofort beeindruckt hatte, denn da er so groß war, konnte man obenauf sitzen und die Steuerung bedienen. Es waren einfach zwei Drei- oder Vierjährige, die sich um ein kostbares Spielzeug stritten, auf das der Gastgeberjunge Vorrecht hatte, aber für mich war es eine überwältigende Ablehnung, eine der sehr wenigen, an die ich mich erinnere, die meine Kinderseele nicht mit der angemessenen emotionalen Selbstbehauptung überwinden konnte, vermutlich weil es das erste Mal war, daß ich etwas so stark wollte, um bis zum bitteren Ende darum zu kämpfen, obwohl ich während des Kampfes die ganze Zeit die Niederlage vorausahnte. Vielleicht war es die ungerechte Niederlage in dieser Schlacht, die dazu beitrug, meinen Mut zu schwächen, so daß ich während meiner ganzen Kindheit die Bemühungen um ein heiß begehrtes Objekt beim geringsten Anzeichen des Widerstands von der anderen Seite aufgab. Und nun, da der verhaßte Balg auf die niedrige Position herabgestiegen war, der Sohn einer versoffenen Schlampe zu sein, aber herzensgut und mattäugig besorgt um eine fette Mutter, Peggy Barlow, und nicht das Schoßkind des reichen Vaters Blackie, wohlgenährt, mit Haus und Spielzeug versehen, fand ich ihn weniger großartig und konnte leichter mit Verachtung auf dieses kleinere, häßlichere, und, wie ich ehrlich glaubte, viel blödere

Kind herabsehen. Während ich ihn mit kindlicher Grausamkeit oft damit hänselte, daß er ein Waisenkind war, was ich von ihm annahm, weil ich mitangehört hatte, wie bei irgendeinem Erwachsenengespräch gesagt worden war, daß Peg und Blackie, als sie noch im Wohlstand lebten, Sonny adoptiert hätten, spielte ich für gewöhnlich den gehässigen Snob und verhielt mich ihm gegenüber ganz freundlich, bis mit der Zeit, unterminiert durch diese gewohnheitsmäßige Heuchelei, meine frühere Abneigung in echte Sanftheit überging; und während ich nebenbei begann, viel über sein eigenes scheues Wesen nachzudenken, lernte ich allmählich, eine Kühnheit zu respektieren, die in gewissen Dingen weit über meine eigene hinausging, vor allem in bezug auf Penis und Schwimmbecken – denn Sonny war in dieser Hinsicht außergewöhnlich stark entwickelt, ich erinnere mich deutlich an den ungläubigen Schock, den ein flüchtiger Blick darauf bewirkte, und er war auch der Wagemutigste in der Schwimmbadbande der Mittelschulzeit; bereit, beinahe jedes Schwimmrisiko einzugehen, weil ihn andernfalls, weder vorher noch seither, irgend jemand bewundert hatte, doch ich kann mir vorstellen, daß mittlerweile irgendein gesundes Mädchen guten Grund zur Begeisterung gefunden hat.

Sonny mußte eine entsetzliche Niete namens »Red« ertragen, dessen Gesichtsfarbe seinem Namen und dem Feuer seiner Haare entsprach, der die ganze Zeit im Bett verbrachte, sich ungehindert seiner schlaffreudigen Stumpfheit hingab, wohlversorgt von seiner Geliebten Peggy, die als Kellnerin schwer schuftete, wenn sie nicht selbst mit diesem kastanienbraunen Schwachkopf betrunken im Bett lag, der seinen Genuß anscheinend nur daraus bezog, daß er Sonny pseudo-stiefväterlichen Erziehungsperioden unterwarf (das schloß ich daraus, daß es die einzigen Male waren, daß ich Reds Zähne sah, und daher hielt ich sie, zu Unrecht oder auch nicht, für Augenblicke eines echten Grinsens in seinem ausdruckslosen Gesicht, denn er war der erste Mann, und daher begriff ich es nicht, der das »Pokergesicht« praktizierte), verbunden mit derart konstantem Gebrauch von groben Worten und Strenge, daß Sonny, weit davon entfernt, das eingebildete Kind zu sein, das mir seinen Dampfbagger verweigert hatte, bereits zu einem stotternden, verzagten Wesen eingeschüchtert war, als ich in das »Snowden« einzog. Peggys Charakter war nicht stabiler als ihr schlaffer Körper, eine Hoffnungslosigkeit mit erschöpften Augen, aber sie sehnte sich doch danach, Sonny zu beschützen und machte ihm im allgemeinen irgendeine traurige Show von Wischi-Waschi-Zärtlichkeit vor, obwohl sie so niedergedrückt war von dem Schmerz, daß ihr Gatte Blackie sie verlassen hatte (wegen einer jüngeren Frau mit jeder Menge unabhängigem Einkommen, um sich das unentbehrliche Parfum und Wasserstoffsuperoxyd kaufen zu können), und versank dann noch tiefer in dem trägen Sumpf von Wein und Red, so daß ihr Verhalten hilflos und fatalistisch geworden war; und das Höchste, was sie jemals zu Sonnys Trost aufbrachte, war ein schwaches »Du mußt ertragen, was das Leben austeilt«. Während Bobby Ragdales Mutter Alma zweifellos das Gegenteil war: sanft entschlossen, ihm in einer ruhigen, liebevollen Sorge um »ihren Grobian« alles zu geben, obwohl sie auch ihre Männerfreundschaften unterhielt (was ich langsam zu spüren begann, bei den vielen Malen, da ihre Türe versperrt war und ich abrupt weggeschickt wurde, um zu spielen oder Bobby zu finden), schien sie sich Bobs Achtung bewahrt zu haben, denn noch als junger Mann brachte er ihr volles Vertrauen entgegen. Was meine eigene Mutter betrifft, so wurde sie einfach viel zu sehr von dem aufsässigen Jim und dem quengelnden Baby Shirley aufgerieben (und später, als sie aus dem »Queen of Heaven«-Waisenhaus kamen, obwohl schon beinahe Halbwüchsige, noch immer Bettnässer, von dem anspruchsvollen Paar Betty und Mae), und von all den bitteren emotionalen, finanziellen und gesundheitlichen Kämpfen dieser letzten paar Jahre ihres harten Lebens, um mir ihre Zuneigung ausreichend zu zeigen (ich wußte, daß sie da war, und es fiel mir gewiß nicht auf, daß es physisch nicht genug war,

um mich zu befriedigen, denn ich kann mich noch immer nicht erinnern, daß sie mich jemals geküßt hätte): in ihrem durch die Plackerei ermatteten Denken, das fast völlig blind gegenüber diesen Dingen war und vor emotionaler Verantwortung für ihre Kinder in ähnlicher Weise zurückscheute wie Peggy Barlow, wenn auch aus so unterschiedlichen Gründen wie Trinken und Abstinenz, hielt sie vermutlich offensichtliche Liebe für ganz unnötig, da ich doch das glücklichste aller Babys gewesen war, perfekt, weil ich weder Umstände machte noch schwer zu beaufsichtigen war, und dieses geringe Bedürfnis nach Aufmerksamkeit bis weit in meine Kindheit hinein fortgesetzt hatte; und tatsächlich war ich unter Bruder Jacks strengen Augen geradezu die Personifizierung der Methode, die Kindern vorschreibt, »gesehen, aber nicht gehört zu werden«, noch lange nach ihrem Tode. So bekam ich nicht genug Liebe, trotzdem sie die liebste und sanfteste aller Frauen war, was ich sowohl aus meiner eigenen Zeit weiß, in der ich sie am unvoreingenommensten beobachtet habe, als auch anhand all der guten Dinge, die ich über sie sagen hörte; tatsächlich hörte ich nie jemanden schlecht über meine liebe Mutter sprechen.

Das Trio Bobby, Sonny und ich waren die einzigen Jungen, die mit den Augen von Gleichaltrigen Zeugen vom Wahnsinn des »Snowden«-Lebens um uns herum waren, und in unserer Isolation als Siebenjährige wurden wir zu extremen Konkurrenten. Zum Glück waren die wichtigsten Dinge Behendigkeit, Kraft und Kletterspiele, daher mußten die anderen für gewöhnlich um den zweiten Platz hinter mir kämpfen; besonders bei Klimmzügen, von denen ich (phänomenal, wie mein hartnäckiger Stolz mir vormachte) gleichmäßig 35 oder 40 machen konnte, und nur weil wir im Keller in Ermangelung einer richtigen Stange das Leitungsrohr über uns benutzten, und das war so dick, daß es den Griff meiner Finger schwächte, die kaum einen Halt finden konnten, erreichte ich keine höhere Zahl, denn bald danach kam ich auf Schulspielplätzen über die 50er-Marke hinaus. Es gab eine Feuerleiter, die zu hoch über dem Boden anfing, als daß wir uns zu ihrer untersten Sprosse hochziehen konnten, aber zum Glück war sie von Peggys Schlafzimmerfenster aus erreichbar, obgleich sich in den nächsten paar Wochen Reds Stimme, schrill vor Zorn, erhob, um uns zu verscheuchen, also nur, wenn er notgedrungen seine Faulheit überwand, um zu essen, was oft genug der Fall war, oder wenn er sich unter gelangweilten Flüchen protestierend zur Gangtoilette schleppte, wenn die Natur es erforderte, war die Luft rein für uns, an dem unordentlichen Bett vorbeizuhuschen und aus dem Fenster zum erregenden Leiterklettern und zum Abenteuer auf dem Dach zu schlüpfen. Einmal machte ich diesen Weg allein, und bei der Rückkehr, nach einer glücklichen Zeit, die ich in nachdenklicher Betrachtung des schneebedeckten Denver versunken verbracht hatte, das da und dort von kahlen, nach oben ragenden Baumspitzen verdeckt war, hielt ich klugerweise an, um hineinzuspähen, bevor ich die Wohnung wieder betrat. Dort sah ich Red und Peg in hitzigen Liebeszuckungen und war so entmutigt, daß ich, erst nachdem ich eine Zeitlang frierend in voyeuristischer Verzögerung dort herumgehangen war, den Mut aufbrachte, an diesem keuchenden Fleisch vorbeizuhuschen, das da auf- und abhüpfte und halb aus dem Bett rollte, und zähneklappernd den erzwungenen Sprung von einigen Metern schaffte. Weder Bobby noch Sonny kopierten jemals dieses heroische Manöver, tatsächlich bezweifelten sie, daß ich es ausgeführt hatte, aber ich wußte, ich herrschte einsam als Springerchampion großer Höhen, ebenso wie ich der einzige von uns war, der es die Leute treiben gesehen hatte, außer sie hatten schon Geschlechtsverkehr gesehen und mir nichts erzählt, obwohl das unwahrscheinlich ist; ich erwähnte meine sexuelle Begegnung am Fenster nicht, während ich ihnen meine Feuerleiter-Glanzleistung beschrieb – weil Sonnys Mutter damit zu tun hatte.

Etwa um diese Zeit trat ein zweites Mädchen in mein Leben, und wir begannen eine Beziehung, die sich als dauerhaft erweisen sollte (mehr als irgendeine andere dieser Art – eine, die das sexuelle Verlangen meiner Kindheit schulte und weitgehend beeinflußte), denn immer wieder, bis in meine Teenagerzeit hinein, hatte ich stets aufklärerischen Verkehr mit ihr. Es begann am Fuß des schönen Stiegenhauses der Eingangshalle, wo wir, da wir in der Eiseskälte der Nacht nicht draußen spielen konnten, zusammensaßen und in forschem Kinderfalsett »The Red River Valley« sangen, und bei der Zeile »Sie sagen, du wirst aus diesem Tal fortgehen« stand ich immer auf, konnte kaum das Quietschen vor nervöser Freude kontrollieren und versteckte mich auf den vestibülartigen Stufen der winzigen Toilette in der Nähe. Dann, nachdem sie von dem Cowboy erzählt hatte, den sie so wahrhaft liebte, und zu den Worten »Komm, setz dich an meine Seite, wenn du mich liebst« kam, sprang ich heraus, um sie zu packen und mit Bedacht auf ihr auf- und abzuflitzen, wie sie es mir beigebracht hatte. Dieses simple Spiel war erst der Anfang von allen weiteren, die mit den Jahren so komplex wurden, daß es unser Denken anstrengte, die verschiedenen Stufen zu wiederholen, die wir zusammengestellt hatten und die wir durchgingen, natürlich endeten sie alle in der ähnlichen körperlichen Umschlingung, die sie in ihrer Genialität ausheckte. Ein oder zwei Jahre älter als ich und viel ungehemmter, erdachte ihre fruchtbare Phantasie so viele Variationen des Spiels, um uns zusammen auf den Boden zu kriegen, daß sogar jetzt, da ich mich mühelos daran erinnere, eine ganze Serie dieser komplizierten Handlungen meine Gedanken erhitzen. Wir nahmen alle unsere Themen aus Liedern wie »There Is a Tavern in the Town«, »Side by Side«, »Rainbow round my Shoulder«, »Home on the Range«, »Moonlight and Roses« und »Around the Corner« (und unter dem Baum liebte mich ein Hauptfeldwebel) – diese Zeile wählte sie, um sie in die Tat umzusetzen. Ihr Name war Vera Cummings, einzige Tochter einer neuen »Snowden«-Mieterin, Ann Sheehan, die eine der wenigen Frauen wurde, die sich mit meiner Mutter anfreundeten. Ann hatte außerdem einen spastischen Sohn, der damals Anfang Zwanzig war – Harold war ein schrecklich aussehender Mensch, der mir Angst machte, auch als ich mich so an ihn gewöhnt hatte, wie ich nur konnte, und wenn man bedenkt, wie er sich unaufhörlich besabberte, zwischen dicken, aufgesprungenen Lippen unter ständigem boshaften Schielen massive, mit Essen verkrustete braungelbe Hauer entblößte, die schwach in immer weiter zurückweichendes blutiges Zahnfleisch gebettet waren, wie er seinen scharrenden Fuß nachzog und gleichzeitig mit seinem eingerollten Babyarm in verzweifelter Anstrengung wedelte, ist es nicht so erstaunlich, daß ich mich fürchtete, ihm zu nahe zu kommen, ich war zu peinlich berührt, um auf seine bittenden Augen zu achten oder auch nur so zu tun, als ob ich irgendeinem kehligen Gurgeln ohne Sinn (das sowieso jenseits eines Verstehens verschluckt wurde) zuhörte, das er sich plötzlich zu äußern entschloß. In Anns Jugend war Harold als Folge einer Verbindung mit ihrem »vielgeliebten« Ehemann zustande gekommen, von dem sie immer mit glitzernden Augen sprach, und bevor sie total verarmt war und zur Flasche gegriffen hatte; dieses zufällige Zusammentreffen von herzzerreißendem Tod und beginnendem Alkoholismus entband sie auf bequeme Weise ihrer Schuld, machte ohne weiteres allen klar, warum sie zu trinken anfing. Vera war ein Dutzend Jahre später geboren worden, das Kind von einem irischen »Tunichtgut«, dem Ann die Schuld an dem weiteren Niedergang gab, und betrunken ließ sie ihrer Gehässigkeit mit Sätzen wie »ihn in der Hölle verfaulen sehen« oder »wenn er vor Durst sterben würde, würd' ich nicht auf ihn pissen« freien Lauf; auf nicht so unerklärliche Weise behielt die ungeliebte Vera seinen Namen, während Harold und Ann das geliebte Sheehan benutzten. Ann war eine scheußliche alte Ziege mit dicken Brillen und dünnem Haar, das sich ständig von normalem Grau in schreiendes Hennarot, merkwürdiges Blau und Silber verwandelte oder in seltsame Goldnuancen, sie redete ununterbrochen aus den Tiefen einer Whiskystimme und neigte mit dogmatischer Entschiedenheit rasch dazu, Vera und mir zu sagen, dies oder das nicht zu tun (immer einschränkende Befehle), und während sie ständig ihren eigenen, häufig erwähnten Glauben außer acht ließ, daß Erfahrung der beste Lehrer sei, entschied sie ganz frei (wobei sie sich über jeden eventuellen Einwand meiner Mutter hinwegsetzte, durch die bloße Ausdauer und die Lautstärke des Gequassels, das aus ihr herausquoll) – was für uns in jedem Fall das Beste sei, da sie, die viel länger am Leben sei (aber nicht allzu viel, wobei sie immer bemerkte, wie jung sie war, als der »süße Harold« zur Welt kam), alles wußte, was wir Kinder nicht wissen konnten.

Die Brüder Ralph und Jack hatten mich auf Nummer 38 deponiert, die erste Wohnung linker Hand, nachdem man durch den Haupteingang über die große, ein Dutzend Stufen hohe Ziegel- und Zementveranda des »Snowden« kam. Dort, in der ärmlichen Wohnung, durchlebten Mutter, jetzt 43, Jimmy, der sich dem zwölften Lebensjahr näherte, Shirley, gerade drei, und ich, eben sieben geworden, das turbulente Schuljahr 1933/34. Mein neues Zuhause stellte eine ziemliche Verbesserung gegenüber dem Metropolitan dar, da es ein großes Zimmer hatte, das für alles benützt wurde, bis auf sämtliche Aktivitäten, die man in eine ganz kleine Küche hineinpferchen konnte; an einer stark beschädigten Wand des Wohnzimmers mit hoher Decke, ohne Teppich und getäfelt, befand sich unter langen Schränken mit Glastüren eine rechteckige Holzplatte mit einem Griff in der Mitte, an dem man zog, um auf seinen ewig steckenbleibenden Rollen ein großes Bett herauszuholen, das wir alle zum Schlafen benutzten – bis auf ein Strohlager in der Ecke für Jimmy oder irgendwelche seltenen Besucher, die über Nacht blieben. Genau hier in diesem Wandbett pflegte Jimmy mich mit für ihn typischer Sorgfalt gefangenzuhalten, um jedes Anzeichen von sadistischem Vergnügen zu verbergen, wohl wissend, daß das eine oder andere enthüllende Kichern

Mutter seine Boshaftigkeit verraten würde. Wenn er das Bett anschob, ging es horizontal in die Wand hinein und mein Spielraum war kleiner als dreißig Zentimeter; abgesehen von der Angst, da ich aufgrund des Platzmangels nicht aufstehen konnte, als ich dort lag und ganz, ganz langsam in totaler Finsternis atmete, gab es die noch stärkeren, zweifachen Schrecken der Erkenntnis: der eine, daß ich nicht um Hilfe schreien konnte, da Jimmy mich sonst prügeln würde, und der zweite, daß jedes Schreien außerdem unnötigerweise den Verbrauch des allzugeringen Vorrats an Sauerstoff beschleunigen würde, denn ich hatte die Todesangst des Erstickens kennengelernt, seit ich einmal mit Papa einen Film gesehen hatte, in dem der Bösewicht, der wohlhabende Mädchen irgendwie unter Drogen setzte, um kompromittierende Fotos zwecks Erpressung zu machen, vom Vater eines seiner Opfer, wenn auch unabsichtlich, infolge seiner eigenen Habgier in einer Art Stahlkammer wie in einer Bank eingesperrt wurde und dramatisch um sich schlug, wobei er sich im offensichtlich letzten Keuchen vor dem Ersticken an die Kehle griff, bis er im letzten Augenblick befreit wurde, erst nachdem der heldenhafte Verlobte des fotografierten, halbbekleidet matt daliegenden, hintergangenen, gedopten, mißhandelten Mädchens es geschafft hatte, ihren durch den Schock verwirrten, zur Rache entschlossenen und natürlich aufrechten Anti-Schmutz-und-Schund-Vater wie wild zu überreden (selbstverständlich der einzige, der die Kombination kannte), um seines Gewissens willen später und der Polizei wegen jetzt aufzumachen, trotz des guten und moralisch einleuchtenden Grundes, den Schurken sterben zu lassen. Und da gab es noch etwas, vor dem meine Phantasie sich fürchtete, wann immer ich schweißgebadet in der stickigen Enge der Falle lag, die Jim manchmal erst nach Stunden meiner stillen Unterwerfung öffnete (seine Haltung trug charakteristische Geringschätzung zur Schau, die immer Verachtung zeigte und Freude verbarg): ich sorgte mich um das Gewicht des Gebäudes über mir, daß es, obwohl ich dankbar wußte, daß Denver kein Erdbebengebiet war, zusammenfallen und mich in irgendeiner Katastrophe, zum Beispiel Feuer, zermalmen könnte. Diese klaustrophobischen Erlebnisse führten zu einer weiteren Reaktion, noch ungewöhnlicher und schwerer zu erklären – ein Drehen in meinen Sinnen, verursacht, wie ich mir vorstellte, durch ein aus dem Gleichgewicht geratenes Rad, das mit geringem Spielraum in meinem Schädel herumwirbelte und, während es seine Geschwindigkeit langsam steigerte, eine lockere, fächerartige Schwingung hervorrief, die zu einer immer stärker werdenden, flatternden Rotation wurde; genauer gesagt, es war einfach eine Wahrnehmung, daß die Zeit sich in meinem Kopf allmählich auf etwa das Dreifache der Normalgeschwindigkeit gesteigert hatte, und während sich das abspielte, erlebte ich es einfach als ein rundes, fliegendes Objekt, das durch meinen Geist wirbelte, weil es mir einer besseren Möglichkeit ermangelte, diese drehende Empfindung zu begreifen, aber tatsächlich fühlte ich (nervenmäßig), was es war – nur eine seltsam angenehme Beschleunigung meiner Gehirntätigkeit, aber so störend, daß sie mich ängstigte, die jedem rigorosen Versuch, sie loszuwerden und zu einem normalen Kopfgefühl zurückzukehren, widerstand: diese Zeitbeschleunigung kam und ging von selbst und machte mich so schwindelig, dieses ganze erste »Snowden«-Jahr hindurch (aber nur in meinem Matratzengefängnis, und auch dann nicht jedesmal). Es dauerte beinahe zwanzig Jahre, bis ich wieder ein ähnliches Drehen im Kopf hatte, aber diesmal versuchte ich, es festzuhalten und zu analysieren (obwohl es von ganz anderen Reizen herrührte), und ich fand heraus, daß ich bei starker Konzentration diese Zeitbeschleunigung (für kurze Augenblicke) ein- und ausschalten konnte, sobald sie einmal begonnen hatte. Aber die ursprüngliche analytische Voraussetzung – stillzuhalten wie tot und aufmerksam auf das innere Ohr hören, wie es sein Summen beschleunigte, bis mit regelmäßigen, hebelartigen Schlägen die Zahnräder meines Geistes durch einen unbekannten Mechanismus auf eine Steigerung des Zeitstromes geschaltet wurden, der in kaleidoskopischem Wechsel Bilder empfing, so klar, wie die Eile der Gedanken es gestattete; sie eilten so rasch vorbei, daß ich nichts anderes tun konnte, als einen zu erwischen, bevor ein anderer nachdrängte – die Voraussetzung war viel zu schwierig, um lange anzuhalten, denn jede äußere Ablenkung, zum Beispiel Lärm, unterbrach den Prozeß der Aufrechterhaltung der notwendigen körperlichen Unbeweglichkeit; und es gelang mir nicht, diese geistigen Ausbrüche, da sie so vergänglich waren, genügend sicher irgendwelchen vernünftigen Erklärungen der Realität anzupassen, so daß ich die Ursache, Heilung oder das wirkliche Funktionieren dieser einzigartig neuen und prägnanten Visionen niemals diagnostizieren konnte, tatsächlich entzieht sich jede einzelne meiner Erinnerung, ausgenommen einem gespenstischen Rest irgendeiner aufblitzenden Szene. Da ich beim Thema bin, weise ich darauf hin, daß mehrere Schriftsteller, wie zum Beispiel Celine und William Burroughs, mysteriöse Fieberanfälle in der Kindheit erwähnt haben, die ihrem geistigen Auge ähnliche erheiternde Wahrnehmungen vermittelten: wenn die Ärzte nur diese kühn skizzierten und dahinjagenden flüchtigen Einblicke bei Kindern vor dem Beginn der Rationalität an der Grenze zur Halluzination erklären könnten; vielleicht gibt es ein regelrechtes Fieber, wie zum Beispiel die »Dreimonatskolik« bei Kleinkindern. Ein weiterer Vorfall, der eng mit der Zeit der Bett-Gefangenschaft verknüpft ist (obwohl auf den ersten Blick nur zufällig), war ein nicht enden wollender Juckreiz, den ich mir holte; obwohl er sich auf den winzigen Raum der runzeligen Haut zwischen meinem rechten Daumen und Zeigefinger beschränkte, die meine Mutter manchmal mit Backpulver betupfte, war dieses winzige, unerträgliche Jucken so unmöglich wegzukriegen, als wäre es in den Knochen eingebrannt.

Viel unüberwindlicher für meinen Willen und viel nachteiliger für meinen Mut als Fieber (oder was es auch immer war) oder Skabies waren die Schrecken der Boxkämpfe, die Jimmy mir aufzwang. Mein Hauptgegner war ein mexikanischer Junge von etwa neun Jahren, und klein für sein Alter; er und Jim beschlossen gemeinsam (ich erinnere mich, daß das Kind von Natur aus schüchtern war, aber Jims Drohungen setzten stets die Entscheidung durch), es auf sich zu nehmen, mir ein paar gewissenlose Methoden im Faustkampf beizubringen. Während ich die Schläge einsteckte (die im Stehen ausgeteilt wurden, obwohl ich ständig eine Knie-Brust-Position einzunehmen versuchte, trotz der Aufwärtshaken, die mich wieder auf die Beine brachten), war meine verwirrende Hauptsorge: »Warum tut Jimmy das?« Vor ein paar Jahren, als ich durch Kansas City reiste, wo er jetzt in typischer Versicherungsagenten-Frustration lebt, stellte ich ihm diese Frage bei unserem kurzen, unbefriedigenden Zum-ersten-Mal-nach-zehn-Jahren-Gespräch. Er antwortete, daß er meinen Mumm gehaßt hätte; vier Jahre alt war er bei meiner Geburt, ich hatte seine Stelle als verhätscheltes Baby an mich gerissen, und so intrigierte er voller Groll: »Neal, Alter, jedesmal, wenn Mutter dir irgendeine Freundlichkeit zeigte, beschloß ich, es dir dafür heimzuzahlen«, und das tat er für gewöhnlich. Diese Kansas-City-Befragung bestätigte von neuem, daß Jim, so wie meine anderen Halbbrüder Ralph und Jack, früh eine rachsüchtige Bereitschaft zu Gewalt und Brutalität erworben hatte – der älteste Halbbruder Bill entkam dem bemerkenswerterweise (während die anderen Jungen meist mürrisch und rachsüchtig waren, hatte er immer viel Humor und Hoffnung, nur mit einem Anflug von Barmixerzynismus), vielleicht weil er als einziger zu der Zeit herangewachsen war, als sein Vater (der tatsächlich einmal Bürgermeister von Sioux City war) und Maude, unsere Mutter, harmonisch ein wohlhabendes Leben führten, über das ein Politiker verfügt. Ich darf hier nebenbei erwähnen, daß Jim sich zu einem ausgezeichneten Boxer entwickelte; Champion seiner Reformschule (staatliche Besserungsanstalt von Colorado, in die ich später auch kommen sollte), Mittelgewicht, 75 kg, 1,90 m, in seinem C.C.C.-Camp, im Boxteam von Joe Louis, als Joe das erste Mal in der Armee und in Fort Riley, Kansas, stationiert war (ich sah ihn, als ich dort zu Besuch war, einen aufregenden Kampf gewinnen, ich war auf meiner ersten Anhalterreise hauptsächlich deswegen dort) – und abgesehen davon war er Sieger zahlreicher Schlägereien in Bars, er schaffte oft drei oder vier auf einmal, was mir in späteren Jahren von Bruder Jack lebhaft beschrieben wurde. All das habe ich an Jim immer bewundert und beneidet, aber sein dazugehöriger Sadismus war wieder etwas anderes – abscheulich. Sicher waren Jims Aktionen nur natürlich: er sah einfach zu seinen Brüdern auf, wobei er speziell Ralph imitierte. (Es gab später herzhafte Streitereien zwischen uns, welcher der Brüder den besten Körperbau hätte, ich zog Jack vor, während Jim sich immer für Ralph aussprach und Jack hitzig eine »alte Schindmähre« nannte, die sogar er besiegen konnte – was er aber nie tat, denn bevor Jim alt genug war, ihn herauszufordern, hatte er seine Zuneigung vom »Großmaul Ralph«, das er in der Tat war, auf den »guten alten Jack« übertragen.) Und er hatte einen ganz besonders guten Grund, durch das Nachäffen ihrer Grausamkeit Anerkennung zu suchen, denn die »Daly Boys« waren ein mächtiger Faktor in der »Snowden«-Organisation, das heißt als Gauner.

In seiner Kellerwohnung Nummer 3 hielt der Führer Ralph mit der gefürchteten Ehefrau Mitch und dem erstgeborenen Jungen Robert (sein Leben lang aus unbekannten Gründen Murphy genannt, der, weil er ein gebrochenes Bein hatte, nun als verzogener Vierjähriger Verheerungen anrichtete, indem er mit seiner Gipswaffe herumhämmerte) und Oberstleutnant Jack (der jetzt meistens einen Häuserblock weiter schlief, wenn er nicht im »Snowden« war oder in der Stadt mit einer gewissen Lois Chambers schäkerte – eine große, schöne Blondine, deren jüngere Schwester Rita ihn Lois ein Jahr später wegstahl und zur Heirat zwang, bevor er überhaupt, laut Jack, die Ursache der Verlockung berühren konnte: ihre unvergleichliche Oberweite von 92 cm) Konferenzen mit einer kleinen Bande von Ganoven ab, die jung, dumm oder verzweifelt genug waren, um die Härte der Brüder zu bewundern und davon beeinflußt zu werden und sich ermutigen zu lassen, ihnen mit Stolz bei Überfällen zu helfen; zur Tür hereinplatzen und die Spieler mit Ralphs Stolz, einem abgesägten Gewehr, niederzumachen, bei »Itaker«-Würfelspielen, die hauptsächlich in Imbißstuben, direkt hinter den Stadtgrenzen von Nord-Denver, dem italienischen Bollwerk, abgehalten wurden. Der jüngste von Ralphs Knallköpfen war ein gewisser »Red« Bennet (der der spezielle Freund und Lehrmeister des zwölfjährigen Jim wurde), auch ein Schläger, aber nett genug, wie ich mich erinnere, um mir den Text der alten Jazzsongs »China Town« und »Dinah« beizubringen. Und dann gab es Jack Halverson, Jacks Spezialfreund, dessen Mutter ganz zu Recht auf meinen Brüdern herumhackte, weil sie ihren »Baby Boy« in Schwierigkeiten brachten und dessen jüngere Schwester Ruth, »Wurstbein« genannt, eine frühe Freundin meiner Halbschwester Betty nach ihrer Entlassung aus dem Waisenhaus wurde. Noch einer, vielleicht der wildeste der Bande, vom Schicksal am grausamsten getroffen, Clinton Frank, der zwischen Bratküchenjobs im Gefängnis ein- und ausging (hast du jemals die Tendenz zum Trinken bei Köchen im allgemeinen und zum Verbrechen bei Imbißköchen im besonderen bemerkt? – Zweifellos ein Resultat einer Berufsfrustration, die auf Ofenhitze und Stoßzeitreibereien zurückzuführen ist). Ich hörte und verstand »In my Solitude« zum erstenmal ein paar Jahre später, als in meiner leicht zu beeindruckenden Gegenwart – ich war damals zehn – der sentimentale Clint meinem Bruder Jack von melancholischen Schmerzen erzählte, wann immer er den damals neuen Ellington-Song in seiner kalifornischen Gefängniszelle sang. Mister Frank beendete seine traurige und befleckte Karriere frühzeitig in einer Rocky-Mountain-Schlucht, zerschmettert in dem gestohlenen Auto, in dem er im Suff eine Klippenkurve schlecht erwischt hatte.

Was mein zweites Schuljahr betrifft, kann ich mich bloß an drei Vorfälle erinnern, die sich auf meinem Weg zwischen Ebert und dem »Snowden« ereigneten. Nach meiner seit dem Metropolitan eingeführten Gewohnheit ging ich den Weg immer im Zickzack. Von der 26. Straße den zuvor beschriebenen Champa-Block hinunter, eine Kurve bei der Reihe von protzigen Mietshäusern – zu meiner Linken eine leere Baustelle, ein Ausläufer hinter der »Avery« – und die 25. Straße einen Block weit hinauf zum »Style Inn« an der Ecke Stout. Dann die Stout Street hinunter, an Reihen von Apartmenthäusern vorbei zur Ecke 24. Straße mit dem Lebensmittelladen, Privathäusern und einem weiteren Bierlokal. Die 24. einen Block hoch zur Ecke California, mit der leeren Baustelle und der modernen Kuppel des Vortragssaals der Negerkirche, dem Rasen vor einem riesigen unvermeidlichen Erdgastank, der einen halben Block ausfüllte, und dem Baseballplatz. Ich machte eine Abkürzung über diesen uneingezäunten, quadratischen Block aus lockerer Erde – wo ich viele Jahre lang meine ganze Freizeit verbringen sollte –, um zur 23. Straße und Weltons Corner mit Baseballplatz, »N. Y. Furniture & Co« zu gelangen – eine Gasse weiter hinten war der Schusterladen eines alten Mannes neben dem ersten Friseurladen von meinem Papa – und seinem Großkaufhaus für Öfen und Kühlschränke an der schräg gegenüberliegenden Ecke, und zum Schluß ein leerstehendes Gebäude in der Reihe von doppelt so hohen, einstöckigen Läden, früher einmal Wohnungen, mit Holzfenstern und spitz zulaufenden Mansarden wie in Paris, an denen ich vorbeiging (auf jeden Fall der wichtigste Laden für uns Kinder: ein Bonbongeschäft, das einer stinkenden alten Frau mit hundert Katzen gehörte, für die ich später Leber besorgte, für beschädigte Ware als Bezahlung, vorwiegend unzerkaubare Kieferbrecher ohne Geschmack und wurmige, verfärbte Lakritze), um die Gasse dahinter zu überqueren. Dann kam ein letzter halber Straßenblock mit Zweifamilienhäusern, ehe ich die Glenarm Street und die Ebert-Schule erreichte. Der Spaziergang um ein halbes Dutzend Häuserblocks dauerte am Morgen etwa doppelt so viele Minuten und am Heimweg noch einmal das Doppelte davon. Alle drei Ereignisse, erinnere ich mich, spielten sich auf dem abendlichen Fußmarsch ab. Das erste und das zweite sind nicht ungewöhnlich – und sie werden hier nur angeführt, weil sie das einzige sind, womit die Erinnerung an dieses Schuljahr dienen kann –, auch das dritte ist nicht allzu ungewöhnlich, aber in bezug auf Ekel und Furcht war es stärker als irgendein anderes dieser Art während der Kindheit. Vielleicht kann ich mich jetzt nur deswegen an sie erinnern, weil es sich bei jedem dieser drei Ereignisse um erste Entdeckungen handelte – zwischen der Stout und der California, auf der 24. Straße, war eine armselige Negerbaracke, die an die Gasse grenzte (man muß wissen, daß es in Denver sechs bis neun Meter breite Gassen gibt, die jeden Straßenblock vom anderen trennen – eine der wenigen großen US-Städte, wo das so ist, und da mir durch das Reisen diese Tatsache noch nicht klar geworden war, dachte ich als Kind, jede Stadt hätte schöne Gassen, die man durchstreifen konnte, und so wußte ich ihre Seltenheit und ihren vollen Wert nicht zu schätzen), und neben der Baracke war ein häßlicher Abort ohne Tür. Eines Nachmittags, auf dem Heimweg, geriet ich in plötzliche Panik, ich mußte ein aufkommendes Stuhlgangbedürfnis zurückhalten, bis ich einen Platz für meine Erleichterung finden konnte. Aufgrund logischer Schlußfolgerung schied ich die Toiletten der Nachbarschaft aus, während ich mit mühsamer Zurückhaltung über die ganze Weite des Baseballplatzes trippelte. Dankbar erinnerte ich mich also an den nahe gelegenen Ausweg und steuerte direkt auf die Negertoilette zu, und in meiner dringenden Not kam ich hinter die Entdeckung Nummer 1, das unangenehme Gefühl bei diesen altmodischen Sitzen, die so gebaut waren, daß der Sitz, durch Gewichte ausbalanciert, immer oben war, und wenn er zwecks Benützung hinuntergedrückt wurde, ergoß sich ein ständiger Wasserstrom, solange er heruntergedrückt blieb. Meine Angst, von den Bewohnern entdeckt zu werden, und dazu dieses Fluuuusch, das meinen Hintern irritierte, erzeugten in mir viele Jahre lang eine Abneigung gegen Toilettenspülungen, besonders dann, wenn ich gerade auf einer saß. Die neue Erkenntnis Nummer 2 hatte mit dem Winter zu tun, als ich den ganzen Weg nach Hause ging, ohne die Hände in die Taschen zu stecken, um mir selbst zu beweisen, daß ich es ohne Weinen ertragen konnte; ich preßte die Lippen zusammen, als ich zu wimmern begann (ich entschied, daß das nicht als Aufschrei galt), und ich schaffte den ganzen Weg stolz, ohne aufzugeben. Mutter hielt meine Hände gedankenlos unter das heiße Wasser, um sie aufzutauen, und nur die rasche Reaktion irgendeines Besuchers rettete mich vor größerem Gebrüll; so lernte ich allerdings, daß kaltes Wasser für erfrorene Finger besser ist.

Und die wichtigere, dritte Entdeckung spielte sich an einem schönen Tag im Mai ab. Als ich vom Baseballplatz kam und den Rasen vor dem Erdgastank überquerte, wurde ich von einem sexuell Abartigen angehalten, der auf dem Randstein saß. Es war ein großer Mann um die vierzig, und seine erste Frage war: »Willst du einen Lutscher?« Ich fragte, was für einen, und er antwortete: »Einen ganz gewöhnlichen.« Ich sagte ja, also meinte er, ich solle warten, bis die anderen Schulkinder vorbeigegangen wären und dann würde er ihn mir geben, denn er wollte sie nicht eifersüchtig machen. Zustimmend setzte ich mich neben ihn und hörte mir ein halbstündiges Geschwätz darüber an, was für ein Superlutscher es wäre und wie sehr alle Kinder es mochten, daran zu lutschen, vor allem diese Kleinen in der Curtis Street. Dann begann eine Beschreibung seines Erdbeergeschmacks und daß er zu groß wäre, um einfach dran zu lutschen, die ich unterbrach, um herauszufinden, ob er mehr als einen Penny kostete, oder warum der, den er hatte, größer wäre als die im Bonbonladen oder irgend so was (das sind jetzt Vermutungen), und er versicherte mir, daß er extra-speziell anders und in keinem Geschäft zu bekommen wäre. Auf diese Art ging das Gespräch weiter, bis ich mir der Zeit bewußt und wegen des Lutschers ungeduldig wurde; natürlich dämmerte mir niemals, daß das, was er im Sinn hatte, eine Süßigkeit anderer Art war. Schließlich spürte er mein Verlangen, abzuhauen, und so erzählte er mir, da er dachte, die Luft sei rein, daß der Lutscher in einer Garage hinter der Negerkirche auf der anderen Straßenseite versteckt sei, und bot mir an, ihn mir sofort zu zeigen. Mittlerweile war ich schon ziemlich unentschlossen und irgendwie ängstlich. Doch ich begleitete ihn so weit, daß er mich dort hineinkriegte, die Tür schloß und mich in eine Ecke drängte, ehe mein Widerwille groß genug war, um mich endgültig zurückschrecken zu lassen. Als er sah, daß ich mich beeilte, auszubrechen, trotz des eifrigen Wortschwalles, der mich beruhigen sollte, riß er seinen Hosenschlitz eilig auf, um den »Lutscher« herausspringen zu lassen. Mit intuitiver List ließ ich mich sofort zu Boden fallen, als wollte ich in eine unterwürfigere Position torkeln (denn ich war tatsächlich im Augenblick durch die Erkenntnis und aus Enttäuschung wie gelähmt, plötzlich halbtot vor Angst, aber zuversichtlich, zu entkommen), ging total in die Hocke, um meinen Trick zu unterstreichen und mich sprungbereit zu machen, bevor ich mich mit einem wilden Satz zwischen seinen steifwerdenden Beinen hindurchwand und durch das Tor auf die Straße hinauslief, ehe er wieder zu sich kommen konnte.

Drittes Kapitel

DER GROSSE TAG war da, die Schule war aus, und Vater tauchte auf, und ich wurde, laut Abmachung, nur widerwillig und unter den energischen Protesten der Brüder, dem glücklicheren Leben wiedergegeben – angeblich nur über den Sommer, aber der Herbst und ein großer Teil des Winters sollten vergehen, bevor ich wieder zu Mutter ins »Snowden« kam. Papa und ich schlugen uns sofort zur Westküste durch, ohne einen bestimmten Plan zu verfolgen: wir wollten einfach fahren, bis wir irgendwo hängenblieben, arbeiten und dann wieder weiter. Wir kamen nach Salt Lake City (Papa hatte schon wieder geheult, als er süße Erinnerungen von dem Februartag, an dem ich dort im Landeskrankenhaus geboren wurde, mit dem gegenwärtigen trüben Leben verglich, das er uns allen beschert hatte) und hatten sogar gratis den riesigen Mormonentempel besucht, bevor es Ärger gab. Wie es geschah, ist unklar, aber ziemlich einfach: Vater war in der Nacht auf der Straße volltrunken verhaftet worden. Natürlich wurde auch ich aufgegriffen und allein im Jugendgefängnis einquartiert. Dieser spezielle Ort war erschreckend, vor allem deshalb, weil überall Stahl war, denn zum Unterschied von den meisten Untersuchungsgefängnissen, die fast Wohnhäusern ähnlich waren, gab es in dem von Salt Lake mehr Metall als in manchen richtigen Gefängnissen. Nicht nur Drahtgitter vor den Fenstern, sondern Drahtgitter und Eisenstangen, und nicht nur Tore, Stiegenhäuser, Tische, Bänke usw. aus Stahl, sondern sogar die Wände und auch die Plafonds waren aus demselben, schrecklich klingenden Material. Drei Tage lang marschierte ich aus unseren Eisengitterkäfigen im Gänsemarsch heraus, um Brei und Brot zu essen, mit ein paar Dutzend anderen Jungen, von denen die meisten natürlich wegen viel asozialerem Verhalten hier waren, und, schüchtern, wie ich war, erschienen sie mir wie regelrechte Sträflinge; wie die echten Schwerverbrecher, die man voll fasziniertem Staunen und Angst anstarren mußte; die Härteren waren nicht sehr scharf auf diese Bewunderung – als neuer »Fisch« war ich sowieso nur eine Zeitlang drin –, und in der ersten Spielstunde auf dem Dachhof wurde ich herumgestoßen, geschlagen und getreten, bis man mich ignorierte. Trotzdem spielte ich Volleyball mit den besten von ihnen (unser einziges organisiertes Spiel, wobei der Ball mit einem langen Seil an das Netz gebunden war, damit er nicht über die Brüstung geworfen wurde). Da ich sie für so etwas wie Mörder hielt, identifizierte ich mich nicht genug, um ihre Ablehnung sehr tief zu empfinden.

Nach Vaters 72stündiger Haftzeit – um herauszufinden, ob er irgendwo gesucht wurde – wurde er mit der Auflage entlassen, zu verschwinden, und er kam mich holen, wobei seine rosigen Züge von Prügeln und Scham gerötet waren. Wir wandten uns nach Süden und dann wieder Richtung Osten und landeten bald in Albuquerque. Ich weiß, es war Albuquerque, weil wir dort eine Woche lang kampierten, aber so ziemlich das einzige, woran ich mich erinnere, sind die Tortillas und Bohnen der armen mexikanischen Familien und die Almosen der Gleisbauarbeiter, von deren Großzügigkeit wir hauptsächlich lebten.

Nachdem wir unseren Zickzackkurs im Westen fortgesetzt hatten, flitzten wir kurz nach Nordkalifornien, aus irgendeinem Grund über Sacramento, vermutlich die Fata-Morgana-Arbeit, dann fuhren wir langsam zurück in Richtung L. A., über Frisco – ich erinnere mich an die aufregende Fahrt mit der Fähre von Oakland aus über die Bucht –, bis wir in San Jose im Santa Clara Valley wieder getrennt wurden. Diesmal waren die Umstände völlig anders, sie ergaben sich aufgrund eines Aktes der Freundlichkeit, der mehr durch die Motivation eines kinderlosen, einsamen, reichen Mannes in Bewegung gesetzt wurde als durch ein Spiel des Zufalls oder durch das Gesetz. Unglücklicherweise konnte ich es zu dieser Zeit nicht genießen, weil ich mich nach Papa sehnte und weil ich den schrecklichen Gedanken hatte, daß der reiche Mann versuchte, mich umzubringen. Es war gewiß eine merkwürdige Annahme, dieses unbegründete Mißtrauen, es brachte weder meinen Charakter zum Ausdruck noch den der meisten Siebenjährigen, und vielleicht war es hauptsächlich deswegen so erstaunlich, weil es so stark war; denn in der ganzen Zeit, die ich bei ihm war, konnte der Mann meine Furcht nicht besänftigen, die stärker wurde, bis ich mich gegen Ende dieser Periode ganz offen vor ihm versteckte und nicht einmal seine gelegentliche freundliche Berührung ertragen konnte. Aber da ich nicht begriff, warum er an mir interessiert war und weil mir sein Akzent und sein Aussehen verdächtig waren – zum Beispiel konnte ich nie so ganz glauben, daß er wohlhabend war, obwohl ich in seinem schönen Heim wohnte und ihm zusah, wie er seine lukrativen Geschäfte betrieb, denn er trug die gräßlichsten Kleider, überhaupt nicht das, was meiner Meinung nach ein reicher Mann anziehen sollte –, kam ich nie zur Ruhe, bevor ich außerhalb seiner Reichweite in Sicherheit war und mich wieder einmal gemütlich mit Daddy auf der Landstraße herumtrieb. Diese erste Episode gegen meinen Willen (wenn ich's nur gewußt hätte) nahm einfach ihren Anfang, weil Vater beschlossen hatte, ein paar Wochen lang zu arbeiten, damit wir etwas Kapital hätten, wenn wir in L. A. ankamen. In einem Park im Stadtzentrum hatten wir uns einer Gruppe von Tramps angeschlossen, die sich zum Pflaumen- oder Aprikosenpflücken anwerben ließen, aber als wir das Anwerbungspult erreichten, wurde Vater meinetwegen abgewiesen, da sie draußen auf dem Land, wo er arbeiten sollte, keine Einrichtungen für Familien oder Kinder hatten. Papa machte einen ganz schönen Wirbel, er sagte, daß ich überall wohnen könne und das auch täte usw., aber der Unternehmer sagte sehr hart nein und wandte sich den anderen zu; dennoch fühlte sich Papa nicht abgeschreckt und stellte sich an den Schluß der Schlange, um es noch einmal zu versuchen. Genau da geschah es, daß dieser häßliche Italiener um die fünfzig, in schmierigen Hosen, schmutzigem Unterhemd und abgetretenen, fettbespritzten Schuhen (in der Hitze war das alles, was er trug, denn er besorgte das Braten in seiner Grillbar selbst) Vater leicht antippte und ihm mitteilte, daß er unsere Notlage mitangehört habe, und er erbot sich, so lange für mich zu sorgen, wie Papa brauchte, um ein Sümmchen zusammenzubringen. Vater war von einer solchen günstigen Lösung sehr entzückt und ganz dafür, aber ich sträubte mich auf das heftigste, trotz wortreicher Bitten und Beruhigungen mit begleitendem Klaps auf Kopf und Schultern, während der verzweifelte Vater stärker zu einer Entscheidung drängte, weil er sah, daß die Arbeitspartie schon bald zum Abmarsch bereit war – der angehende Samariter meinte, er würde uns zu seiner Taverne auf der anderen Straßenseite begleiten, und dort begann ich, als ich unter den Blicken fremder Leute zu einer Brauselimonade genötigt wurde, zu schwanken. Danach war es für sie leicht, also aßen Papa und ich ein paar eilige letzte Bissen einer tränenverschwommenen Mahlzeit miteinander, gratis, wobei der Gastgeber, mein neuer Papa, mit Lächeln und Segenssprüchen um uns herumschwebte, dann bestieg Papa den Lastwagen mit der Männerfracht, und mit einem schwachen Winken seiner Hand hatte ich ihn für einen Monat verloren.

Nur ein paar Szenen stehen inmitten der bunt durcheinandergewürfelten Erinnerungen an meine Zeit mit diesem wohlmeinenden, aber nicht geschätzten Wohltäter. Es gab Tage des Herumlungerns in seinem Café, in der Spielhalle dahinter, eine Reihe von Groschenautomaten am Ende des Blocks und vis-à-vis der Park, in dem Papa angeheuert worden war und wo ich stundenlang im Gras lag, verschmachtend in der nostalgischen Erinnerung an diesen schicksalhaften Tag. Aber, unglücklich oder nicht, dieser erste Tag hatte mit der Einführung in genügend neue Freuden angenehm geendet, um den vorangegangenen Schrecken wegzuzaubern; erst später, als das leichte Leben durch ständige Gewohnheit seinen Reiz verlor, erwies sich diese Ablenkung als unzureichender Ausgleich dafür, daß ich Angst hatte. Ein Interesse an schönen Dingen, wie zum Beispiel Autos, erlebte in jener Nacht eine aufregende Geburt in meinem Leben, als der reiche Mann seine Arbeit beendete und mich in seinem neuen Cadillac V-16 nach Hause fuhr. Gleich darauf folgte sein »Schloß« – mein durch Filme geschulter Geist glaubte ernstlich, er sei vorübergehend dort, bezahlte Miete, um für mich eine Fassade aufzubauen, wie einer von diesen Hochstaplern, zum Beispiel Edward Arnold in einem zweitklassigen Filmchen mit all den überladenen Möbelstücken, einschließlich einem enormen Bett, zu weich und sauber, um wahr zu sein. Und speziell das gute Essen, von einer Frau zubereitet und in nervöser Eile serviert, die ich für seine Ehefrau hielt, von der ich mich nur erinnere, daß sie das Abendessen in dieser ersten Nacht servierte, und da ich damals diese Tatsache damit verband, daß ich später nach oben zu einer Frau mittleren Alters und bettlägerig geführt wurde, die darauf bestand, mich genau zu betrachten, vermute ich natürlich, daß diese Invalide seine Frau war – jedenfalls drängte mir die eifrig besorgte Haushälterin, wenn sie das war, sehr freundlich den schweren Wein auf, den sie wie selbstverständlich zum Essen tranken –, was ich höflich ablehnte, wobei ich gewohnheitsmäßig dem Verhaltensschema folgte, das ich so viele hundertemal mit Papas Kumpanen durchgespielt hatte.

Aber die stärkste Erinnerung aus dieser Zeit ist eine, die mir bestätigt, daß ich wirklich Angst hatte, dieser Mann plane meinen Tod, und so unwahrscheinlich der Gedanke jetzt scheint, rechtfertigt die Lebendigkeit des Geschehens in meinem Geiste seine Erwähnung hier. An einem Sonntag (das nehme ich an, da er nicht der Typ war, sich einen Tag freizunehmen) hatte mich der Mann mitgenommen, um irgend jemanden wegen eines Grundstücks zu treffen; eines Obstgartens, um genau zu sein. Während er sich umsah, bemerkte ich das merkwürdige Obst, da ich nie zuvor Feigen gesehen hatte, und erkundigte mich danach, was ihn wiederum bewog, mir eine anzubieten, und, ich schwöre bei Gott, beim ersten Bissen wandte ich mich um und rannte in Todesangst zum Auto, überzeugt, daß er versucht hatte, mich zu vergiften, obwohl ich gesehen hatte, wie er sie direkt vom Baum pflückte – aber warum ich zu seinem Auto lief, weiß ich nicht; vielleicht war ich zu erschrocken, um zu versuchen, ihm wirklich davonzulaufen und so alle Hoffnung zu verlieren, wieder mit Vater in Kontakt zu kommen, oder vielleicht war es nur ein Schock über den ungewöhnlichen Geschmack und das widerliche samenreiche Innere einer reifen Feige gewesen? Was auch die Ursache dieser Dummheit war, ich weiß es längst nicht mehr, da mir die Wahrheit über meine Todesangst ganz ehrlich heute unerklärlich ist.

Als Vater schließlich kam, um mich wegzuholen, enthüllte dieser freigebige Mann die größte Überraschung der ganzen verrückten Angelegenheit; er hatte meine schlechte Behandlung seiner Person irgendwie soweit ignoriert, vergeben oder verstanden, daß er mich adoptieren und das College absolvieren lassen wollte, außerdem sollte ich das Beste von allem bekommen und Erbe seines Geschäfts werden! Ich habe anscheinend die Details oder Umstände unserer Abschiedsszene vergessen, und auch, wie wir eigentlich sein phantastisches Angebot ablehnten, aber ich weiß doch, daß mir dieser erstaunlich freundliche Mann als Abschiedsgeschenk einen echten Degen mit juwelenbesetztem Griff und ziselierter Scheide schenkte, den ich über alle Maßen schätzte, bis ihn mir im darauffolgenden Jahr irgendein Säufer im Windsor Hotel in Denver stahl, um ihn für Alkohol zu versetzen.

Ich wußte sofort, daß Papa in gehobener Stimmung war, Schnaps und überhaupt, und ich fand als Grund heraus, daß er irgendwie während des Obstpflückens eine Frau kennengelernt und mit ihr ein Treffen in Los Angeles vereinbart hatte. Er war in solcher Eile, daß er für Transportmittel eine Menge von dem Geld verpraßte, für das er sich erst vor so kurzer Zeit abgeplagt hatte, und daher machte ich meine erste Busreise, eine fröhliche, schnelle Zeit, direkt von der Market Street in San Jose bis zur Endstation zwischen 6. und Main Street im Zentrum von L. A. Von diesem Bahnhof aus stellte Papa per Telefon schnell den Kontakt her, und bald war ihr Rendezvous eine ausgemachte Sache, und so fand ich innerhalb weniger Stunden, nachdem ich meinen reichen italienischen Papa verloren hatte, eine arme Okie-Mama [Okie: landwirtschaftlicher Wanderarbeiter, ursprünglich aus Oklahoma Anm. d. Übers.]. Der wesentlichste Unterschied zwischen diesen Zufallseltern, abgesehen von Geschlecht und Lebensweise, war, daß die Frau ein Kind in meinem Alter hatte, dem sie ständig durch Brillen vergrößerte Blicke der Liebe zuwarf, um wiederum ähnlich schmeichlerische Blicke zu empfangen, die durch seine eigenen Augengläser mit sogar noch dickeren Linsen geworfen wurden. Mein neuer Bruder und Bettpartner war ausgesprochen häßlich, aber als Spielgefährte völlig in Ordnung, trotzdem er exzessiv bemuttert wurde (wohl kaum das, was man von einem typischen kalifornischen Okie, der sie war, erwarten würde, da viele dafür bekannt sind, mit ihrer jungen Nachkommenschaft eher sorglos umzugehen, vor allem in großen Familien, aber da hier Mutter und Sohn lange allein zusammen waren, bildete sich ein enges Verhältnis, das stark zum Gegenteil der unpersönlicheren Dominanz neigte, die vielleicht dagewesen wäre, wenn sie mehr Kinder gehabt hätte), und trotz der störenden Tatsache, daß ich meine Augen nicht ohne äußerste Mühe von den seinen losreißen konnte, die so verdreht waren, daß ich oft nicht wußte, wohin er schaute. Er und ich saßen immer zusammen oben auf dem Gras- und Kieselgipfel des Bunker Hill (irgendwo dort in der Nähe hatten unsere Eltern ein entsprechendes Quartier für uns alle gefunden, in einer Mietwohnung, wie ich annehme) und diskutierten die jeweiligen tödlichen Vorzüge meines schönen neuen Messers und seines rostigen, aber echten 32er Revolvers (einziges Andenken, das ihm von einem unbekannten Vater hinterlassen worden war), und wie hitzig unsere Streitigkeiten auch wurden, als jeder von uns die springenden Punkte unserer Waffen anführte – meine Stärke war die Lautlosigkeit des Messers –, erinnere ich mich doch, daß ich noch aufgeregter und beeindruckter war von der beträchtlichen Höhe unseres Platzes und seiner günstigen Lage, von der aus man all die kilometerlangen Lichterreihen der Stadt, die unten ausgebreitet waren, überblicken konnte. Was meine neue Stiefmutter betrifft, kann ich mich an nichts erinnern, außer daß sie mir eines Abends vor einem Drugstore, als wir auf jemand warteten, den alten Witz erzählte (oder sonst irgendwas, das damit zu tun hatte) mit der Pointe: »Mach schnell, Napoleon, es sieht nach Regen aus.« Und obwohl ich ein halbes Jahr in L. A. verbracht haben muß, sind das einzige, was in der Erinnerung haftet, viele gutbeleuchtete, widerhallende Fahrzeugtunnels.

Der Sommer ging vorüber und Papa zögerte immer noch unsere Abreise hinaus, vermutlich war ihm die Aussicht verhaßt, seine süße Liebesaffäre abzubrechen und es auf sich zu nehmen, über Land in einen einsamen Denver-Winter zu trampen, wo er weder seinen Sohn noch den Trost dieser Frau haben würde. Indem er dem Problem aus dem Weg ging, mich wie versprochen bei Mutter abzuliefern, gab er mit großer Verspätung eine Armutserklärung bei der »Reisehilfe« ab, die den Antrag prüfen und uns dann gratis nach Hause schicken würde, sollten wir die Bedingungen erfüllen. Dieses ehrenwerte Büro muß unseren Akt verlegt oder Personalmangel, Geldmangel gehabt haben oder uns aus Mißtrauen doppelt überprüft haben – denn im Jahr 1933 gab es sicher viele, die seiner Dienste bedurften –, jedenfalls wurde es Weihnachten, ehe Vater die Fahrkarten für sich und mich erhielt, und so kam es, daß ich von September bis Dezember die längste der beiden Zeiten der Abwesenheit in meinen ganzen sechs Jahren auf der Ebert-Schule erlebte – das andere Mal waren es ein paar Wochen auf der Maria-Mitchell-Volksschule, gegenüber vom »Cole«, ich besuchte die Oberstufe –, und in dieser modernen L.-A.-Schule gab es im Unterricht Überraschungen, wie zum Beispiel, daß jeder Tag mit einem Treueeid auf die Fahne begonnen wurde (in Colorado gibt es das nicht und in Kalifornien wird es jetzt auch nicht mehr weitergeführt), oder die Aufregung, hinter einer absoluten Schönheit zu sitzen, die brünett und intelligent genug war, jede Farbe richtig zu beschriften und aus ihrer Farbstiftschachtel herauszusuchen, um mir Armen widerwillig das zu borgen, was über meinen Horizont ging, und so, trotz der Scham, die ich empfand, daß meine verzweifelt wiederholten Bemühungen fehlschlugen, die meisten von ihnen zu identifizieren, zur wichtigsten und erschreckendsten Entdeckung beitrug: ich war farbenblind.

Die Erinnerung an Vaters Charles-Boyer-Irene-Dunn-artigen Abschied auf der Plattform des Mitternachtszugs von seiner Okie-Mama ist weniger durch die dazwischenliegenden Jahre getrübt als dadurch, daß ich dem abfahrenden Zug, den wir besteigen sollten, irgendwie stärkere Aufmerksamkeit schenkte, denn unsere bevorstehende Reise als Passagiere stellte eine weitere, langersehnte, erste Erfahrung dar. Als wir die Rockies hinter uns ließen, belebte sich von neuem das gute Gefühl, 48 Stunden lang ein privilegierter Reisender zu sein, so daß ich ständig vor Freude und Staunen grinste, daß ich nach einem vollem Tag noch immer jenseits der Winterpracht der Kontinentalscheide vorsichtig in meine vertraute Heimatgegend kurvte. Überschäumend vor Freude, weil ich die Schnellbahn nach Golden sichtete, platzte ich heraus »da ist 'ne Straßenbahn von Denver«, aber mein Glücksgefühl bei diesem ersten echten Anzeichen des angestrebten Reiseziels, das mich so weit befriedigt hätte, um praktisch jede Straßenbahn als eine von Denver zu bezeichnen, wurde sofort vom unsinnigen und schrecklichen Hagel verächtlichen Spottes eines fetten Jungen attackiert, der meine Unwissenheit mißbilligte. Dieser Mitreisende, ein schlappes Produkt von zehn oder einem Dutzend Jahren falscher Behandlung, ließ schließlich sein lautes Geplapper so weit abklingen, um eine Wette vorzuschlagen, daß ich im Irrtum wäre, wobei er sich brüstete, daß er diese Pendlerreise jeden Monat machte und wüßte, daß es die Schnellbahn nach Golden wäre und nicht eine richtige Straßenbahn von Denver. Natürlich war es nur ein Mißverstehen von Bedeutungen, da die Denver-Straßenbahnbetriebe den stündlich über die 20-Kilometer-Strecke fahrenden Wagen ebenso besaßen und betrieben wie die älteren, kleineren Modelle im Straßenverkehr von Denver, die dieses fette Monstrum im Sinn hatte, währenddessen ich, der ich nur nach der besonderen Farbe urteilte – ich konnte den gelben Anstrich gut erkennen, besonders wenn er so hell war wie bei diesen Straßenbahnen – und mit dem erweiterten Horizont dachte, den ich mir bei der Reise durch ein Drittel des Kontinents angeeignet hatte, natürlich die Schnellbahn als Straßenbahn von Denver mit einschloß, aber verblüfft und ohne Haarspalterei betreiben zu wollen, ergab ich mich schnell einer Einigung.

Meine zweite »Snowden«-Periode, vom Januar bis zum Juni 1934, dauerte nur halb so lang wie die erste und war von gesteigerter persönlicher Freiheit gekennzeichnet, wobei neues Wissen von sexuellen Vorgängen im Vordergrund stand. Da war Bevery Tyler, eine liebliche Achtjährige, deren Bruder Bill einer von Jimmys Schlägerfreunden war, sie war es, die mir, die Falten des Fleisches ignorierend, ungefähr beibrachte, mit Kreide auf dem Randstein ein zweigeteiltes, perfektes Kreisbild ihres »Dings« zu zeichnen – etwa so: (|). Und es gab ihren geilen Onkel, der sie selbst und verschiedene andere darin angelernt hatte, von seiner tastenden Pfote gestreichelt zu werden, während sie sich eine pornographische Sammlung ansahen, die »schmutzige Bücher« enthielt, Bilder wie »Bringing Up Father« (Jiggs liest ein Schild: Caseys Werkzeug funktioniert, Kommentar: »Meins auch, aber ich mach' mich nicht wichtig damit«) und Popeye (Was macht Popeye, wenn er einen Steifen kriegt? Steckt ihn in Olivenöl) und Buck Rogers (verwendet eine Vergrößerungsstrahlenkanone) [Bezugnahme auf amerikanische Comicsfiguren: Popeyes Frau heißt Olive, Buck Rogers ist Held einer Raumfahrtserie – Anm. d. Übers.] und viele andere, sogar noch unanständigere. Ich erfuhr auch, was Vergewaltigung bedeutet; ein dünner Kleiner namens Joe Murphy war mein bester Kumpel, hauptsächlich deshalb, weil er einen großen freundlichen Polizeihund hatte – und eines Tages war Joes Mutter, mit der er im Hintertrakt im obersten Stockwerk allein lebte, dick geschwollen vom Verprügeln und hatte ein blaues Auge, so daß sie ihr Gesicht kaum zeigen wollte, als sie sich bei den Untersuchungsbeamten über die drei mexikanischen Männer beschwerte, die sie in einer

Hintergasse flachgelegt hatten. Ich erinnere mich daran, daß Peggy Barlow sagte: »Quatsch, ihr Kunde hat ihr einfach Hiebe statt Geld gegeben«, aber mir, der ich leicht zu beeindrucken war, erschien sie wie ein verschlossenes, hysterisches Opfer eines echten Falles von erzwungener Unterwerfung, und als ich das Wort dafür lernte, hatte ich mein frühes sexuelles Vokabular so ziemlich vervollständigt, welches derartige Feinheiten wie »Spanner« oder »Schwuler« nicht kannte, und ich erinnere mich an falsch interpretierte sexuelle Ausdrücke, zum Beispiel dachte ich jahrelang, eine »Tunte« wäre ein Mann, der herumging und an den Sitzen von Mädchenfahrrädern herumschnüffelte, gewiß eine Handlung, mit der sich nicht viele, mich eingeschlossen, zufriedengegeben hätten.

Abgesehen von direktem und indirektem Sex – wie etwa Rollschuhlaufen mit Mädchen mit nackten Beinen, die man anrempeln konnte – schätzte ich Joes geselliges Verhalten; vor allem erinnere ich mich, wie ich ehrfürchtig dem vom Flüstern gestörten Lesen katholischer Messen in seiner schäbigen alten Kirche und Schule, das Heilige Herz (auch das von Bruder Jim), lauschte, während wir an einem trostlosen Nachmittag eine weitere unserer erfolglosen Schatzsuchen unternahmen, so selten durchgeführt, daß unsere Pfade immer von Spinnweben verhangen waren, von jenen lautlosen Momenten des Wiedereintretens bis zum eiligen Hinausklettern durch ein winziges Fenster, das vorsichtig aufgebrochen wurde, um es später mit der noch immer intakten Glasscheibe zu tarnen; das alles mit der Heimlichkeit des Eindringlings, der schweißgebadet die wahllos aufeinandergehäuften ausrangierten Möbelmassen in diesem hinter versperrten Türen liegenden Gang des in ewige Dunkelheit getauchten »Snowden«-Kellers Zentimeter für Zentimeter sorgfältig überprüft. Aber wie immer fühlte ich vor allem die ständige Herausforderung, einen neuen Baum oder ein Haus zu erobern. Tatsächlich wurde das Klettern für mich so faszinierend, daß sich eine Manie entwickelte, stark genug, um mich, wenn ich nicht gerade damit beschäftigt war, irgendeine schwierige Höhe zu überwinden, stundenlang oben auf dem Querbolzen des dicken Rohres der Wäscheleine im Seitenhof des »Snowden« balancieren zu lassen; dort hatte ich, ob es Wäsche aufhängende Frauen störte oder nicht, die Muße, über jedes peinlich genau geplante Detail meiner Phantasievorstellung nachzugrübeln, bald auf eine Überlandtrampfahrt nach Paraguay, Südamerika, zu gehen, mit einer ausgewählten Gruppe, die es unterwegs auf die Beine zu stellen und nach strengen Tests der Beweglichkeit, heranreichend an meine, zu selektieren galt, so daß wir glücklich leben konnten zusammen, während wir von einem 3 x 3-Meter-Baumhaus zum anderen huschten – und diese Vorstellung, vor allem der Paraguay-Teil, war so stark in mir, daß Bruder Jims ganzes gekonntes Gespött und seine strenge Logik dagegen nicht vermochte, mich merklich davon abzubringen.

Im Sommer 1934 wurde Vater wieder mein gesetzlicher Vormund, aber wir machten keine Reisen, aus Rücksicht auf die Warnung der Brüder, uns streng zu bestrafen, wenn ich diesmal nicht rechtzeitig zurückgebracht werden sollte, und weil Vater sich von irgendwoher einen schwachsinnigen deutschen Säufer geangelt hatte, mit dickem Schnurrbart und starkem Akzent, der Erzeuger von einem Dutzend Kinder von einer sogar noch mehr trinkenden Ehefrau, die trotz dieser Fruchtbarkeit nicht schlecht aussah, obwohl sie beinahe blind gewesen sein muß, so dick waren ihre Brillengläser. Unsere zusätzlichen zwei Mäuler schienen kein großes Loch in den Kochtopf zu reißen (tatsächlich wurde sein Inhalt wahrscheinlich dadurch angereichert, daß Vater mich regelmäßig auf Touren rund um solche stets freigebigen Plätze zum Essenbetteln mitnahm wie »Bluehill Chesse« am Lower Market, »American Beauty«-Makkaroni im nahegelegensten Teil Nord-Denvers beim Platte River auf der 15. Straße, »Booth«-Fisch und »Knowles«-Wurst gleich neben dem Metropolitan, usw.), den wir alle gemeinsam auf einem Stalltisch in ihrer alten Scheune zwanglos teilten (eine richtige ehemalige

Scheune), direkt im Barnum-Bezirk von Südwest-Denver. Hier, dadurch ungehemmter, daß ich die zahlreichen Brüder beobachtete, wie sie unbefangen rauchten, fluchten und miteinander kämpften, auf Banditenstreifzügen durch die spärlich bewohnte Gegend zwischen Bachbett und Feldern, folgte ich bald dem Führer darin nach, alle Schwestern zu vögeln, die klein genug waren zum Niederhalten – und jene, die mutig genug waren, um zu verführen. Das alles war ein Riesenspaß, aber viel zu kurz genossen, Totgeburt noch vor der Entwicklung, denn eines Nachts, gleich am Anfang, wie ich mich erinnere, kletterte auch der Deutsche lautlos in das Dachboden-Schlafzimmer und hatte sie schon erwischt, bevor das liebe Weib und Papa aufhören konnten, im Heu zu hüpfen, und so waren hastige Verabschiedungen angebracht (fast zehn Jahre später wiederholten Papa und ich die ganze Sache mit ihnen, nur viel besser) und eine reuevolle Rückkehr zum monotonen Kreislauf der einmaligen Übernachtungen oder bestenfalls der zweimal im Monat stattfindenden Wechsel der Pennerquartiere; Hotel Victor, Ecke 18. und Larimer Street, vom Hotel Windsor überschattet, dessen warme Vorhalle wir oft zum 500er Rommé benutzten, bei jedem Spiel bis ein- oder zweitausend lizitiert; Hotel Henry, von der 20. hinauf zur Lawrence Street, ein absolutes Leichenschauhaus, das mir später stets in den Sinn kam, wann immer ich an ruhige Gebäude dachte; das Great Northern, ein 25Cent-Standard-Typus auf der Larimer in der Nähe der 15. Straße gegenüber vom »Crescent Moon«, wo ich später heimlich eine von Vaters Frauen auf einer rein körperlichen Basis mit ihm teilte.

Als der September kam (wiederum Zeit, Vater zu verlassen, der sich auf der Larimer vollaufen ließ, und für das Schuljahr 1934/35 zu Mutter zurückzukehren), fand ich eine veränderte Lage für alle außer Ralph vor, der mit seiner Gruppe von Kriegern noch immer die »Snowden«-Atmosphäre beherrschte. Bill, ältester und nettester meiner vier Halbbrüder, saß im staatlichen Knast von Canon City ein Jahr wegen Nichtbezahlung von Alimenten ein. Jack, drittältester und bei weitem loyalster Erhalter von Mutter, hatte bei seiner Werbung um die Chamber-Schwestern umgesteckt und die vollbusige Rita geheiratet, und trotz Flitterwochen betrieben sie jetzt Alkoholschmuggel mit einem verkrüppelten Idioten namens Frank von einer Hinterwohnung im dreistöckigen »Evelyn« aus, mit Rasen und rosa Stuckfassade, das, in etwa auf gleicher Höhe mit ihr, auf ewig in den süßlich schweren Geruch der »Puritan Pie Company« eingehüllt war, der den verdächtigen Whiskygeruch so effektiv abtötete, daß man, kannte man Jacks Gedankengang, darin einen Hauptgrund für seine Übersiedlung um einen halben Block weiter vom »Snowden« die Champa Street hinauf sehen konnte, aber das war vermutlich gar nicht der Fall. Die älteste Halbschwester Mae war, zusammen mit meiner anderen, Betty (es gab eine dritte Schwester, älter, die ich aber erst mehr als ein Dutzend Jahre später kennenlernte), schließlich aus dem »Queen of Heaven«-Waisenhaus entlassen worden, und sie heiratete sofort »Big Bill« Herzog, einen 32jährigen deutschen Vorarbeiter mit rauhen Manieren und rosigem Gesicht, von der Blaney-and-Murphy-Fleischverarbeitungsfabrik; er verlor diesen Job, als Cudahy kurz danach die Fabrik übernahm, aber das Tollste daran ist, daß die Denver-Post, da Mae kaum dreizehn war, wenn auch groß genug, ihre Hochzeit für interessant genug hielt, um ein volles Photo der schon kurvenreichen Mae zusammen mit einem Artikel zu bringen, der in Richtung Schock über die Täuschung einer weiteren Kinderbraut angelegt war. Als ich wieder zu ihnen kam, bestand die Gruppe also aus Betty, Jimmy und dem Baby der Familie, meiner einzigen richtigen Schwester Shirley, die immer noch eine Mutter belasteten, deren plötzliches Glück es war (ein so seltener Fall von Glück bei ihr, daß es erwähnt werden muß), indirekt Empfängerin einer Gunst geworden zu sein, durch ein altes Arschloch, mit dem ihre

Freundin Ann Sheehan vor kurzem einen Haushalt in seinem schicken Zweifamilienhaus an der Ecke 32. und Downing Street gegründet hatte, denn dieser alte Opa hatte Besitz, und die großzügige Ann sorgte bald dafür, daß Mutter mietfrei in einer seiner Wohnungen direkt gegenüber auf der anderen Gassenseite wohnen konnte.

Wenn auch dieses Haus, ein massives zweistöckiges Ding, mit Blick auf die Marion Street, nicht lange unser Zuhause blieb, da es höchstens 90 Tage dauerte, bis Ann und ihr reicher Freund sich entzweiten, ist es in guter Erinnerung, da dort eine Menge passierte. Ereignisse, die an sich nicht interessanter oder wichtiger waren als, selbst für mich, irgendeine dieser Kinderdummheiten, die schon erzählt wurden und die, wie diese, hauptsächlich deswegen angeführt werden, um fortzufahren (indem man einfach chronologisch einzelne Episoden erzählt, die jetzt die Erinnerung bereitwilliger heimsuchen als andere, die eine einzelne Zeitspanne betreffen). Sozusagen hier geschah es, daß ich in jenes Stadium trat, in dem ein Kind die Naivität so weit überwindet, daß es die emotionale Reaktion eines Erwachsenen durch deren Widersprüchlichkeit manchmal als verrückt erkennt und so auf seiner eigenen Denkleinwand der Vernunft jene frühen Pastellfarben des Urteils zu malen vermag, die sich aus Anfangsmomenten der Fähigkeit herleiten, die Verworrenheit des Lebens kritisch zu untersuchen, in versuchsweisen kleinen Bewegungen der Gehirnmaschine, bevor sie verblassen, um sich schnell jenem Zug erinnerter Erfahrung anzuschließen, der Signale mit sich führt, die Existenz anzeigen, welche wiederum das Streben nach Fortbewegung bei weitem aufwiegt durch die leicht entgleisenden Führer des Intellekts, um dem Vorteil irgendeiner Bremsaktion wirksam zu widerstehen, denn dieser Start macht ständig Bremsmanöver des Lokführers notwendig – als wären sie ein Leben lang durch pedantische Kleinarbeit eines Vorarbeiter-Neulings gelenkt, der, unter der heraneilenden Zeit zermalmt, die sich immer gegen seine extreme Last von emotionalen Inhalten aufbaut, ewig ein verlorener Ball im hohen Unkraut persönlicher Entwicklungen ist – bis dieser anfängliche Mangel mit ständig sich wandelnder Betonung durch eine ganze Reihe von Bewußtseinsstufen (die von allerersten Wurzeln dunkler kindlicher Intuition nach oben führen, in der es noch keine klare Welt für eine Seele gibt oder eine bewußte Seele innerhalb einer Welt) – denn welches Kind erträgt Logik? – den Punkt später Versteinerung erreicht, die aus wiederholten falschen Bewegungen im unendlichen Umschalten von dunklen, in den Schädel hineingezwängten Bedeutungen resultiert, wo durch solche hemmenden Gewohnheiten nicht mehr die Flexibilität zum Umdenken und Umladen sinnloser Fracht vorhanden ist, die eine Durchschnittsnorm erfordern würde, und daher, wie das Faustsche Schicksal vorschreibt, ein unfähiger Geist ist, begrenzt, direkt über dem festgelegten Gleichgewicht der Konstante »T« festgefahren existiert, die unterstützt, wo immer Raum-Sehnsüchte die abgefahrenen Geleise des zivilisierten Verstandes hinführen, so ist sie künftig auf bloße Bummelfrachtzüge von eintöniger Verzerrung beschränkt, während sie müde auf ihrem öffentlichen Weg des vertrauten westlichen Denkens dahinreist.

Aber Tsch-tsch-Nonsens beiseite, auf der Marion Street, im übrigen wunderbar dank des elektrischen Klaviers und des Rhabarbers im Hinterhof, kam es zu den ersten der vielen darauffolgenden Vorkommnisse, in denen Unschuld durch abnormale Entscheidungen betrogen wurde, bei denen entweder übermäßige Besorgtheit oder Verantwortungslosigkeit im Spiel waren, oft so weit entfernt von Übereinstimmung mit meinen einfachen kindlichen Beweggründen und ohne Verständnis dafür, daß meine erwachende Vernunft mit heiterer Verachtung über ihr offensichtlich dummes Rechtsempfinden lachte, manchmal bitter, das ist wahr – wenn das Urteil aus diesem lächerlichen geistigen und emotionalen Verhalten ungünstig, wie es so oft der Fall war, meinen Seelenfrieden beeinträchtigte –, obwohl ich meistens mit Toleranz, sogar mit Mitleid, vor allem Mutter gegenüber, in mich hineinkicherte.

Der verschrumpelte Gute, dessen Fleisch Ann vorübergehend besaß, weil das, was er an Materiellem permanent besaß, als eine seiner angenehmeren Erwerbungen das »Red and White«-Lebensmittelgeschäft einschloß, das so bequem neben seinem Zweifamilienhaus lag, und direkt dahinter, mit dem Skelett eines kleinen, holzverkleideten Lieferwagens als Theater, tanzte meine achtjährige glückliche Vera Cummings, Anns stets nymphomane Tochter, für mich. Ihre Tanzpartnerin war ein anderes Mädchen von vielleicht sechs Jahren, Schwester eines um ein Jahr jüngeren Jungen, der neben mir auf dem buggyartigen Fahrerhaus, gleichermaßen meine Absicht auf fleischliche Lust teilte wie auch die Intensität der Ungeduld, sie zu befriedigen. Und das taten wir, indem wir uns die Mädchen nahmen ...

Ich erinnere mich, daß ich ungewöhnlich nachdenklich war an jenem Maiabend, vielleicht war es die Hitze des ersten warmen Frühlingstages, die, als sie meinem dicken Winterblut begegnete, eine Verdünnung in mein Gehirn hinauf erzwang, das müde war von der Anstrengung der letzten sechs Monate, die Kälte zu überstehen und die lange nicht dagewesene Verdünnung des Blutes wühlte eine schwächer werdende Begierde nach zarteren Dingen auf, eine Nostalgie, zugleich ein Tod, ein Vorauswissen, wenn man so will ...

Fragmente

Einen Geist gesehen zu haben, ist nicht alles …

EINEN GEIST GESEHEN zu haben, ist nicht alles, und Totenmasken sind bis zum Himmel hinauf übereinandergestapelt. Noch bekannter sind die bleichen Visagen jener, die aus dem Schatten des Todes zurückkehren. Dies bedeutet jenen wenig, die den Schleier nicht gelüftet haben.

Die Stationsschwester warnte mich, sie nicht aufzuregen (wie kann man das vermeiden?), und mir waren nur ein paar Minuten gestattet. Die Oberschwester hielt mich an, um mir zu sagen, ich hätte nur die Erlaubnis, sie zu sehen, weil sie immer meinen Namen riefe und ich sollte sie aufheitern. Sie hatte es sehr knapp geschafft und sich noch nicht so richtig erholt, tatsächlich hatte sich ihr Zustand deutlich verschlechtert und war noch immer sehr gefährlich. Ziemlich beeindruckt von meinen Pflichten ging ich hinein und starrte auf ihre schlanke Gestalt herab, die so still auf dem hohen weißen Bett ruhte. Ihr bleiches Gesicht war weißer als Kreide. Es war bemitleidenswert klar, wie absolut schwach sie war, in ihrem Körper schien überhaupt kein Blut übriggeblieben zu sein. Ich starrte und starrte, sie atmete nicht, bewegte sich nicht; ich hätte sie niemals erkannt, sie war eine wächserne Mumie. Weiß ist das Fehlen jeglicher Farbe, sie war weiß; vollständig weiß, nur unter dem Laken, dessen Kante ihre Brüste liebkoste, war noch ein kleiner rosa Fleck versteckt. Die dünnen Elfenbeinarme wurden nach innen dünner, bis sie die leichte Ausbuchtung schmaler Handflächen erreichten, und die Hände wiederum waren, noch dünner werdend, nach innen gedreht, nur um bald in langen Fingern zu enden, deren Spitzen aneinandergepreßt waren. All das, und ihr Kopf mit dem völlig verfilzten Haar, so schwarz und im Kontrast zu all dem Weißen, waren die einzig sichtbaren Teile von ihr. Ganz normal, ich weiß, aber ich kam nicht darüber hinweg, wie schrecklich tot sie aussah. Ich hatte meinen Kopf so über den ihren gelegt, daß ihre Augen, als sie sie nach etwa zehn Minuten öffnete, auf gleicher Höhe mit den meinen waren; sie zeigten keine Überraschung, noch veränderten sie ihre Position im mindesten. Das allerschwächste Lächeln, die kleinste Stimme, »Hallo«. Ich legte meine Hand auf ihren Arm, und das war alles, was ich tun konnte, um mich zu beherrschen, daß ich nicht auf das Bett sprang und sie umarmte. Ich sah, sie war zu schwach zum Sprechen, und sagte ihr, sie solle es nicht tun, ich aber redete mit großer Geschwindigkeit drauflos.

Ohne Zweifel war sie überglücklich, mich zu sehen, das sagten ihre Augen. Es war, als hätte die Geste der Selbstzerstörung in ihrem Geist alle Schuld aufgewogen, der Mut, den Akt zu begehen, schien sie vor sich selbst gerechtfertigt zu haben. Die Aktion aus ihrer Überzeugung heraus, egal, wie neurotisch sie war, hatte ihre ganze Kraft erfordert, und nun war sie befreit. Frei von dem Drang, da der Wille zum Sterben eine starke Konzentration von Druck verlangte, um sich zu erfüllen, und wenn er einmal versuchsweise erreicht wird, ist er besiegt, bis eine weitere Aufbauzeit durchgemacht wird; außer natürlich, wenn es einem nicht gelingt, den Tod mit einem Schlag zu erreichen, oder wenn man echt verrückt ist. Während ich mit einem Grinsen von gekünstelter Heiterkeit auf sie herabblickte, fühlte ich das und empfand eine plötzliche Welle von Neid. Sie war entkommen, zumindest für einige Zeit, und ich wußte, ich mußte meinen Schritt noch machen. Da ich ein Feigling war, hatte ich es zu lange aufgeschoben, und ich erkannte, daß ich von diesem Vorhaben weiter entfernt war denn je. Würde das Zögern nie aufhören? Sie verlagerte ihre verkrampfte Hand, ich sah hinunter und bemerkte zum erstenmal das straff gespannte Laken, das ihren flachen Bauch bedeckte. Er war leer, eingesunken; sie hatte ihr Baby verloren. Einen Augenblick lang überlegte ich, ob sie es wußte, dann dachte ich, sie muß es wissen – sogar jetzt berührte sie beinahe ihren Bauch, und sie war zehn Tage im Krankenhaus gewesen –, gewiß ein dummer Gedanke. Ich besann mich eines Besseren. Die Schwester kam herangeglitten und sagte ich sollte lieber gehen; ich versprach, am nächsten Besuchstag wiederzukommen, beugte mich vor, küßte Joans klare Stirn und ging fort.

Auf in die Spielhalle, zurück zum alten Trott; anscheinend hatte ich eine Manie. Aus der Art, wie ich dort den ganzen Tag herumlungerte, hätte kaum jemand geschlossen, daß ich bis vor knapp zwei Jahren nie in einer Spielhalle gewesen war; ja doch, vor weniger als sechs Monaten konnte ich es nicht ertragen, mehr als ein Spiel auf einmal zu spielen. Also, was soll einer über Dinge sagen, die er getan hat? Ich ging nie wieder zurück ins Krankenhaus, um Joan zu segnen, oh ja, genau das empfand ich; sie zu segnen. Jeden Tag zerfleischte ich mich, wenn ich an sie dachte, aber ich ging nicht wieder hin. »Manchmal sitz' ich rum und denke. Ein andermal sitz' ich rum und trinke, aber meistens sitz' ich nur rum.« Ich muß in einer ganz schön schlechten Verfassung gewesen sein.

Jedenfalls vergingen zwei weitere Wochen auf diese Art und Weise, meine Unfähigkeit, mich aus meinem Spielhallen-Gefängnis wegzurühren, war ein Witz, sogar für mich selber. Am Abend vor Weihnachten war es, ungefähr fünf Uhr nachmittag, als eine hübsche Frau um die Vierzig durch die Tür des Spieler-Knasts hereinkam und nach mir fragte. Ich ging nach vorne, um sie zu treffen, und als ich näher kam, sah ich, daß sie mehr als hübsch war, eine echte Wucht, die unter den Jungen einen ziemlichen Wirbel verursachte. Sie stellte sich vor, sagte, sie wäre eine Freundin von Joan, und lud mich zum Abendessen ein. Mein Herz hüpfte vor schuldbewußter Freude, ich nahm an, und wir gingen die fünf Häuserblocks bis zur Wohnung dieser schönen, wenn auch vierzigjährigen Dame, ohne zu sprechen. Der väterliche Taxifahrer öffnete die Tür, meine Gastgeberin sagte, es wäre ihr Ehemann und Joan würde gleich dasein. Vorbereitungen für ein riesiges Abendessen waren im Gange, ich saß auf dem Sofa und wartete. Die Badezimmer- (häßliches Wort) -tür flog auf, und vor meinen Augen war wieder die phantastische Joan, »zweite Ausgabe« von Jennifer Jones. Frisch aus der Dusche, vor dem Spiegel zurechtgemacht, trat meine Heldin strahlend im Hausmantel ihrer neuen Freundin ein. Gerade wenn du denkst, du hast deine Lektion gelernt und schwörst, aufzupassen, wohin du gehst, wird ein einziger unbedachter Augenblick auftauchen, und die Hoffnung blüht auf wie eh und je. Ein erschrockener Blick, und ich wußte, ich war wieder genau dort, wo ich angefangen hatte; ich spürte wieder, wie diese erdrückende Brandung mich überflutete, so wie damals, als ich sie das erstemal getroffen hatte. Ich begann, auf mich einzureden, fest entschlossen, meinen Spielhallen-Trott zu geißeln und meinen stinkenden Arsch aus dem Loch zu ziehen.

Über dem reichhaltigen Abendessen, auf das wir uns bald stürzten, hing eine Atmosphäre der Erregung. Joan und ich waren über dem Roastbeef von Liebesblicken entflammt, während Taxichauffeur und Ehefrau uns anstrahlten. Und wir machten Pläne, jawohl, mein Herr, alle vier, und auch noch ganz laut. Ich war anfangs recht peinlich berührt, als der Gastgeber ohne Einleitung begann: »Okay, Kinder, ihr habt genug Zeit vergeudet, ich sehe, ihr liebt euch, und ihr werdet euch das Leben jetzt gleich hier einrichten. Morgen früh beginnt Joan im St. Luke als Schwesternschülerin, sie hat mir erzählt, genau das würde sie gern machen. Was dich betrifft, Neal, wenn's dir ernst ist, werd' ich morgen 'n bißchen früher aufstehen, und bevor ich zur Arbeit gehe, werden wir mal sehen, ob mein Boß dir einen Job gibt. Wenn's dir nicht gelingt, denen einzureden, daß du 21 bist – nach dem Gesetz mußt du 21 sein, du bist aber noch nicht so alt, oder?

(Ich sagte nein), damit du Taxi fahren kannst, kriegst du vielleicht einen Job beim Taxi-Service. Ist das okay für dich?« Ich sagte, das wär's ganz sicher und dankte ihm; und alle lachten und waren glücklich. Es wurde weiters beschlossen, daß Joan und ich bei ihnen blieben, bis wir unseren ersten Lohn bekämen; wir würden auf der Couch schlafen, die man zu einem Bett ausklappen konnte. Vollgestopft mit dem Riesenessen zog ich mich ins Badezimmer zurück, während die Frauen Geschirr wuschen und der Alte Zeitung las. (Menschenskind, anscheinend geschieht alles, wovon ich schreibe, in einem Badezimmer, glaub nicht, daß ich drauf fixiert bin, es ist nur so, daß die Ereignisse genauso abliefen, und hier ist noch eins, denn –): Ein Klopfen an der Toilettentür, und ich erhob mich, um meine wiederauferstandene Schönheit einzulassen. Sie war so scheu wie immer, aber viel Angst und Peinlichkeit waren fort. Wir schmusten ein bißchen, dann fragte sie, während wir am Badewannenrand saßen, ob ich ihre Narbe sehen wollte. Ich kniete vor ihr, um besser sehen zu können, während sie den Bademantel öffnete und eine häßliche rote Wunde enthüllte, bläulich auf ihrem Buttermilchbauch, die sich beinahe vom Nabel bis zur Klitoris zog. Sie war besorgt, daß ich sie nicht schön finden oder genauso lieben würde, jetzt, da ihr Körper vom Messer des Chirurgen, der einen Kaiserschnitt vorgenommen hatte, beeinträchtigt war. Es mochte auch eine teilweise Hysterektomie gewesen sein, und sie war besorgt, daß das Produzieren von weiteren Babys – »wenn wir das Geld haben« sich als schwierig erweisen würde. Ich beruhigte sie in allen Punkten, schwor meine Liebe (und meinte es), und schließlich kehrten wir wieder ins Wohnzimmer zurück.

Oh unglücklicher Geist, Schwindler! Oh fatale Sachlichkeit! Ich hatte wirklich schmutzige Kleider an, aber mir waren von einem Freund Kleider zum Wechseln versprochen worden, der zwischen der 12. und Ogden Street wohnte. Um also meinen zwergenhaften Taxi-Retter nicht zu blamieren, wenn wir am nächsten Morgen zu seinem Boß-Kumpel gingen, dachte mein dummer Kopf daran, in einem raschen Lauf das notwendige, saubere Hindernis jetzt zu holen. Ich handelte nach dieser offensichtlichen Notwendigkeit – wenn ich meinen erhofften Arbeitgeber so weit beeindrucken sollte, daß er mich anstellte –, versprach, schnell wiederzukommen und ging fort. Wo ist Weisheit? Joan bot sich an, mit mir zu gehen, und ich lehnte den Vorschlag ab, mit dem Argument, daß es sehr kalt sei und daß ich allein schneller sein könnte, und wenn sie morgen arbeiten müßte, würde der ziemlich lange Spaziergang möglicherweise zu viel für sie sein – sinnlos, ihre Gesundheit aufs Spiel zu setzen. Hätte ich sie doch dazu gebracht, mit mir zu gehen, wäre sie doch lieber zusammengebrochen, als mich allein gehen zu lassen, wäre statt dem, was passierte, nur irgend etwas anderes passiert! Nicht nur ging die neue Verheißung des Glücks in die Binsen und ich verlor Joan für immer, sondern ihre Ruhe sollte sich ein für allemal verflüchtigen und sie selbst sollte in dem Laster versinken, das einem bestimmten Typus von geschlagener Frau vorbehalten ist!

Ich beschleunigte meinen Gang zum Kleiderdepot, hatte gute Verbindungen und war schnell wieder auf dem Rückweg in die warme Wohnung und zu meiner Joan. Der Weg von der 12. und Ogden Street zur 16. und Lincoln Street führt zum größten Teil, wenn man so will, über die East Colifax Avenue. Entsetzlicher Fehler, dummer Augenblick; ich wählte diese Route nur, um mir die Leute auf der überfüllten Durchfahrtsstraße anzusehen, während ich mich an ihnen vorbeidrängte. In der Mitte zwischen Pennsylvania und Pearl Street befindet sich eine Kneipe, deren Glasfensterfassade die Kunden in ihren Nischen kaum verbirgt. Ich war beinahe an dieser Bar vorbei, als ich aufblickte und meinen jüngeren Blutsbruder sah, der drinnen allein sein Bier trank. Ich war schnell gewesen, und die starke Sucht, mich vollaufen zu lassen, von der ich damals abhängig war, schob mich durch die Tür, um ihm einen Schnellen abzuschnorren. Überraschung, Überraschung, er hatte jede Menge Kohle, und was noch überraschender war, er war mir gegenüber ganz großzügig. Er bestellte so schnell, wie ich nur trinken konnte, und ich ließ die Kellnerin nicht warten, ich leerte das Glas in einem Zug. Die ersten paar in einem Zug, die nächsten dann in zwei Zügen, und so weiter, bis ich normal nippte, während mittlerweile eine Stunde vergangen war. Zuallererst wollte er eine Telephonnummer – ich vermute, das war der Grund für seine Großzügigkeit – und ich war der einzige, der sie ihm geben konnte. Er behauptete, er wäre dort gesessen und hätte eigentlich über genau das Mädchen nachgegrübelt, das am anderen Ende unter dieser Nummer zu erreichen war, und ich glaubte ihm; ich mußte es für die Wahrheit halten, weil es in den letzten Monaten immer deutlicher geworden war, daß er höllisch scharf war auf die Süße – die mein Mädchen war. Ich gab ihm die Nummer, und er raste von einer Nische zur anderen. Ich hatte ihn davor gewarnt, meinen Namen zu erwähnen oder ihr zu erzählen, daß ich hier war, und er sagte, er würde es nicht tun. Aber er tat es, obwohl er das später leugnete. Der Grund für seinen Verrat, ungeachtet der Tatsache, daß er mich Joan kostete, war zu rechtfertigen, denn man tut so was möglicherweise, wenn einem beim Trinken ein wichtiges Rendezvous gerade abgeschlagen wird, und meinen Aufenthaltsort hatte er als allerletzten Köder benutzt, um sie herzulocken. Er kam niedergeschlagen aus der Telephonzelle zur Nische zurück, sie hatte gesagt, sie könnte jetzt nicht gleich das Haus verlassen, aber er sollte sie in etwa einer halben Stunde wieder anrufen; das erfreute ihn nicht so sehr, wie es mich erfreut hätte, aber er war reicher und weniger leicht zufriedenzustellen. Er rief sie wieder an, zirka vierzig Minuten, nachdem mein mächtiger Durst mich in die Kneipe gelockt hatte, und sie sagte ihm, er sollte in diesem Lokal auf sie warten und sie würde innerhalb einer Stunde dort sein. Diese Zeitspanne erschien nicht unvernünftig, sie wohnte ein ziemliches Stück außerhalb in East-Denver. Ich dachte, daß alles wunderbar lief. Bill bekam das Mädchen, ich bekam was zum Saufen und hatte immer noch eine kurze Gnadenfrist, um weiter zu bechern, bevor sie auftauchte (ich wollte gewiß nicht da sein, wenn sie ankam), und ich wär' nur ein bißchen spät dran mit meiner Rückkehr zu Joan, wo ich Probleme beim Abholen der Kleider geltend machen würde. Oh trauriger Schock, oh unglückliche Zeit; hätte ich nur nicht jenes letzte Bier gesoffen, dann wäre all das Folgende nicht geschrieben worden, und ich könnte diese Geschichte mit »und sie leben in Glück und Freude bis an ihr Lebensende« beschließen.

Halt, lies einen Augenblick langsam und hab Geduld mit meinem Wortschwall. Es gibt zwei Dinge, die ich hier zu sagen habe, eines ist eine Nebensächlichkeit und kommt als zweites dran, das erste ist für das Verständnis dieser Geschichte wesentlich; deshalb muß ich dir eine meiner Hollywood-Rückblenden verpassen.

Ich werde das meiste davon auslassen und mich so knapp wie möglich fassen, um es kurz zu machen, obwohl das vom Wesen der Sache her schwierig sein wird, vor allem, weil ich müde bin.

Nummer 1: Am 23. Juni 1945 wurde ich aus der staatlichen Besserungsanstalt von New Mexico entlassen, nachdem ich 11 Monate und 10 Tage (kennst du dieses Lied?) Zwangsarbeit abgeleistet hatte. Bald nach meiner Rückkehr nach Denver hatte ich das seltene Glück, eine sechzehnjährige High-School-Schönheit aus dem Osten kennenzulernen, die wohlhabende Eltern hatte; eine Mutter und eine hübsche ältere Schwester, um genau zu sein. Cherry Mary (Mary Ann Fairland) war ihr Name, weil sie auf der Cherry Street wohnte und Jungfrau war, als ich sie traf. Dieser Zustand hielt nicht lange an. Ich knallte wie ein Verrückter in sie rein und sie war begeistert. Ein tolles Abenteuer, unzählige Dinge wären darüber zu sagen – ich kann mich kaum zurückhalten, mit zwanzig oder dreißig Bemerkungen jetzt gleich herauszuplatzen, trotz der Entschlossenheit, mich kurz zu fassen. Ich bleibe fest (haha) und werde die Geschichte unseres fünfmonatigen Verkehrs nicht erwähnen – mit seinen vielen Zwischenfällen, die in diesem Augenblick in mein Gehirn durchsickern; von der Karnevalsnacht, in der wir uns kennenlernten (bei Elitch), Hunderte von Bergfahrten in ihrem neuen Mercury, gemietete Lastwagen mit Matratze hinten drin, in ihrer Hütte; Hütten, in die ich einbrach, der Tag, an dem ich sie dazu brachte, Hal Chase zu bumsen, das eine Mal, als ich ihr den Tripper verpaßte, nach dem folgenschweren Zusammentreffen zwischen ihr und der Mutter meines zweiten Kindes (der einzige Junge vor dem von Diana), die Zeit, als ich sie schwängerte – und es verfluchte, verrückte Nächte und Frühmorgenstunden in der Goodyear-Fabrik, in der ich allein arbeitete, von vier Uhr nachmittags an so lange, bis ich nach Hause gehen wollte, wir trieben es auf Golfplätzen, auf Dächern, in Parks, auf Friedhöfen (wo die Toten zu Hause sind, weißt du), an verschneiten Böschungen, in Schulen und Schulhöfen, Hotelbadezimmern, in den leerstehenden Häusern ihrer Mutter (sie war Grundstücksmaklerin), wir trieben es auf jede Weise, die wir uns vorstellen konnten, an jedem Ort, wo wir gerade zufällig waren, tatsächlich trieben wir es an so vielen Plätzen, daß Denver von unseren Fickspuren bedeckt war; so viele verschiedene, an die ich mich unmöglich erinnern kann, oft pflegten wir von einer Seite der Stadt direkt bis zur anderen zu wandern, nur um ein Plätzchen zu finden, wo wir uns fallenlassen konnten, für gewöhnlich holte ich ihn einfach raus und schob ihn zu ihrem Hintern, wenn wir allein waren, zu ihrem Mund, wenn nicht. Und der allerlustigste Vorfall von allen: Um ihrer Mutter Freude zu machen, spielte sie oft mehrmals in der Woche Babysitter für deren gesellschaftlich prominente und reiche Freunde, ich fuhr dorthin, wo sie gerade an dem Abend arbeitete, nachdem sie angerufen hatte, um mir die Adresse zu geben und zu sagen, daß die Luft rein war (lustiger englischer Witz: Ehemann und Ehefrau im Wohnzimmer, Telefon läutet, Mann hebt ab und sagt, er hätte keine Ahnung, es wär' wohl besser, die Wetterstation anzurufen, und legt auf, Frau sagt: »Wer war das, Liebster?«, und der Mann sagt: »Ich weiß nicht, irgendein verdammter Idiot, der wissen wollte, ob die Luft rein ist«, hahaha), und dann zogen wir schnell ein paar gute Nummern ab, dann fuhr ich wieder zurück zur Arbeit; im Goodyear-Lastwagen, versteht sich. Wir hatten das unzählige Male gemacht, bis der »allerkomischte« Abend kam. Es war ein Sonnabend, also keine Arbeit, ich wartete draußen vor dem Apartmenthaus 16. und High Street, bis die Eltern fort waren, und dann ging ich hinein und griff zu. Ich hatte alle meine Kleider ausgezogen und im Wohnzimmer, und sie wusch meinen Schwanz im Badezimmer (laßt euch das eine Lehre sein, Männer, laßt euch nie von euren Kleidern trennen, haltet zumindest eure Hosen griffbereit, wenn ihr so was in einem fremden Haus macht – ach du liebe Zeit, ich vergaß eine Sekunde lang, daß einige von euch aus dem Verkehr gezogen sind und gewiß keinerlei Rat von »Lord Chesterfield« benötigen, zeigt das nicht euren Ehefrauen oder erzählt ihnen, daß ich diesen Rat nur anbiete, damit ihr ihn an eure Söhne weitergebt oder, wenn das zu hart ist, an eure dilettantischen Freunde, ufff, jetzt hab' ich's geschafft), da rüttelt jemand an der Wohnungstür und ins Vorzimmer marschiert die Mutter von dem einen Elternteil des Babys, auf das Cherry Mary aufpaßt, diese alte Fledermaus kam so schnell herein, daß wir kaum Zeit hatten, die Badezimmertür zu schließen, bevor sie uns sah. Hier war ich nun, nackt, ohne Kleider, und alle Ausgänge blockiert. Ich konnte nicht dort bleiben, denn was geschah, wenn das alte Mädchen pinkeln wollte und die meisten Blasen und Nieren alter Frauen sind nicht die besten der Welt. Im Badezimmer gab es keinen Platz zum Verstecken, noch konnte ich, so wie die Wohnung angelegt war, hinausschleichen. Noch schlimmer, Mary erinnerte sich plötzlich daran, daß dieser Eindringling über Nacht dableiben sollte. Wir berieten flüsternd, trotz allem lachend und kichernd, und es wurde beschlossen, daß Mary das Badezimmer verlassen und die alte Dame ablenken sollte, während sie einen Spaziergang oder einen Kaffee auf der Straße vorschlagen und trotzdem versuchen würde, meine Kleider einzusammeln und sie mir zu bringen; keine schwache Leistung. Meine Aufgabe war es, so lautlos wie eine Maus den ganzen jahrelang angesammelten Badezimmerschnickschnack der reichen Leute zu entfernen, der das einzige Fenster des Raumes blockierte, dann, so unmöglich das auch erschien, mußte ich über die Wanne zum Fenster hinaufklettern und mit einer Nagelfeile das äußere Fliegengitter lockern. Also, wenn du dir dieses Fenster ansiehst, es hatte vier Glasscheiben, je 15 cm lang und 10 cm breit, bildete ein Rechteck von etwa 30 bis 33 cm Höhe und etwa 20 bis 23 cm Breite, es war schon schwierig, sich überhaupt hindurchzuzwängen, aber, da es höllisch modern war, waren die Fensterflügel an einer Metallstange, die sich genau in der Mitte befand, befestigt! Wenn man sie öffnete, waren die Glasfenster in der Mitte geteilt und bildeten dann zwei Fenster.

Ich konnte kaum nach außen greifen, um an dem Gitter zu arbeiten – da das Fenster nach außen aufging –, aber ich drückte das Gitter weit genug auf, um das Fenster öffnen zu können. Jetzt kam das unmögliche Zusammenpressen meines Körpers beim Durchquetschen. Ich dachte, wenn ich meinen Kopf durchkriege, könnte ich es schaffen; das konnte ich gerade noch tun, indem ich die harte Metallstange um die Winzigkeit eines Schamhaares bog (damals hob und stieß ich 100 kg), und natürlich riß ich mir beinahe meinen ganzen Stolz und meine Freude ab, als ich mich in die kalte Novemberluft hinauswand. Ich war verdammt froh, daß ich nur im zweiten Stock war, wäre ich höher gewesen, dann wär' ich ganz sicher im leeren Raum hängengeblieben. So fiel ich in die Büsche, die entlang dem Gebäude den Gehweg säumten, und versteckte mich dort zitternd und mit hämischem Frohlokken. Auf dem Boden war eine dünne Schneeschicht, aber das störte niemanden, ausgenommen meine Füße, bis irgendein Mann seinen Wagen in der Garage der Gasse parkte und an meinem Versteck vorbeimarschiert kam, dann wurde der Großteil meines nackten Körpers naß, als ich mich auf den eisigen Boden preßte, damit er mich nicht sah. Das ließ mich nach einem besseren Unterschlupf suchen, da es etwa neun Uhr abends war – ich war jetzt seit einer Stunde in der Kälte – und eine ganze

Reihe von reichen Arschlöchern konnte jetzt womöglich anfangen, Autos abzustellen. Ich wartete, bis keiner in Sicht war, dann jagte ich den Gehweg zur Gasse hinunter, sprang in die Höhe und packte das handliche Abflußrohr einer Garage und zog mich hinauf. Das Fenster, aus dem ich ausgebrochen war, gewährte einen Ausblick auf meinen neuen Zufluchtsort, und wenn jemand in dieses Badezimmer ging, würde er sehen, daß an diesem Ort die Zerstörung gewütet hatte, und würde hinausschauen und mich sehen. Diese Angst war gerade entstanden – ich fror zu sehr, um jetzt fröhlich zu sein –, als Mary schließlich in mein Blickfeld trat. Sie hatte meine Hosen, Schuhe und Mantel, aber nicht mein T-Shirt und meine Socken, da sie diese Kleinigkeiten verschwinden ließ, als sie vor der Ursache meiner mißlichen Lage hin- und herhetzte, um »Ordnung zu machen«. Die Frau hatte nur meinen Gürtel bemerkt, und Mary sagte, sie hätte in der Schule einen Lederkurs und machte Muster darauf. Als ich das Fenster zertrümmerte, hatte Mary den Krach gehört (die alte Dame muß taub gewesen sein; redete während meiner Flucht die ganze Zeit über den Thanksgiving-Truthahn und war ins Badezimmer gekommen, um aufzuräumen, das Fenster zu schließen und auch sonst alle Spuren zu verwischen. Ich zog meine Kleider an und konnte mein Zähneklappern, da ich völlig durchfroren war, gar nicht beherrschen, als ich mit Mary ins Oasis-Café auf einen heißen Kaffee ging. Und so geht's weiter, eine Geschichte nach der anderen, die sich um diese Cherry-Mary-Zeit dreht; hier noch ein paar weitere:

Anfangs vertraute mir die Mutter dieser wie rasend fickenden Hummel, und, um mich auf ihre Seite zu ziehen, bat sie mich, auf Mary aufzupassen, auf sie zu schauen und so weiter. Nach einiger Zeit, als Mary wilder wurde, beschloß die alte Hure, mir eine Standpauke zu halten (ich erinnere mich nicht genau an die Kleinigkeit, die dazu führte, jedenfalls nicht so aus dem Stegreif), und da sie nicht der Typ war, das selber zu tun – und um mich zu beeindrucken, schätze ich –, holte sie den Pastor der Gemeinde, um mir die Leviten zu lesen. Nun gehörte ihr Haus zu einer Elite-Gemeinde, und so brachte sie den Monsignore dazu – es war eine katholische Kirche –, an demselben Abend zum Abendessen herüberzukommen, an dem sie mich einlud. Ich traf kurz vor ihm ein und roch sofort, daß irgendwas faul war. Das Luder konnte ihre kleine Intrige einfach nicht für sich behalten, befahl Mary, genau zuzuhören und begann, ein wenig aus ihrem eigenen Evangelium zu predigen, um mich für das Hauptereignis aufzuwärmen. Es läutete an der Tür, und ihre Augen glänzten voll Vorfreude, als sie sich von der Küche aus aufmachte, zu öffnen. Der Priester war ein mittelgroßer Mann von mittlerem Alter, mit rosigen Gesichtszügen und extrem dicken Brillengläsern, die derart schwache Augen verdeckten, daß er mich nicht sehen konnte, bis sich unsere Nasen fast berührten. Als er durch das luxuriöse Wohnzimmer auf mich zukam, hatte er seine Hände schon zum Schütteln ausgestreckt und war mitten in einer normalen Begrüßung, wobei die Mutter ihn die ganze Zeit am Ellbogen geleitete und ihn überschwenglich vorstellte. Dann passierte es, er sah mich; was für ein Ausdruck! Ich habe nie ein Kinn so weit und so schnell herunterfallen sehen, es knallte buchstäblich auf sein Brustbein.

»Neal! Neal! Mein Junge! Endlich hab' ich meinen Jungen gefunden!« Seine Stimme überschlug sich, als er das letzte Wort sagte, und sein Adamsapfel weigerte sich, weiter zu artikulieren, denn alles, was er herausließ, war ein ersticktes Schluchzen. Von Rührung geschüttelt drückte er mich wild an sich und warf seinen Blick zum Himmel empor, während er inbrünstig seinem Gott dankte. Riesige Tränen rollten ihm die Backen hinunter, flossen über seine nach oben gerichteten Kiefer und verschwanden im engen Kragen seines geistlichen Gewandes. Ich konnte mich nicht entscheiden, ob ich meine Arme schlaff hängen lassen oder ihn umarmen und versuchen sollte, seine tief empfundene Güte zu erwidern, indem ich loslegte. Donnerwetter und Huiiii, was für ein Anblick! Die Emotion des Priesters war die des ungläubigen, freudigen Wiedererkennens gewesen, die Emotion von Marys Mutter, ein Prachtstück von frustrierter Überraschung; erschrockenes Erstaunen über ein so unvorstellbares Geschehen ließ sie uns mit dem dümmsten Gesicht anstarren, das ich jemals gesehen habe. Sie wußte nicht, ob sie in Ohnmacht fallen oder weglaufen sollte, sie war noch nie so verblüfft gewesen, und ich bin sicher, sie dachte nicht, daß sie es jemals sein könnte, es war wirklich eine perfekte Farce. Mary und ihre Schwester – die da war, um der Idee ihrer Mutter Würde zu verleihen – standen ebenso mit offener Klappe da wie wir anderen. Die süße Mary war es natürlich, die sich zuerst, mit einem Kichern, erholte; was ihre Schwester zum Anlaß nahm, um ein finsteres Gesicht zu machen und sich dabei wieder zu sammeln. Die Mutter gewann mit einem Keuchen von gekünstelter Herzlichkeit ihre Fassung wieder. »Also! Was für eine nette Überraschung!!« gurgelte sie mit gezwungenem Lächeln und schätzte sich glücklich, daß sie so leicht davongekommen war. Oho! Aber warte mal, sie hatte einen Fehler begangen! Ihre nervöse Spannung war so unerträglich – und mit ihren ersten Worten hatte es so gut geklappt –, daß sie beschloß, wieder zu sprechen. »Laßt uns doch alle zum Abendessen gehen, wollen wir?« drängte sie mit schriller, nervöser Stimme. Die falsche Ernsthaftigkeit ihres Tonfalls kam uns allen wie eine sehr unehrliche Besorgnis vor, und sie hatte sich selbst bloßgestellt, weil sie zu schnell war – denn ihr Gast hielt mich immer noch fest umarmt.

Der ekstatische Geistliche war Harlan Fischer, mein Taufpate, als ich 1936 im Alter von zehn Jahren getauft wurde. Er hatte mir auch einige Monate lang Latein beigebracht und mich im Laufe der drei folgenden Jahre, in denen ich in der Kirche zum Heiligen Geist als Ministrant diente, gelegentlich besucht. Bei unserer letzten Begegnung war ich in die Lebensläufe der Heiligen vertieft und entschlossen, Priester oder Mönch zu werden, dann verschwand ich ganz abrupt auf dem angenehmeren Pfad des Bösen. Jetzt, sechseinhalb Jahre später, traf er mich in Marys

Haus wieder, als jungen Mann, dem er eine Standpauke halten sollte. Also, er kam nicht dazu, mir eine Standpauke zu halten, das schien ihm überhaupt nie in den Sinn zu kommen, denn der war viel zu voll von der seligen Freude, daß er seinen verlorenen Sohn wiedergefunden hatte. Er erzählte mir, er hatte nie ein anderes Patenkind gehabt – das hatte sich einfach zufällig ergeben – und wie er Tag und Nacht für meine Seele gebetet hätte, und dafür, daß er mich wiedersehen würde. Am Eßtisch konnte er sich kaum zurückhalten, er zappelte herum, schnatterte und rührte sein Essen nicht an. Er zerrte diese ganze Geschichte vom langen Warten auf diesen Augenblick ans Licht und übertraf die eingeschnappte Mutter (sie warf mir durchdringende Blicke von reinem Haß zu, wenn Pater Fischer nicht hinsah) tatsächlich mit feuchter Gesprächigkeit. Als das Essen vorüber war, wußte die dreckige alte Nutte, daß sie sich mit ihrem süßen kleinen Komplott ein komplettes Eigentor geschossen hatte, denn Fischer entschuldigte sich sogleich und sagte, er wäre sicher, daß jeder das verstehen könnte, denn er wollte mit mir allein reden, und wir gingen fort. Wir fuhren zu seiner Kirche und saßen dann zwei Stunden lang in seinem Auto, bevor ich ausstieg und fortging, um ihn bis zum heutigen Tag nie wieder zu sehen, das ist jetzt fünf Jahre her. Er fing wieder mit dem alten Zeug an, und da ich wußte, daß wir uns nicht verständigen konnten und ich ihn nicht unfair ausnützen wollte, kam ich sofort zur Sache und zögerte zum erstenmal nicht, als ich ihm sagte, er solle sich nichts daraus machen; es tat mir leid, aber zwischen uns lagen Welten, und für ihn wäre es jetzt nicht von Vorteil, zu versuchen, mir näherzukommen. Oh, wir redeten eine Menge, es war zwar nicht ganz so kurz und einfach, aber, wie gesagt, ich verließ ihn schließlich, als er merkte, daß es nichts mehr zu sagen gab, und das war's dann.

Der andere Vorfall, von dem ich euch erzählen wollte, kann warten, ich muß mich von jetzt ab ganz ganz kurz fassen, weil ich kein Geld für Papier habe. Jedenfalls, dieser kleine Einblick in die Monate vor meiner Bekanntschaft mit Joan hat den Sinn, zu zeigen, daß es einen gewissen Grund für das gab, was mir in der Bar mit meinem jüngeren Blutsbruder passierte. Bedenkt, daß ich Marys Mutter vor diesem Abend in der Bar mindestens einen Monat lang nicht gesehen hatte, obwohl ich Mary ungefähr zwei Wochen vorher getroffen hatte. Ach, was sind schon ein paar Zeilen mehr, ich muß hier unterbrechen und euch von dieser anderen komischen kleinen Sache mit C. Mary berichten. Es ist so: Sie war ein derartiger Hypochonder, daß sie öfter tat, als ob sie blind wäre. Also, warte mal, das war ungewöhnlich, denn sie klagte nie über Krankheit oder irgend etwas anderes, tatsächlich klagte sie auch nie über ihre Augen, ganz im Gegenteil, sie spielte diesbezüglich einen echten Märtyrerkomplex vor. Wir verbrachten oft 12 bis 16 Stunden in einem Hotelzimmer, während sie »blind« war. Ich diente ihr bei diesen Gelegenheiten mit Händen und Füßen (und Schwanz). Sie begannen immer ganz nebenbei, sie kündigte einfach an, daß sie nicht sehen konnte und das ging dann immer so weiter, bis sie genauso ruhig sagte, daß sie wieder sehen könnte. Das passierte ihr beim Fahren – ich faßte dann jedesmal das Steuer –, beim Spazierengehen – ich führte sie –, während wir uns liebten – ich machte jedenfalls bis zum Ende weiter –; tatsächlich geschah das an jedem beliebigen Platz, an dem sie Lust dazu hatte. Es war ein tolles kleines Spiel, sie brauchte sich keine Sorgen zu machen, wenn sie das Auto kaputtfuhr oder sonstwas, die alte Dame kam doch immer mit jeder Menge Zaster zu Hilfe, nicht wahr? Ach, genug!

Ich setze also dort fort, wo ich 1500 Worte vorher darüber sprechen wollte, warum Joan und ich nicht »glücklich weiterlebten bis ans Ende unserer Tage«. Sehr einfach, man gab uns keine Chance.

Sieh mal, als ich das letzte Blutsbruderbier trank – ich erinnere mich, daß ich ganz ernsthaft beschloß, es sollte wirklich das letzte sein –, näherten sich zwei Kriminalbeamte, fragten, ob ich Neal C. wäre und schleppten mich prompt davon! Anscheinend hatte Cherry Marys Mutter, als sie beim Nebenanschluß mitgehört hatte, wie mein Freund ihr sagte, wo ich mich aufhielt, die Polizei geholt, und sie hatte politischen Einfluß! Ja, ja, nachdem ich von der strafbaren Vergewaltigung freigesprochen wurde, wobei Mary in panischer Angst einfach die Zeugenschaft verweigerte und ansonsten kein Funken von Beweis da war – einfach in Panik –, wurde ich unter der Anklage des Verdachts auf Einbruch weiterhin im Gefängnis festgehalten. Aber wegen meiner Spielhalle, in der ich mich herumgetrieben hatte. Weil die Anklage eine oberflächliche Glaubwürdigkeit besaß, da ich dort einige Male Kugeln in ein Regal eingeordnet hatte und die Anlage kannte – ich erlebte viele angsterfüllte Augenblicke, bis der Polizei-Oberschnüffler zugab, er hätte die ganze Zeit gewußt, daß ich völlig unschuldig war und mich schließlich Wochen später freiließ.

Joan war von der Bildfläche verschwunden!

Ich ging in die Spielhalle …

Ich ging in die Spielhalle, und Jim wartete dort, genauso wie wir es abgemacht hatten, aber ohne seinen Koffer. Ich war äußerst besorgt, daß es spät würde, und sagte: »Hör mal, Junge, wir müssen um zwei dort sein, wo ist dein Zeug?«

»Ich hab' für uns was zum Mitfahren aufgetrieben, mach dir keine Sorgen, das schaffen wir schon«, antwortete er, ohne seine Augen von der Billardkugel abzuwenden, die sorgfältig für einen Point-Stoß hingelegt war. Sein Vater sollte uns in seinem 37er Lincoln zum »Inglewood«-Mitfahrerbüro bringen.

»Hast du auch das Geld?« fragte ich so beiläufig wie möglich.

»Klar«, antwortete er ebenso ruhig. Also, wir sind soweit, dachte ich bei mir, als ich mich zum Warten niedersetzte und Jims schwachem Spiel zusah. Er sollte nicht so verlieren, der Typ ist zu gut für ihn. Andere beunruhigende Gedanken schossen mir durch den Kopf. Ich hoffe, das alte Mädel fragt nicht nach einem Führerschein. Ob ihr Wagen wohl neu war? Zu dumm, daß wir so verdammt weit in den Süden fahren, wo sie hinwill, wir werden gute 800 Kilometer per Anhalter fahren müssen, um nach L. A. zu kommen. Ich scheine mich immer so in mich hineinzudrängen, besonders in letzter Zeit, hier, auf dieser nichtsnutzigen Bank. Ach ja.

Plötzlich höre ich Penoffs Alten draußen auf die Hupe drükken. Jim hängte seinen Billardstock auf und bezahlte das Spiel. Wir drängten uns ins Auto und fuhren schnell zu unserer Adresse in der Clarkson Street. Ich wohnte mit Jim im Vorderzimmer der kleinen Wohnung seiner Eltern und holte seine Kleider ab. Dann fuhren wir über den Broadway hinaus in den äußersten Süden von Denver. Der freundliche, komisch aussehende Eigentümer der Reiseagentur sagte, unsere Fahrerin sei bereits dagewesen und würde in ein paar Minuten wieder zurück sein. Wir warteten nebenan in einem Drugstore-Imbißlokal und nippten an einem

Kaffee, während ich die einzige Coleman-Hawkins-Nummer der Musikbox spielte: »Body and Soul.«

Eine Frau mittleren Alters, offensichtlich asexuell, sogar in ihren eigenen Augen, dachte ich, kam in einem 1938er Buick Sedan an. Jim und ich sahen einander mit einem Blick an, der eine Mischung aus Triumph und Erleichterung widerspiegelte. Wir gingen zu ihrem Auto und stellten uns vor. Ich sagte zu Jim, er soll ihr die 25 Dollar geben, die Gebühr, auf die wir uns geeinigt hatten, dafür, daß sie uns nach Süd-Arizona mitnahm. Ich wußte, wenn er nicht jetzt gleich bezahlte, würde sein hinterhältiger Geist anfangen, daran zu denken, wie er sie um das Geld betrügen könnte. Wir bedankten uns bei dem Mann von der Agentur, der uns die Mitfahrgelegenheit vermittelt hatte, und legten Jims Koffer mit den wenigen Kleidern, die ich besaß, in den Kofferraum, und wir kletterten auf den Rücksitz des großen Buick. Endlich waren wir auf dem Weg zu meinem tollen Leben in L. A.

Sagt mal, ich hab' euch doch nichts von Clara Johnson erzählt, oder? Ich bemerke mit Erstaunen, daß ich niemandem von ihr erzählt habe, einfach weil die Erinnerung an dieses Bonbon jahrelang, praktisch fast zehn Jahre, schlafend und mit keinem Gedanken bedacht in meinem Geist abgestellt war. Sie war wirklich süß, mit ihrem goldblonden Haar, der blassen, makellosen Haut, die mit erstaunlichem Weiß ihren großen Körper bedeckte, dessen Schlankheit die runden Kurven, die so ganz an den richtigen Stellen waren, genau betonte, mit klaren, grauen Augen, die hauptsächlich ruhige Neugier ausstrahlten, das heißt, ihr normaler Blick war ein ruhiges, regungsloses Staunen über alles, was sie sah, und das Beste von allem, ihr winziges Organ, dessen zarte Lippen niemals geteilt worden waren, außer vielleicht durch ihren eigenen jugendlichen Forscherfinger. Sie war älter als ich, 20 gegenüber 16, ganz gewiß, denn ich erinnere mich, daß ich sie das letztemal am Jahrestag ihrer gesetzlichen Volljährigkeit sah. Tatsächlich war sie nicht allzu groß, nur etwa 1,70 m, aber ihr Gang war das graziöse, nachlässige Schreiten großer Mädchen, und der Gedanke an diesen provokativen, gemächlichen Gang läßt sie in meiner Erinnerung größer erscheinen, als sie war, und sie daher als »großes« Mädchen klassifizieren. Sie war sehr schwedisch, mehr als ihre helle Farbe und ihr typischer Name anzeigten, denn sie war noch nicht lang in diesem Land, nicht länger als ein Jahr, würde ich sagen. Aufgrund ihres fürchterlichen Akzents wollte sie bei jeder Gelegenheit Englischsprechen üben; dies, und die Tatsache ihrer Unschuld, waren zweifellos die Gründe, warum ich so erfolgreich war ...

Mit dem Anfang anzufangen ist immer ein schwieriges Unterfangen für mich, denn wenn es soweit ist, finde ich, daß ich, wenn ich nur ein klein wenig weiter zurückdenke, um mit meiner Geschichte nur ein klein wenig früher anzufangen, die Dinge in ein besseres Gleichgewicht bringen und durch das Abrunden all dessen, was daran anschließt, die Charaktere schärfer herausarbeiten kann. Aber diesem Verlangen ist in einem »Episoden«-Brief zu widerstehen, da sonst der Zweck eines solchen Briefes verfehlt wird. Weil durch eine Sache eine andere Sache in Erinnerung gerufen wird, gerate ich in Schwierigkeiten, wenn ich zu weit zurückgreife, und weil ich mich dann jeder Sache voll widme, habe ich bald mein Thema verloren, weil ich nicht soviel Zeit habe, und dadurch kann ich es nie mehr einholen. Ich will nicht, daß das hier geschieht, und so kürze ich das, was bei einem Roman ein notwendiges Vorwort wäre. Und um meinem Anfang äußere Form zu geben und dabei ein Minimum an Engagement zu bewahren, nehme ich Abstand davon, mich auch nur in die bloße Beschreibung der ein oder zwei Saisonen zu begeben, die Clara Johnson vorangingen.

Es genügt also, wenn ich sage, daß es der heiße Sommer des Jahres 1942 im sonnigen südlichen Kalifornien war, und als Manager von einem der »System«-Parkplätze im Stadtzentrum war meine Jugend auf der Höhe ihres unechten Glanzes und achtete daher kaum ernstlich auf die wenigen ominösen Spielereien, die sie hinter sich hatte. Obwohl diese Zeitspanne gerade jene war, auf die eine ganze Serie von Schnitzern folgte, die die selbstsicheren Aktionen, die ich nun täglich setzte, ausradieren und für immer unwiederholbar machen sollte, klammerte ich mich irgendwie an die ehemaligen Kumpel von Denver aus einer viel früheren Zeit. Der wichtigste von allen, und tatsächlich der einzige unter uns, der noch immer in L. A. ist, war Warren Hall. Er war ein Clown, ein echter Dussel, zumindest war er uns allen von dem Augenblick an so vorgekommen, als er auf der Denver-Szene auftauchte, die ich kannte, aber das war 1939, und später, im Jahre 1940, hatte er sich nun verändert. Von seinem Zuhause in der 28. und Curtis Street, mit besoffener Mutter und dem kreischenden Haufen von 4, 5, 6, 7 und vielleicht mehr Brüdern und Schwestern, die keine Unterwäsche trugen, war er schließlich geflüchtet, indem er den Fußstapfen einer älteren Schwester, Margie, folgte. Sie war 1937 nach L. A. gegangen und hatte einen griechischen Molkereiangestellten geheiratet, und Anfang 1940 hatte Warren soviel Mumm beisammen, es zu wagen, per Anhalter zu ihrem Haus in Venice, Kalifornien, zu fahren. Ich nützte unsere flüchtige Bekanntschaft und folgte ihm nach, wegen ein paar Gratismahlzeiten, um zu versuchen, seine Schwester zu ficken, um einen Job von ihrem Mann zu kriegen, der angeblich ein großes Tier in der Fabrik war, und um Kalifornien zu sehen. Nach einer entsetzlichen Reise, die wirklich die absolut schlimmste war, die ich je gemacht hatte – und das ist ziemlich schlimm –, machte ich einen 35-km-Fußmarsch zu NR. 139391/22 Washington Boulevard und mietete mich ein bei John, dem Griechen, Margie, der Hure, ihrem zweijährigen Baby und Warren, dem Dussel (Lokomotiv-Hall nannte ich ihn, denn er lief so langsam und begann genauso wie eine 2-10-2, das heißt SP-Lokomotiven mit den Nummern 3173 bis 4499. Im Central Valley rund um Bakersfield, Stockton, San

Juan und den L.-A.-Strecken werden hauptsächlich die 3200-Serien und die 3300-Serien benutzt, auf der Küstenstrecke, wenn auch mit zunehmender Seltenheit, die 36- und 37-Hundertserien, und die besten von allen, von den 2-10-2 meine ich, die 4300-Serien, werden hauptsächlich bei unseren Zügen verwendet. Die 4300-Serien können sowohl im Fracht- als auch im Passagierverkehr eingesetzt werden und sind sehr gute Maschinen in bezug auf Geschwindigkeit und Tonnenleistung, ihre auffrisierten Daddys sind die Mammut-2 m-»Divers« und die stromlinienförmigen 4401- bis 4499-Serien ziehen unsere weltberühmte »Daylight« und »Starlite«, und die Freude der Filmstars, den »Lark«). Und ich arbeitete in der Milchfabrik und wusch 5000 Flaschen pro Nacht, und mir ging es gut. Schließlich verließ ich Warren und zog mit einem Typ zusammen, der mein Rivale bei der Denver-Fotze Mary Hosie war. Aber ich werde euch davon überhaupt nichts erzählen, auch nicht von den Ereignissen, die bis zu J. W. B. führen, und von meiner darauffolgenden Rückkehr nach L. A. Und während ich Tony Reznick, Betty Moore, mexikanische Nutten und ihre Kellnerinnen-Gegenstücke auf der First Street überspringe und all die freudigen Abende, die meinen frühen Aufenthalten in L. A.-Gefängnissen vorangingen, komme ich schließlich zu der süßen Jungfrau Clara.

Schon der Anlaß selbst war eine Ungewöhnlichkeit; ich hatte einen freien Tag, und das nur deshalb, weil ich stinkbesoffen gewesen war, und als ich am Morgen aufwachte, schaffte ich es, meinen Partner zu überzeugen, daß er mit dem Parkplatz allein fertigwerden könne, da er die Morgen-Autos bereits eingestellt und den Parkplatz ganz gut unter Kontrolle hatte, bis ich zum abendlichen Stoßzeitverkehr käme. Damals war ich nicht einer, der ein paar freie Stunden vergeudete, und wenn nichts los war, dann fand ich mir etwas, wenn es eine Möglichkeit gab. Das war einer von diesen Tagen, und um ihn nicht falsch zu beginnen, beschloß ich, mein Trainingsprogramm, zweimal pro Woche, durchzuziehen, ehe ich mir für den Rest des Tages etwas vornahm.

Also hinein in meine schicke Basketballausrüstung, meinen vergammelten Schlafrock darüber, von der 10. Etage im quietschenden Lift hinunter, durch das geschäftige Treiben der vollgestopften Eingangshalle, und den äußeren Rand in selbstsicherer stolzer Gangart umrundend, gehe ich an von Matrosen besetzten Telephonzellen vorbei und steuere auf die Turnhalle im Keller zu. Ich umgehe die Gruppe von Schwulen mittleren Alters im Umkleideraum, und indem ich im Treppenhaus drei Steinstufen auf einmal nehme, gelange ich in die kalte Luft des riesigen Trainingsgeländes hinaus. Weg mit dem Mantel, dann ein 20-Minuten-Lauf im Hof, Kugelstoßen trainieren, abwechselnd mit der Rechten und mit der Linken, im Laufschritt und an den unmöglichsten Stellen stehenbleiben. Hinein in den Gewichteraum und sofort Heben und Stoßen von 100 Kilo, ohne Aufwärmen, ein 78-kg-Military-Reißen, ein 95-kg-Stoßen, ein 55-kg-Stoßen mit einem Arm, ein 45-kg-Reißen mit einem Arm, und zum Vermeiden der völligen Erschöpfung durch 40 Klimmzüge oder 50 Liegestützen, ein schneller, aber fachkundiger Klimmzug mit einem Arm, abwechselnd mit beiden Händen, ganz zufriedenstellend mit der rechten Hand und um eine Schamhaarbreite kürzer mit der schwächeren linken. Eine Dusche, sorgfältiges Durchkämmen, und zurück in mein Zimmer, innerhalb der Stunde, die ich mir bewilligt hatte, als ich es verließ. Ich ziehe mich zur Arbeit um, obwohl ich noch mindestens sieben Stunden Zeit habe, bevor ich mich zeigen muß, und zwar, um nicht in mein YMCA-Heim zurückkehren zu müssen und auch, weil ich in der Uniform mit der Busfahrerhose und dem enganliegenden braunen Einheits-Hemd gut aussehe. Ein Spaziergang zwei Häuserblocks entlang zu meinem Restaurant, ich sage »mein«, obwohl es das vorläufig noch nicht war und ich erst viel später, im Laufe des Jahres, die eine oder andere seiner Kellnerinnen besitzen sollte. Im Augenblick war mein Restaurant gerade ein Dutzend Häuserblocks entfernt, bei der Olivera Street, und es war nur deshalb meines, weil ich eine gesunde Wette gegen Tony gewonnen hatte, indem ich alle seine sieben mexikanischen Mädchen geschafft hatte, ohne dafür zu zahlen, wie es die Bedingungen der Wette vorschrieben. Dies wurde durch die Verlockung unseres Hauses am Strand erreicht, ein feiner Laden, der von Mitternacht bis 8 Uhr morgens Tony und mir gehörte, weil die drei geizigreichen Bewohner seine Kumpel waren und während dieser Zeit alle bei der Douglas-Aircraft arbeiteten. Ich aß meinen Getreidebrei und Schinken mit Ei und bewegte mich in Richtung Autoverleih unweit Figuroa und Fifth. 25 Dollar hinlegen und raus mit einem 1941er Mercury Kabriolett. Wohin jetzt? Es war noch nicht elf und zu einer solchen Zeit hatte ich nur in Denver Freunde zur Verfügung oder in meiner Phantasie. Dann dachte ich daran, nach Santa Monica zu fahren und nach Warren Hall zu sehen. Ich hatte seine Adresse von seinem fast ebenso dummen Vater, den ich getroffen hatte, bevor ich Denver verließ, und der in einem Stahlfedernwerk im Zentrum von L. A. arbeitete. Also raus auf einer Hauptstraße und zu einem phantastischen Haus unweit des Vorgebirges und die Stiegen rauf zur Tür, erstaunt darüber, daß Warren es jemals so gut haben konnte. Und eine dunkelhaarige Schöne öffnete mir und sagte, Warren wär' noch nicht auf, aber ob ich nicht reinkommen und warten wollte? Ich holte meinen komischen alten Kumpel aus einem prachtvollen Satinbett und sah ihm zu, wie er sich schöne Kleider anzog und in der Frühstücksecke die Mahlzeit aß, die von dem brünetten Wirbelwind serviert wurde. Ich konnte sofort sehen, daß das angenehme Leben ihn verändert hatte, er schien lässig und sehr eingebildet, während er früher, speziell mir gegenüber, immer sehr bedacht darauf gewesen war, zu gefallen. Aber da ich jetzt unabhängig von ihm war, war ich nicht beunruhigt und sorgloser als er selbst, trotz einer oberflächlichen Atmosphäre gelangweilter Gleichgültigkeit, und betrachtete ihn den ganzen Tag mit prüfenden Augen und beobachtete mit sachlicher Verwunderung sein neu erworbenes Gehaben von anmaßender Hollywood-Überlegenheit, die in ihrer ungeschickten Zurschaustellung eine wenig überzeugende Nachahmung von Blasiertheit versuchte, so grotesk, wenn ich sie in Gedanken mit diesem Denver-Warren verglich, daß ich sogar daran zweifelte, ob ich recht sah, während ich über sein zunehmend durchsichtiges Verhalten kicherte. Aber für Warren war das alles sehr wichtig, er nahm sich selbst so ernst, daß ihm alles über den Kopf wuchs und völlig blind machte gegenüber der unglaublichen Karikatur, die seine Gestalt in meinen Augen machte; er bewegte sich mit herablassend-gütiger Gestik und gab sich als Dilettant, der, wenn es auch seine arrogante Würde einschränkte, uns arme Minderwertige mit demokratischem Gefühl und Toleranz behandelte. Das Mädchen reagierte demütig, so, als wäre das der Fall und, abgesehen von ihr, mußte er diesen Scheiß ihrer Mutter so richtig angedreht haben, denn als wir wegfuhren, sagte er lässig wie Flynn, er käme wieder, und ließ sich von ihnen aus der verwöhnten Handfläche fressen. Er war immer ein pathologischer Lügner gewesen, also erwies ich seinen »Erfolgs«-Geschichten einen adäquaten Lippendienst, während wir die Plätze besuchten, wo, seinen Erzählungen nach, Mädchen sein könnten ... Wir fanden überhaupt keine Mädchen, obwohl er der Typ war, der sagte: »Bleib hier stehen, ich kenn' ein Mädchen mit einer Schwester, die wohnen in diesem Haus«, dann sprang er immer aus dem Auto, ging zur Tür und fragte die Leute, die öffneten, ob sie eine Bibel kaufen wollten, oder wohin es da oder dort langgeht, oder ob Soundso hier wohnt.

Nach drei oder vier Stunden auf diese Art, und nachdem wir ein- bis zweimal auf ein Bier gegangen waren, machte der Uhrzeiger, der sich ständig abwärts bewegte, seinen blöden Faxen ein notwendiges Ende. Warrens Schwester hatte den Griechen verlassen, und darüber hinaus, daß sie verkaufte, was sie früher zu verschenken pflegte, arbeitete sie jetzt in einer Woolworth-Filiale im Zentrum. Er beschloß, mit mir hineinzufahren, um sie zu besuchen, wenn sie um fünf Uhr Schluß machte.

Wir hatten das Schiebedach geöffnet, um uns der heißen Sonne auszusetzen, seine pickelige Haut brauchte das ganz besonders; durch die warmen Brisen, die über unser Haar bliesen, stellte sich vor allem das seine steil auf, und mit Basies »One

O'clock Jump«, das aus dem Lautsprecher schmetterte, rollten wir in Richtung L. A. und sahen uns noch immer nach Mädchen um. Dann ein Gedankenblitz, der ihn umwarf. Es war das erstemal an diesem Tag, daß er aufgeregt war, daher fühlte ich einen Schimmer von Hoffnung wiederkehren. »Wie spät ist es, wo sind wir, fahr nach links, jetzt rechts, hier sind wir, bremsen, langsam spazierenfahren.« Wir näherten uns einer Flugzeugfabrik, in der gerade die Nachmittagsschicht Wechsel hatte. Hunderte Männer und Frauen kamen auf uns zu, die meisten von ihnen bogen ab zu den Parkplätzen auf der rechten und linken Seite, andere sprangen in Autos, die für sie vorfuhren, aber manche von ihnen, und ein guter Prozentsatz waren Puppen in Hosen und Pullovern, standen an den Ecken, wo aufgereihte Busse ihre Fracht aufnahmen. Wir fuhren langsam vorbei, hielten bei jeder aussichtsreichen Gelegenheit. Mehrere Male machten wir beinahe einen Aufriß, allein hätte ich sicher Erfolg gehabt, aber sobald eines der Mädchen auf unseren Wagen zuzugehen begann, warf es einen Blick auf Warrens massive Schnapsnase und hörte ihn mit seiner hinterlistig schnaufenden Stimme »Baby« sagen und auf ein bißchen Tempo drängen; ihr Schritt wurde sogleich zögernd, dann blieben sie überhaupt stehen, dann schoben sie ihr Jausenpaket in die andere Hand und machten kehrt. Nach ein paar Versagern dieser Art sagte ich ihm, er solle sein Gesicht mit einem Taschentuch verdecken, wie wenn er sich die Nase putze, und mir das Reden überlassen. Sofort kam die Sache ins Laufen; innerhalb einer Minute hatte ich meine Clara kennengelernt.

Es geschah so: Ich sah eine ganz helle Blondine mit blasser Haut auf uns zukommen, also machte ich schnell kehrt und fuhr an den Randstein heran, längsseits von ihr. Ich bat sie, mich zum nächsten Postamt zu dirigieren, das zieht immer, und es zog bei ihr, aber nicht auf die übliche Art, das heißt, bei ihrer Unkenntnis von Amerika wußte sie nicht, was ein Postamt war, nicht bevor ich es ihr genau erklärt hatte …

Abreise von L. A. mit dem Zug am Abend, high …

DUNKLE STRASSEN, Hunderte von stummen Autos, die fast zu nahe am Geleise geparkt sind, riesige Gebäude, viele noch beleuchtet, die sich nun in noch schwärzerer Silhouette abzeichnen, vereinzelt stehende Häuser, Häuser voll Schmutz, voll Lärm, fröhliche, dann ganz, ganz dunkle; man macht sich Gedanken über den Beruf seiner Besitzer. Reklametafeln, Reklametafeln, trink dies, iß das, verwende alle Arten von Sachen, JEDERMANN, das Beste, das Billigste, das Echteste, das Zufriedenstellendste von allen seinen erhältlichen Gegenstücken. Rote Lichter flackern überall am Horizont, Vorsicht, Flugzeuge; Autos flitzen vorbei, noch mehr Lichter. Arbeiter reparieren die Gasleitung. Aufschriften, Aufschriften, Lichter, Lichter, Straßen, Straßen; es ist das Dunkle dazwischen, das einen anzieht – was geschieht dort in diesem Augenblick? An welcher verborgenen Sache, wunderbar vielleicht, fährt man vorbei, und sie geht für immer verloren. Die Stauung läßt nach, ein Lichtkegel von sich ausweitender Räumlichkeit breitet sich vor dem Zug aus, jetzt hat man das Zentrum verlassen, und sein Innerstes ist vorbeigesprudelt, während die Stellwerke den Griff lockern und uns der präzisen Obhut des automatischen Bremssystems anvertrauen. Das Labyrinth der Schienen hat sich aus dem verwobenen Netzwerk von Eisenbahnintellektualität entwirrt, um zur einfachen Hauptlinienwürde zu werden; diese Bänder von exakter Spurbreite, so unablässig verstrickt, respektiert, gefürchtet. Oh, unendliches Hochgleisränkespiel!

Auto-erotische Abenteuer

Ich stahl mein erstes Automobil mit 14, im Jahre 1940; bis 1947, als ich solchen die Seele erregenden Vergnügungen abschwor, um den Eintritt in das Mannesalter zu zelebrieren, hatte ich etwa 500 Autos in meinem illegalen Besitz gehabt – sei es nur für den Augenblick und um es seinem Eigentümer wiederzubringen, bevor er zurückkam (das heißt auf Parkplätzen), oder sei es zu dem Zweck, sein Äußeres so zu verändern, daß man es ein paar Wochen behalten konnte, aber meistens nur für Vergnügungsfahrten.

Die jungfräuliche Emotion, die man aufbaut, wenn man zum erstenmal ein Auto stiehlt – vor allem, wenn man es kaum richtig in Gang bringen kann und daher minutenlang braucht, um abzuhauen –, ist natürlich anstrengend für die Nerven, und ich fand es äußerst aufregend. Ich wurde in diesen besonders angenehmen Zeitvertreib (wenn auch ohne Zweifel absolut blöde) durch ein zufälliges Zusammentreffen mit dem Lokalbösewicht eingeführt, den ich in der Schule gekannt hatte. Wir kamen an einem 38er Olds Sedan vorbei, der vor dem gutbeleuchteten Eingang eines Apartmenthauses geparkt war. Zufällig ist dieses Olds-Modell ein Bastardtyp – Olds ist ja das »Experimentier«-Auto von GM – und daher sind Zündung, Licht, Radio usw. ganz unkonventionell vom Armaturenbrett auf stierhornförmigen Skalen abgehoben; und weil diese Ungewohnheit seinen panischen Zustand verstärkte, erschienen Johns Bemühungen, das Auto zu starten, von meiner Baumstammaussichtswarte aus richtig lächerlich. Er schaltete das Radio ein, die Scheinwerfer, so ziemlich alles, bis auf den Zündschlüssel, schätze ich, jedenfalls, als er schließlich so nervös wurde, daß er auf die Hupe drückte, riß er aus und vergaß sogar, die Tür zu schließen. Wir schlichen daher voll echter Angst, die so tief saß, daß ich auf den Gedanken kam, ich sei tatsächlich ziemlich mutig, zum Wagen zurück, um es noch einmal zu versuchen.

John, der seine eigene Angst verkleinerte, versicherte mir immer wieder, wie leicht es wäre, und dies (abgesehen von den vielen Minuten der Stille, die vergangen waren, nachdem wir unseren Beobachtungsposten hinter einem großen Baum wieder aufgenommen hatten) bekräftigte meinen Mut ausreichend, um hinüberzulaufen und im Auto davonzufahren.

Wir ließen es auf einem Militärgelände südlich der Stadt stehen, nachdem wir den Motor in einer scharfen Kurve abgewürgt hatten, und obwohl uns sogar zwei Soldaten beim Anschieben halfen und der Motor doch ein bißchen stotterte, hatten wir schließlich die Batterie erschöpft und mußten per Anhalter nach Hause fahren, und wir kamen so kurz vor der Dämmerung an, daß sich dort Komplikationen ergaben, die sich, obwohl sehr emotioneller Art, jetzt als unbedeutend herausstellten im Vergleich zu dem Nervenkitzel dieser ganzen Nacht – der mich buchstäblich tagelang erzittern ließ, bis ich, als ich eines Morgens das Pfarrhaus verließ, nachdem ich wie üblich ministriert hatte, ein neues Mercury-Modell mit baumelnden Schlüsseln davor stehen sah. Da ich natürlich noch nie ein so starkes Auto gefahren hatte, fuhr ich einen Großteil des Häuserblocks mit glühenden Reifen entlang, bevor ich überhaupt erkannte, wie ich seiner Herr werden konnte. Und obwohl ich noch ein ganz unerfahrener Lenker war, weiß ich, daß ich nur deswegen so lange brauchte, um die quietschenden Reifen zum Stehen zu bringen, weil jedes weitere Weggehen vom Gaspedal, ob nun geringfügig oder ganz, noch immer nicht ausreichte, um die Kraft zu vermindern – verdammt, wenn ich jetzt dran denke, möglicherweise habe ich sogar einen hohen Gang dringehabt!

Jedenfalls schloß der erotische Charakter des Mercury-Erlebnisses glücklicherweise die Erforschung der Anatomie des Schulmädchens mit ein, das ich damit aufgabelte, und hat deshalb keine weitere, genauere, stärkere und bedeutungsvollere Erinnerung hinterlassen als die der Augenblicke des Abhauens, einschließlich jenem, als ich mich durch ein Dreiphasen-Verkehrssignal im ersten Häuserblock durcharbeitete.

Neal im Gespräch, eine Geschichte erzählend, Herbst ’63

Folgende Herbst-’63-Geschichte wurde auf dem Küchentisch des Hauses 1403 Gough Street, San Francisco, von Allen Ginsberg handschriftlich festgehalten, während Neal Cassady eine Schuhschachtel voll Marihuana reinigte und die Persönlichkeiten von archetypischen Rennfahrerhelden beschrieb, die er sich für eine Geschichte im »True Magazine« vorgestellt hatte – ich glaube die beiden imaginären Neals hätten sich bei einem Rennen getroffen, wäre die Geschichte fertiggestellt worden.

Allen Ginsberg

ALSO, WOLLEN WIR das mal schwarz auf weiß festhalten. Ich will immer noch das mit dem Rennfahrer machen, wär’ der nicht symbolisch für dieses Jahrhundert & das nächste?

Es ist so ’ne tolle Story, daß sie zwei Seiten verdient. Ich hab’ mal eine Story über einen Typ in Indianapolis geschrieben – die ganze Sache geht nur darum, wieviel Zeit er für Rückblenden hatte – er hatte ’ne *Menge* Zeit, um durch Rückblenden zu begreifen. Die meisten Unfälle passieren so schnell, daß der Typ gar keine Zeit hat, zu sagen, das war’s. Er stellte auch in seinem Tod einen Rekord auf.

Also, wir hatten diesen mythologischen Super-Rennfahrer, der nicht nur ein Nationalheld war wie Moss, aber in England natürlich – verstehst du, er repräsentierte die »Amerikaaanische Frustration«, er hatte eine unglückliche Liebesaffäre mit Marilyn Monroe oder mit irgendwem. Bei Ein-Mann-Duellen in Autos von gleicher Qualität hatte er die Weltbesten übertroffen. Zwei-Mann-Duelle wären das, schätze ich. Ein-Mann-Duell kann man ja kaum machen – Im wesentlichen will ich ihn ausgeglichen …

eine ausgeglichene Persönlichkeit, ich will nicht, daß er ein ausgeflippter Kerl ist ... meinetwegen kann er Vater sein – Entscheidend ist, daß er nicht nur peripheres Sehvermögen besaß – extrem breites Sehvermögen – sondern auch diese Fähigkeit zum Denken – eigentlich Wahrnehmen – zweimal so schnell wie jeder andere – Er konnte Filme sehen mit einer Fünfzigstelsekunde & er konnte sie als Standbilder sehen – was ihn darüber hinaus zum Weltmeister machte, war sein Fanatismus ... er war ein echter Fanatiker – Unter keinen Umständen erlaubte er *irgendwem,* ihn zu überholen ... da stellte er sich beinahe quer davor – Oft konnten die Rennen nur mit Mühe gestartet werden, weil er es nicht ertragen konnte, daß ein anderer bei der Startposition auf gleicher Höhe mit ihm fuhr, um überhaupt zu starten – es war einfach unerträglich (Ich will hier ein paar Beispiele für seine Fähigkeit angeben, das zu rechtfertigen ... unmöglich).

Er trug zum Beispiel Ellbogenschützer in den Rennen rund um Häuser, in der Stadt, wenn er rund um Gebäude fuhr, damit er schwenken konnte, damit er seinen Ellbogen an kritischen Punkten rausstrecken konnte, so daß er sich an Mauern abprallen lassen konnte – Monte Carlo und so.

Das war tatsächlich sein Rennstil – Arme in die Seiten gestemmt – Kopf nach vorne – Körper geduckt – Zähne gefletscht, in Wirklichkeit alles das *Gegenteil* von gutem Stil, von tollem Fahrstil – Sieh mal, die richtige Art zu fahren, ist Rücken und Arme so gerade, wie du sie überhaupt hinkriegen kannst – bequem gerade, verstehst du, bequem, beinahe zurückgelehnt – auf die Art ist dein Körper entspannt und du kannst sehen. Die Sache ist die, *er* ist gierig, daß er's nicht mal ertragen kann, ruhig zu sitzen & zu fahren, er wär' auf der Kühlerhaube gesessen, wenn das was geholfen hätte, wenn ihn das irgendwie schneller hingebracht hätte.

Also, sieh mal, ich könnte, ach – nein, nein – verdammt – Er kümmerte sich überhaupt nicht um den Motor – äh – sogar wenn er wußte, daß der schon fast am Explodieren war, am Zusammenbrechen – er konnte einfach nicht verlangsamen & trotzdem gewann er viele Rennen mit angeschlagenen Autos, die irgendwie zusammenhielten, verstehst du, ein korrekter Fahrer hätte verlangsamt & versucht, ins Finish zu kommen, aber in *ihm* existiert nichts, was zu einem rationalen Rennfahrerverhalten fähig wäre.

Sieh mal, beim Fahren gibt es Stadien – im ersten oder zweiten Jahr muß sich ein Typ bewähren & ein Tiger sein, muß sich so oft überschlagen, daß er, wenn er nicht tot ist, lernt, was er machen kann & was nicht – es gibt keine andere Möglichkeit.

Das zweite Stadium hat was zu tun mit – äh – äh – ich will nicht »alter Profi« oder »Erfahrung« sagen, hat damit zu tun, wo er auf dieser Skala von, also – ich muß es nicht benennen – mit welchem Platz auf dieser Skala er sich zufrieden gibt – bestimmte Kurven, Rennbahnen, sogar Autos ... geben ihm, geben ihm Anlaß zu Ängsten, die er angesammelt hat – er wird an diesem oder jenen Punkt unmerklich langsamer werden – dann wird er versuchen, das auf andere Weise einzuholen.

Was ein drittes Stadium betrifft – für die wenigen, die es erreichen – die echte alte Profi-Erfahrung, das Gewußt-wie, wo die Ängste überwunden sind, gemildert, so daß sie nicht wahrnehmbar sind – praktisch nicht wahrnehmbar ... äh – wo's tatsächlich fast dasselbe wie beim Anfänger ist – nicht wissen – wirklich frei von der Form, doch durch die Erfahrung siehst du heller, perfektioniert – Was dieses Stadium betrifft, das kannst du genausogut vergessen, erstens gibt es da so wenige – Dieser Junge hat das alles von Anfang an widerlegt.

Er fuhr so kontinuierlich über seine Verhältnisse, daß sein Auto sogar in der Geraden nie kontrolliert erschien – nicht nur die Mechaniker erbleichten – mit weißem Gesicht, wenn sie die Signale gaben, die Menge erschauderte buchstäblich – Die Funktionäre immer mit den roten und schwarzen Flaggen bereit – (Du winkst einem Typ mit der schwarzen Flagge, wenn du siehst, er ist zu gefährlich oder motorisch unsicher – Die rote Flagge heißt Stop) – Aber der Autofabrikant ... also, weißt du, Nerven zerrüttet, oft am Kotzen – schwört, niemals wieder zuzusehen – Nichts hatte irgendeine Wirkung auf unseren Helden – so unkontrollierbar, wie er war – wenn er hinter dem Steuer saß, natürlich.

Was machen wir draußen? Ich will was Ergreifendes haben, eine Traurigkeit – mit einer genau entgegengesetzten Sache in der Sexualsphäre – irgend so was wie Richter Roy Bean & Lilly Langtry aus der Ferne, Gepriesen und Gefeiert; sie änderten sogar die erste Seite von »Wheaties – in irgendetwas vernarrt, was er nicht kriegen kann, zum Beispiel eine Lesbierin – süchtig auf irgendetwas – ständige Qual – so daß seine einzige Erlösung das Siegen war – es rauslassen beim Rasen mit diesen Maschinen – ein Zerreiß-Rennen.

Anfangs meinten die Autofabrikanten, er sollte üben wie jeder andere. Aber bald wurde klar, daß sie ihn, wenn er einmal begonnen hatte, kaum von den Proberunden abhalten konnten – daß sie tatsächlich ihr Leben riskierten, wenn sie versuchten, ihn abzuwinken – & wenn er nicht schnell genug gestoppt wurde, landete er für gewöhnlich in der Mauer, im Innenfeld, in den Zuschauertribünen, überall, nur nicht an den Boxen, aber er konnte sich an den Boxen im Kreis drehen, er drehte sich auch oft dort – schleuderte – all das ganz einfach deshalb, weil er immer schneller und schneller fuhr – konnte nichts dagegen tun, ich glaub, das ist jetzt schon ziemlich klar, wir sollten mit irgendwas anfangen.

Eine Art Rückblende – chronologisch, wir hätten einfach eine Menge von normalen Rennen, oder wir könnten sogar manchmal drüber reden & betonen, daß er nie mittelmäßig war, hatte nie einen freien Tag, hatte nie etwas anderes als das Extrem der Geschwindigkeit. Tatsächlich fuhr er nie ohne gebrochenen, gezerrten, gerissenen Knochen, Muskel, Sehne, Hüfte, Kopf, Schulter, Rippe, Fuß, Hand – Er selbst hatte derartige Verletzungen, weil er keinen Sinn für Relativität besaß. Er war unzerstörbar.

Siehst du, die ganze Zeit, wo ich das erzähle, möchte ich – die Le-Mans-Story in Gang bringen.

Also, die Le-Mans-Persönlichkeit ist anders. Eigentlich so ungefähr das Gegenteil – ein mittelmäßiger Fahrer, überschattet von besseren, von drei besseren Rennfahrerbrüdern, selbst sein Vater war damals in den zwanziger Jahren Kapitän des Alfa-Romeo-Teams gewesen – Eine Position, der er sicherlich nicht mal nahekam – Teamkapitän zu sein, verstehst du. Aber wie diese beharrlichen, dummen Studenten, die College-Professoren werden, überwand er, äh – redlich seine Unfähigkeit – seine anfängliche Unfähigkeit – er wurde fast gut. Durchschnitt. Einer von vielen.

Seine Einweihung fand in der Garage der Trainingsrennbahn statt, ländliche Nebenstraßen & andere Schauplätze, die seine Familie benutzte, um ihr Können als Rennfahrer zu steigern. Sein älterer Bruder kam ums Leben, wie ich mich erinnere, sein Vater zog sich vom Rennsport zurück & ich glaube, die anderen Brüder schließlich auch. Aber er hielt durch, so daß er, inzwischen beinahe schon in mittleren Jahren & mehr oder weniger plötzlich ohne irgendeine Betätigung in der Rennszene, sowohl frustriert war wie auch an einem Wendepunkt stand.

Aber er selbst fuhr fort, seinen eigenen Rennwagen zu bauen, steckte seine ganze eigene Erfahrung da hinein & war alles in allem ein Einmannteam ...

Joe Hanns

UNTER DER FLUT des Papierstreifens der Montgomery Street, der sein nach oben gewandtes Gesicht und seine ausgestreckten Arme kitzelte, während er sich durch den gelegentlichen Druck von Bürgermeister Rogers' Hand, die liebevoll auf seinem Rükken lag, leicht irritiert fühlte, und mit ziemlich gelangweilter Ungläubigkeit einen neidischen, anbetenden Blick eines Jugendlichen oder den verführerischen Blick einer verschmitzten Maid erhaschte, überlegte Joe Hanns mit Unbehagen zum erstenmal, wann die amerikanische Öffentlichkeit endlich müde würde, ihn mit spontan improvisierten Autokolonnen, Ehrengaben, Geschenken und anderen hemmungslosen Schmeicheleien zu bedenken, jedesmal, ob er nun ankam, fortfuhr oder durch irgendeine Stadt fuhr; schließlich war er offiziell in den Ruhestand gegangen, jetzt schon seit mehreren Jahren, abgesehen von Indy, natürlich.

Aber gerade jetzt, so überlegte er, war er noch immer »Champion Hanns«, so offensichtlich weit und breit Amerikas Idol Nummer Eins, Held, ein vollkommener, er zwang sich ganz abrupt, diese momentane Unruhe zu beherrschen, die ihm so neu war, seinem Wesen so fremd, und sich mit eher noch verstärkter Leutseligkeit der anspornenden Aufmerksamkeit seines Begleiters in der offenen Limousine zuzuwenden, Bürgermeister Rogers, selbst eine Art Rennfahrerveteran, bevor er erst kürzlich in die San-Francisco-Politik eingestiegen war.

Und an diesem Abend, als er sich unbewußt in dem vertrauten Glanz sonnte, der ihn im Bankettsaal anstrahlte, gelang es Joe Hanns sogar noch besser, die vage, neue Nervosität zu bekämpfen, die er unter dem Willkommensgeschrei der Menge dieses Nachmittags so plötzlich gespürt hatte, indem er sie einfach einer absurden, völlig unbegründeten Angst vor seiner zurückgehenden Popularität zuschrieb – oder war es so? Vielleicht hatte er seine Schneid verloren – sein Glück – lernte vielleicht wirklich zum erstenmal tödliche Angst kennen; aber nein, grübelte er, sogar jetzt wurde er von jedem der Redner beruhigt, die an dem übergroßen Tisch verstreut saßen und die phantastische Karriere von Hanns priesen; wer sonst hatte niemals ein größeres Rennen verloren, und die paar weniger wichtigen waren alle auf ein technisches Versagen zurückzuführen; das allein zeugte von seinem bekannten Glück – NIEMALS ein Ausfall, wenn es ernstlich drauf ankam; und sogar noch mehr Glück, weil er nie Unfälle hatte; »Der alte Unberührbare«, »Sechster Sinn«, »Der Verzauberte« nannten sie ihn, weil er Massenkarambolagen vermieden hatte, die sich ohne seine unheimliche Geschicklichkeit, ob nun verhängnisvoll oder nicht für andere in demselben Rennen, oft als unvermeidlich erwiesen hatten – wie das erste und berühmteste Mal, vor jenen Jahren, als er in seinem einzigartigen Miglia Mille auf einer verlängerten S-Kurve, voller Öl, Benzin, Metall usw. von dem halben Dutzend Maschinen, die dort bereits verunglückt waren, auf wunderbare Weise dazwischen oder über alle hinweg mit Spitzengeschwindigkeit herumgekurvt war, während er siebzehnmal den Gang wechselte, vielleicht halb so oft die Hauptlinie und wiederum halb so oft herunterschaltete, um in einem lang anhaltenden kraftvollen Gleiten zu enden; so viel Hitze wurde erzeugt, daß er VIER ganze Gummistreifen von einem Fahrbahnrand zum anderen hinterließ – eine unglaubliche Demonstration von entschiedener Konzentration und perfektionierter Finesse, die noch immer mit Ehrfurcht als die klassische, ja sogar übermenschliche Rennszene angesehen wird, von jedem entzückten Wochenschaupublikum, das dieses meisterliche Menuett, das irgendein vom Glück begünstigter Fotograf gefilmt hatte, in Zeitlupe betrachtet. Und wer sonst hielt absolute Streckenrekorde auf jeder wichtigen Bahn, um *Minuten* besser als andere? Wer sonst hatte gleich beim ersten Mal einen Indianapolis-Sieg? Tatsächlich, wer sonst, seit damals, denn Joe hatte alle darauffolgenden ebenso gewonnen; in Wirklichkeit war das, wie sogar er zugab, Joes einziger schwacher Punkt – der Stolz auf ein Jahrzehnt aufeinanderfolgender Indy-Siege – und der einzige Grund für seine jährliche, eintägige Rückkehr aus dem Ruhestand. Wer sonst hatte einen so bekannten Namen, daß er in allen gängigen umgangssprachlichen Wörterbüchern stand: alles, was perfekt war, wurde auf »Hanns«-Art vollbracht. Wer sonst noch, einziges Symbol derartiger Absolutheit, denn nachdem er jede Prüfung bestanden hatte, die für einen Fahrer denkbar ist, war er, bis jetzt, von jedermann ungeschlagen »und wird es ewig sein (Sprecher unterbricht erwartungsvoll für erwünschten Applaus), so wie er auf ewig (Sprecher unterbricht unerwartet für unerwünschten Applaus) niemals von einem überraschenden Tod besiegt werden wird«. Wer sonst hat ein derartiges peripheres Sehvermögen und die Fähigkeit, sofort während des Denkens zu handeln? Mit einer Wahrnehmungskraft, die sich als beinahe doppelt so schnell wie die aller anderen erwies, durch wissenschaftliche Tests verbürgt (aufgrund des phantastisch schnellen intuitiven »Fühlens«, das sich beim Mille-Miglia-Vorfall zeigte), die enthüllten, daß Joe Hanns Filme, die mit fünfzig Bildern pro Sekunde liefen, als Standbilder sehen konnte.

Zum Schluß erhob sich Bürgermeister Rogers, der, mit Augen, die anscheinend feucht waren, und einer Stimme, die Anfangs vor Gefühl deutlich heiser war, begann: »Gentlemen, wenn ich um ihre Geduld bitte, vergessen Sie bitte nicht, daß ich hier der Hauptsprecher bin, nicht in meiner Eigenschaft als Bürgermeister oder als Ex-Rennfahrer, sondern durch tiefes persönliches Interesse, und auch, wie ich gestehen muß, als derjenige mit der längsten Rede (ha ha). Also, ich habe heute abend hier eine Menge über Joe Hanns sagen gehört, und es scheint, daß die meisten seiner furchtlosen Taten erwähnt wurden; also sieht es so aus, als wäre mir der so ziemlich einzige wichtige Punkt geblieben, der noch übrig ist – jedoch der eine, der Joe Hanns vor allen anderen zu dem Weltmeister macht, der er ist – sein Fanatismus.

Jawolll (ich spreche natürlich nur von dem Joe Hanns, den ich kannte, bevor er in den Ruhestand trat, in letzter Zeit wurde meine Aufmerksamkeit von profaneren Dingen in Anspruch genommen; hm), jawolll, ich sage, er war ein echter Fanatiker, denn unter keinen Umständen wollte er irgend jemandem gestatten, ihn zu überholen – er stellte sich quer vor sie, über- oder untersteuerte absichtlich, tat so ziemlich alles, bis auf absolutes Rammen. Ja, oft konnten die Rennen kaum gestartet werden, weil er es nicht ertragen konnte, den anderen Schrittmacher auf gleiche Höhe fahren zu lassen – als wäre das für ihn eine unerträgliche Beleidigung. Hier ist es notwendig, daß ich ein paar Beispiele von seiner einzigartigen Fähigkeit, dieses ganze Primadonnentum zu rechtfertigen, bringe – aber das ist ja schon recht gut gemacht worden, und der Abend wird auch nicht mehr jünger (ha ha), trotzdem muß ich etwas erwähnen, das mir in den Sinn kommt, Ala Nuvolari. Joe Hanns trug Ellbogenschützer in Rennen durch Städte, auf Rennstrecken und anderen engen Rennbahnen, möglicherweise, um die Ellbogen an entscheidenden Stellen herauszustrecken, um günstig zu schwenken, sich von Mauern, Gebäuden, Bäumen, Autos oder was auch immer abprallen zu lassen. Aber ob er jemals viel mit ihnen ausrichtete oder nicht, ich weiß, daß es klug war von Joe, Ellbogenschützer zu tragen, denn das war der Schlüssel zu seinem Fahrstil; die Arme in die Seiten gestemmt. Oh, es gab viele andere Merkmale, unorthodox, um nicht zu sagen komisch; Kopf weit nach vorne, Körper geduckt, als ob er den Mutterleib suchen würde, die Zähne gefletscht und die Lippen zu einer zornigen Grimasse verzogen, Hände über das *ganze* Lenkrad, und ich weiß nicht, was mit den Füßen alles los war, aber alles, was ich sehen konnte, war genau das Gegenteil von gutem Stil, nicht zu reden von großartigem Rennstil. Sehen Sie, meine Herren, die richtige Art, professionell zu fahren, ist, Rücken und Arme bequem, gerade, Wirbelsäule keineswegs nach vorne gebeugt, sondern leicht nach rückwärts geneigt – auf diese Weise ist der Körper entspannt, und, abgesehen davon, daß man besser sieht, kannst du deine ganze Energie fürs Fahren verwenden, anstatt sie durch unnatürliche Positionen zu vergeuden – aber Joe war so begierig, er konnte es nicht mal aushalten, gerade zu sitzen, und wie ich ihn kenne, möchte ich wetten, daß er aufgestanden wäre, wenn er geglaubt hätte, daß ihm das hilft, schneller zu fahren.

Und nicht nur war Joes Stil verrückt – natürlich wußte er, wie er sitzen sollte – seine Einstellung zu den Autos war es auch, denn er kümmerte sich um überhaupt nichts; selbst wenn er wußte, der Motor war am Explodieren, Zusammenbruch der Federung, alles – er konnte einfach nicht langsamer werden. Natürlich lag es an seinem Glück, daß er trotz alldem so viele Rennen mit kaputten Autos gewann, die irgendwie zusammenhielten; jeder vernünftige Fahrer wäre langsamer geworden und hätte nur versucht, ins Finish zu kommen, aber wir wissen alle, daß nichts in Joe Hanns ist, was zu normalem rationalen Fahrverhalten fähig gewesen wäre.

Für jene wenigen Uneingeweihten unter Ihnen sollte ich hier sagen, daß es drei allgemeine Stadien gibt, die die meisten Fahrer durchlaufen – in der ersten oder zweiten Saison muß sich ein Typ bewähren, und das heißt, ein Tiger sein, sich so viele Male überschlagen, daß er, wenn er nicht tot oder zu stark angeschlagen ist, lernt, was er persönlich tun kann und was nicht; es gibt kaum irgendeine andere Möglichkeit.

Das zweite Stadium hat zu tun mit, äh, ich will nicht einfach sagen, mehr Geschicklichkeit oder Erfahrung, weil er noch keineswegs an die Topform herangekommen ist – es hat damit zu tun, wo er auf diesem, äh, sagen wir Standard der Perfektion – womit er sich auf dieser endgültigen Skala zufrieden gibt: ich meine, wo er es muß: denn bei seinem Lernen haben ihm bestimmte Kurven, Rennbahnen, Autos, Wetter oder welche Komplexität der Situation auch immer am dichtesten dran war, ihn vorher zu bezwingen, unmerklich, oder sogar merklich, Anlaß zu Ängsten gegeben (wenn er plötzlich einer begründeten Angst unter allen jenen nachgeben sollte, die er angesammelt hat), und so Anlaß zu einem Verlangsamen an diesem oder jenem Punkt, wenn er auch mit allen Kräften an anderen Stellen größere Geschwindigkeit zulegte.

Über das dritte Stadium schließlich, über die einigen wenigen, die es erreichen, über echtes altes Profi-Know-how – wenn die anfänglichen Ängste unter Kontrolle sind, gemildert, geläutert, verschmolzen, vergessen, oder wodurch eben eine merkwürdige innere Einstellung entwickelt wird, die, wenn auch von einem völlig anderen Standpunkt, irgendeine Unschuld produziert, die man mit der des Anfängers vergleichen kann, der nicht weiß, wogegen er wirklich ankämpft. Über das dritte Stadium können wir also nur spekulieren und sagen, wenn er so lange lebt, dieser Hypothetische unter den wenigen an der Spitze, dann durch lange Erfahrung und eine Anspannung, die beinahe über die äußeren Grenzen der Fahrform hinausgeht, die er perfektioniert hat, aber ich erzähle Ihnen das alles über Fahrer im allgemeinen nur, um zu betonen, wie unser einzigartiger Gast das Ganze widerlegte, indem er alle derartigen Stadien gleich von Anfang an durchbrach.

Unser Held fuhr schon als Junge so kontinuierlich über seine Verhältnisse, daß sein Wagen sogar auf Geraden niemals kontrolliert zu sein schien – nicht nur die Mechaniker waren bleich, als sie die Signale gaben, die Menge schauderte, so nervös und aufgeregt war sie, die Funktionäre waren doppelt bereit mit schwarzer oder roter Flagge (schwarze Flagge heißt sofortiges Stop, rote einfach Stop), und der Autofabrikant war bleich wie Wachs, oft übergab er sich oder schwor, niemals wieder zuzusehen – nichts, das muß ich sagen, hatte irgendeine Wirkung auf unseren Helden, der so grimmig hinter einem Lenkrad war, wie er jetzt sanft in diesem Stuhl sitzt …«

Ein Abend im Sommer 1945 …

Erstes Zusammentreffen mit Jack Kerouac und Allen Ginsberg an der Columbia-Universität

EINES ABENDS IM SOMMER 1945 war ich mit einem Freund namens Hal Chase zusammen. Wir hatten getrunken, und da wir beide jung und voller Lebenssaft waren, begannen wir, über das Leben zu sprechen. Hal hatte damals einen ziemlichen Einfluß auf mich, hauptsächlich deshalb, weil er Dinge gemacht hatte, die ich nicht gemacht hatte. Daraus folgt, daß das, was er sagte, für mich wichtiger war, als es ansonsten vielleicht der Fall gewesen wäre.

»Ein anderer Typ, für den ich mich sehr interessiert hab', war ein gewisser Allen Ginsberg.«

»Ja? Wer ist das?«

»Es ist ein schrecklich dekadenter Intellektueller, mit dem ich letztes Jahr auf der Schule in einem Zimmer gewohnt hab'.«

»Erzähl mir was von ihm.«

»Also, ich weiß gar nicht recht, wo ich anfangen soll. Jedenfalls ist er ein Dichter, aber wenn er Verse macht, bezeichnet er das, im Gegensatz zu vielen anderen, als Scheiße und so. Und es macht ihm großen Spaß, zu beweisen, daß jemand unrecht hat, und auch wenn er wenig davon weiß, worüber man spricht, wird er anfangen, zu widersprechen und einen durch bloße Beharrlichkeit zu ermüden und an sich selbst zweifeln zu lassen. Mich hat er tatsächlich so sehr irritiert, daß ich gegen Ende des Semesters Abwehrmaßnahmen ergreifen mußte.«

»Oh ja? In welcher Weise?«

»Es ist äußerst schwierig zu erklären, aber die Hauptsache ist …«

Dann beschrieb er in ziemlich vager Weise, was er alles getan hatte, um sich gegen diesen wilden, schrecklich begabten, aber schrecklich dekadenten jungen Mann »zur Wehr zu setzen«. Dann sprach Hal von der Homosexualität seines Freundes und deren katastrophalen Auswirkungen.

In knapp zwanzig Minuten hatte ich ein extremes, abstraktes Porträt eines jungen College-Juden, dessen erstaunlicher Geist den Keim des Verfalls in sich trug und dessen Sterilität eine blasierte, jedoch faszinierende Maske produziert hatte. Seine Seele war zu Geist vertrocknet, der verbalistische Poesie absonderte, und sein selbstgebasteltes Sexualleben hatte eine zynische, symbolische Auffassung über die ganze Verwirrung des Lebens geschaffen.

Dieses Bild, das um so abstrakter wurde, je mehr Zeit verging, blieb tief in mir verwurzelt. Gelegentlich machte ich mir Gedanken über diesen Allen, aber ich hatte aufgehört, bewußt über ihn zu spekulieren. Ich hatte sogar vergessen, daß er eigenartig war, als ich ihn, achtzehn Monate später, kennenlernte.

Ich war im Herbst 1946 nach New York gefahren, und gleich nach meiner Ankunft suchte ich Hal Chase auf. Nach dem Abendessen gingen wir in eine eher langweilige Bar in der Nähe des Campus. Wir hatten gerade unsere Getränke bestellt, als Hal eine Stimme erkannte und sagte: »Das ist Allen Ginsberg«, während in dem Moment ein Kopf aus der nächsten Nische auftauchte und mich ansah. Er hatte kohlschwarzes Haar, das mir als erstes ins Auge stach. Es war ein wenig zu lang, jedoch keine übertriebene Masse von auffallender Geschmacklosigkeit, wie irgendein normaler Dichter von intellektuellem Wesen es zur Schau tragen mochte. Mir gefiel die Art, wie das Haar gescheitelt war und in eine natürliche Stirnlocke fiel, und die zurückgekämmten Seiten waren für sein Gesicht ideal, dem Anschein seiner perfektionistischen Pflege widersprach die Erkenntnis, daß er seiner Haarpracht wenig Aufmerksamkeit widmete. Von seinem natürlichen Merkmal wanderten meine Augen zu seiner Nase. Es war einfach eine jüdische Nase, aber modifizierter als die meisten, statt vom Gesicht wegzustehen, wie man es von jüdischen Nasen gewohnt ist, schien seine tatsächlich in eine einfache Feststellung überzugehen

– »das ist eine Nase, mit der man atmet und riecht« –, seine Lippen waren schwer, sehr voll, fast negroid. Auf ersten Blick hielt ich sie für sinnlich, als ich jedoch genauer schaute, hatte ich irgendwie das Gefühl, daß sie zu friedlich dalagen, wenn sie in Ruhestellung waren und zu schnell in einem Lächeln verschwanden, um sinnlich oder geil im üblichen Sinn genannt zu werden. Vielmehr spürte ich instinktiv, daß sie, so wie die Nase, da waren, um benutzt, nicht, um betont zu werden. Wenn es irgendeinen Teil seines Gesichts gab, dessen er sich bewußt war, dann waren es die Augen. Sie waren groß, dunkel und grübelnd. Ich war mir nicht ganz sicher, wieviel von dem Grübeln als solchem da war und wieviel er hineinlegte, damit wir darin lesen konnten.

Seine Stimme, obwohl ich sie tausendmal gehört habe, entschlüpft meinem Gedächtnis. Mir fällt ein, sie war angenehm, abwechslungsreich und kultiviert, aber die Klangqualitäten habe ich vergessen.

Hal sah auf und sagte: »Hallo, Allen.« Allen nickte, ein wenig schroff, dachte ich.

»Das ist Neal Cassady, er ist grade von Denver gekommen und war noch nie hier.«

»Hallo.«

»Wie geht's?«

»Neal sucht 'nen Platz zum Wohnen, irgendwelche Vorschläge?«

»Hat er's schon im Mills Hotel probiert?«

»Wohl kaum, er hat ja seine Frau bei sich.«

»Oh, also dann, ich kenne keinen Platz hier in der Nähe.«

Wir setzten uns beide wieder in unseren jeweiligen Nischen nieder. Allen war mit jemandem, den Hal nicht kannte, und da in unserer Gesellschaft sowieso mehrere waren, wurde keinerlei Versuch unternommen, die beiden Gesellschaften zusammenzubringen.

Ein paar Augenblicke später steckte Allen seinen Kopf wieder über die Begrenzung der Nischen. »LuAnne heißen Sie? Was für ein seltsamer Name«, sagte er und setzte sich wieder. Meine Frau murmelte »Ja«, sah verlegen aus und meinte, wir sollten gehen. Das taten wir.

Ich sah Allen mehr als einen Monat lang nicht, dann, ungefähr um den 10. Januar 1947, trafen wir uns wieder. Ein enger Freund, Jack Kerouac, schlug vor, in den oberen Stadtteil zu gehen, und er wollte mich einer herrlichen Frau namens Vicki vorstellen. Er hatte viele Male vorher von ihr gesprochen, und da es zu meiner Stimmung paßte, willigte ich ein.

Sie wohnte auf der 89. Straße eines großen Studio-Apartmenthauses. Als wir aus dem Lift stiegen und den engen Korridor entlangschritten, hörte ich eine laute, schnell sprechende Männerstimme in eifriger und ernsthafter Beredsamkeit. Ich blieb vor der Tür stehen, um zu lauschen. Er sprach sogar schneller als ich zuerst angenommen hatte, tatsächlich so schnell, daß ich fast erwartete, die Worte würden verschwimmen und zerrinnen, aber das war nicht der Fall.

»Das ist Norman. Er ist total vernarrt in die Reichsche Analyse.«

»Was ist das?«

»Wirst du schon merken«, sagte Jack und klopfte dann leicht an die Tür. Die Flut von Worten hörte sofort auf, und eine Mädchenstimme fragte: »Ja, wer ist da?«

»Jack.«

»Einen Augenblick.«

Das Torschloß wurde aufgesperrt und Jack schlurfte voran, ich folgte.

»Hallo, schönen Gruß und so weiter, du wunderbarer Junge«, gurgelte Vicki, während sie ihn überschwenglich auf die Backe küßte. Jack sah sich rasch im Raum um und murmelte »Hallo«, und dann nahm er Allen wahr: »He, was sagst du?«

Mein erster Blick in den Raum erfaßte, wie klein er war. Ich schätzte ihn auf etwa 3 x 4, 5 m, seine Einrichtung bestand nur aus einem Bett und einem Frisiertisch. Auf dem Bett, das offensichtlich das Zentrum aller Aktivität war, die im Raum stattfand, saßen Norman und Vicki. Jack und ich standen, und Allen besetzte den kleinen Stuhl neben dem Radio, das spielte ...

Anfang von »Die Geschichte der Hip-Generation«

ERSTES BUCH

Die Hip-Generation trat in den Streik gegen den Menschen

I

WILLIAM HUBBARD WURDE 1917 in St. Louis als Erbe der Hubbard-Schreibmaschinen geboren; er brauchte sich für den Rest seines Lebens nie Sorgen um Geld zu machen. Er kam auf die Welt mit den ersten Anzeichen herrlicher Langeweile, die auf seinem langen, dünnen Gesichtsausdruck geschrieben stand, ein Patrizierkind, schmallippig, aber mit einer gierigen Neugier hinter dieser äußeren Abwehr, die in der Kindheit und Jugendzeit sowieso eine Aura von Lieblichkeit hat. Die bissige alte *Tante* von Vierzig kommt, nachdem das süße Lächeln des Mannes übersehen wurde, nachdem viele schüchterne Annäherungen, sensibel durch Glauben, zurückgewiesen wurden; der mißtrauische Zwerg mittleren Alters war gigantisch in seinem Glauben an die tollen Tage.

Hubbards Vater besaß ein Haus, typischerweise nach dem amerikanischen Stil, in den *Außenbezirken* von St. Louis, wo nie irgend etwas passierte; Clayton Road, im Jahre 1918, als Bill alt genug war, um die freudlose Zeit als Last zu erkennen, die er nun tragen muß und die für immer zu ihm gehört; als kleines Kind konnte er klarerweise nichts anderes sehen als Tudor-Garagen, gewundene Fahrwege und Wiesen zu seiner Freude an grauen Tagen. Später sagte er: »Es gab eine Zeit, da lebten die besten Amerikaner mitten in der Stadt, der Vater des Hauses konnte um die Ecke gehen zu seinen verschiedenen geschäftlichen Transaktionen und zu seinen Abenteuern. Als die sogenannte Elite anfing, aufs Land zu ziehen, bedeutete das, daß die Stadt und praktisch die ganze Zivilisation zu verfallen begannen. Der fette, bourgeoise Geschäftsmann mit seinem täglichen Martini vor dem Essen in den Vororten hat nicht nur die Beziehung zu seinem Vergnügen und der Welt verloren, sondern die Statistik zeigt auch, daß er im Alter von 55 mit der Regelmäßigkeit einer Uhr an Überspanntheit und Herzversagen stirbt. Natürlich.« Hier macht er sein charakteristisches Nasenrümpfen: »Ummmpff.«

Der junge Bill wurde sorgfältig erzogen, auf die besten Schulen geschickt, darunter eine Reitschule in New Mexico im Sommer, auf prophetische Weise nahe bei Almogordo, dem Gelände der ersten atomaren Explosion, wo dieser amerikanische Prinz auf dem Pferderücken aus kalten blauen Augen durch Stahlrahmen-Brillen auf die Wüste starrte.

Mit sechzehn war er so hochnäsig wie ein Gouverneur in den Kolonien, so bösartig wie eine alte Tante und so schwul wie der Tag lang ist.

II

Im Jahre 1917 wurde Herbert Huck geboren, und er begann sein Leben mit einer Widersinnigkeit.

Er, der als Geist in den Farben von Schimmelkäse unter den Lichtern der Hauptstraßen von L. A. nach Chicago bis Rickers Island enden sollte, erblickte das Licht der Welt zum ersten Mal in den rauchigen, rauhen Wäldern von West-Massachusetts, auf einer Lichtung mit Häusern, nahe der Stadt Greenfield ...

Rocky Mount, August 1952

Briefe

Brief an Jack Kerouac, 7. März 1947 (Kansas City, Mo.)

Lieber Jack!

Ich sitze in einer Bar auf der Market Str. Ich bin betrunken, also, nicht ganz, aber ich werd's bald sein. Ich bin aus 2 Gründen hier; ich muß 5 Stunden auf den Bus nach Denver warten & letztlich, aber vor allem, bin ich hier (und trinke) wegen einer Frau & *was* für eine *Frau!* Um chronologisch vorzugehen:

Ich saß im Bus, als in Indianapolis, Indiana, weitere Fahrgäste zustiegen – eine perfekt proportionierte, schöne, intellektuelle, leidenschaftliche Personifizierung der Venus von Milo fragte mich, ob der Platz neben mir besetzt sei!!! Ich schluckte (bin besoffen), gurgelte & stammelte NEIN! (Paradoxe Ausdrucksweise, wie kann man schließlich Nein stammeln!!?) Sie setzte sich – ich schwitzte – sie begann zu sprechen, ich wußte, es würden Banalitäten sein, daher schwieg ich weiter, um sie herauszufordern.

Sie (heißt Patricia) stieg um 8 Uhr abends in den Bus (Dunkel!), ich sprach nicht bis 10 Uhr abends – in den dazwischenliegenden 2 Stunden beschloß ich nicht nur, sie flachzulegen, sondern auch, wie ich ES TREIBEN würde.

Natürlich kann ich das Gespräch nicht wörtlich zitieren, ich werde aber versuchen, das Wesentliche davon von 10 Uhr abends bis 2 Uhr morgens wiederzugeben.

Ohne die mindeste Einleitung mit sachlichen Bemerkungen (Wie heißt du? Wohin fährst du? etc.) stürzte ich mich in eine völlig wissentliche, völlig subjektive, persönliche & sozusagen ihr Inneres durchdringende Sprechweise; um es kürzer zu machen (da ich langsam unfähig werde, zu schreiben), gegen zwei Uhr früh hatte ich sie so weit, daß sie ewige Liebe, völlige

Unterwerfung mir gegenüber & unmittelbare Befriedigung schwor. Ich, der ich sogar noch mehr Genuß erhoffte, erlaubte ihr nicht, mir im Bus einen zu blasen, stattdessen spielten wir, wie man so sagt, miteinander.

Da ich wußte, daß ihr überaus vollkommenes Wesen völlig mir gehörte (wenn ich zusammenhängender denken kann, werde ich dir ihre ganze Geschichte erzählen & den psychologischen Grund dafür, mich zu lieben), konnte ich mir kein Hindernis für meine Befriedigung vorstellen, na ja, »die am besten angelegten Pläne von Mäusen und Menschen [»Von Mäusen und Menschen«, Roman von John Steinbeck – Anm. d. Übers.] gehen schief«, und meine Nemesis war ihre Schwester, die Hure.

Pat hatte mir erzählt, sie war aus dem Grund nach St. Louis gefahren, um ihre Schwester zu besuchen; sie hatte ihr telegraphiert, daß sie sie am Busbahnhof abholen sollte. Um die Schwester loszuwerden, hielten wir am Bahnhof Ausschau, als wir 4 Uhr morgens in St. Louis ankamen, um zu sehen, ob sie (ihre Schwester) da war. Wenn nicht, würde Pat ihren Koffer rausholen, sich im Warteraum umziehen & sie und ich würden uns für eine Nacht (Jahre?) der perfekten Seligkeit in ein Hotelzimmer begeben. Die Schwester war nicht zu sehen, also holte Sie (beachte den Großbuchstaben) ihre Tasche und zog sich auf die Toilette zum Umziehen zurück – – – langer Gedankenstrich – – –

Der nächste Abschnitt muß notwendigerweise völlig objektiv geschrieben werden – – –

Edith (ihre Schwester) & Patricia (meine Liebste) marschierten Hand in Hand aus dem Pisshaus (ich werd' meine Gefühle nicht beschreiben). Anscheinend war Edith (bah) zeitlich am Busbahnhof angekommen, und während sie auf Patricia wartete, war sie müde geworden und hatte sich in die Toiletteräume zurückgezogen, um auf einem Sofa zu schlafen. Das war der Grund, warum Pat & ich sie nicht sahen.

Meine verzweifelten Anstrengungen, Pat von Edith zu befreien, schlugen fehl, selbst Pats Angst & sklavischen Gefühle ihr gegenüber rebellierten genug, daß sie sagte, sie müsse »jemanden« sehen und würde Edith später treffen, a*lles* schlug fehl.

Also, zusammengefaßt: Pat & ich standen am Bahnhof (direkt vor den Augen ihrer Schwester), und während wir uns aneinanderdrängten, gelobten wir, niemals wieder zu lieben & dann nahm ich den Bus nach Kansas City & Pat ging nach Hause, demütig, mit ihrer dominierenden Schwester. Umsonst, umsonst – – – – –

In völliger Niedergeschlagenheit (versuch doch mal, meine Gefühle zu teilen) saß ich da, als der Bus in Richtung Kansas City weiterfuhr. In Columbia, Missouri, stieg eine junge (19), völlig passive (mein Opfer) Jungfrau ein und setzte sich auf den Nebensitz ... In meiner Trübsinnigkeit darüber, daß ich Pat, die Vollkommene, verloren hatte, beschloß ich, im hellen Tageslicht im Bus sitzend (hinter dem Fahrer), sie zu verführen, ich redete von 10.30 Uhr vormittags bis 2.30 Uhr nachmittags. Als ich fertig war, rief sie (verwirrt, ihr ganzes Leben auf den Kopf gestellt, in metaphysischer Verblüffung über mich, leidenschaftlich in ihrer Unreife) ihre Familie in Kansas City an und ging mit mir in einen Park (es wurde gerade dunkel), und ich bumste sie; ich fickte wie nie zuvor; all meine aufgestauten Gefühle fanden in dieser Jungfrau Erlösung (& das war sie), die übrigens *Lehrerin* ist! Stell dir vor, sie absolvierte zwei Jahre staatliches Lehrer-Seminar in Missouri & unterrichtet jetzt an der Oberschule. (Ich kann nicht mehr klar denken.)

Ich werd' jetzt aufhören, zu schreiben. Ach ja, um für einen Augenblick von meinen Emotionen wegzukommen, Du mußt die »Toten Seelen« lesen, Teile davon (in denen Gogol sein Wissen zeigt) sind genau wie Du.

Ich werd' (wahrscheinlich?) später genaueres ausführen, aber im Moment bin ich besoffen & glücklich (schließlich bin ich schon unbelastet von Patricia, wegen der kleinen Jungfrau). Ich hab' keinen Namen für sie. Bei der fröhlichen Melodie von Les Youngs »Jumping at Mesners« (die ich gerade höre) schließe ich bis später.

An meinen Bruder
Mach weiter!
N. L. Cassady

Brief an Jack Kerouac, 3. Juli 1949 (Exzerpiert)

Lieber Jack!

Ich habe das Bedürfnis, mich an vergangene Dinge zu erinnern. Hier ist also eine kurze Geschichte von Verhaftungen. Eine Fallgeschichte.

Mein erster Job war in einer Fahrradauslieferung in der Nähe von Denver. Ich traf einen Jungen namens Ben, mit dem ich früher immer alles stahl, was wir sahen, wenn wir in den frühen Morgenstunden in seinem 27er Buick herumfuhren. Unter anderem zertrümmerten wir das Auto des Direktors der Oberschule, ein anderes Mal stahlen wir Hühner von einem Mann, den er nicht leiden konnte, dann wieder zerlegten wir Autos und verklopften die Teile. Ich kaufte ihm den Buick um 20 Dollar ab. Mein erstes Auto; es konnte bei der Bremsen- und Lichtinspektion nicht bestehen, daher beschloß ich, daß ich eine Nummerntafel von einem anderen Bundesstaat brauchte, um mit dem Wagen fahren zu können, ohne verhaftet zu werden. Ich fuhr nach Wichita, Kansas, um die Nummerntafeln zu holen. Als ich, mit den Nummerntafeln unter meinem Mantel versteckt, per Anhalter nach Hause fuhr, kam ich durch Russel, Kansas. Während ich die Hauptstraße hinunterging, wurde ich von einem neugierigen Sheriff angesprochen, der gedacht haben mußte, daß ich noch recht jung war fürs Per-Anhalter-Fahren. Er fand die Nummerntafeln und steckte mich in das Zwei-Zellen-Gefängnis, mit einem Kriminellen aus dem Bezirk, der in ein Altersheim gehört hätte, da er nicht allein essen konnte (die Frau des Sheriffs fütterte ihn) und den ganzen Tag über sabbernd und geifernd dasaß. Nach einer Untersuchung, die aus so abgedroschenem Zeug bestand wie väterliches Ausfragen, dann eine abrupte Kehrtwendung, um mich mit Drohungen zu erschrecken, ein Vergleich meiner Handsschrift etc., wurde ich entlassen und fuhr nach Denver zurück. Wenn ich mich jetzt erinnere, kann ich mich sehr gut an meine Übeltaten und sehr wenig an meine nächste Verhaftung erinnern, aber ich glaube, es war meine zweite. Ich war in Indianapolis beim 39. »Auto Classic« gewesen, und in South Bend, um Notre Dame zu sehen, und in Kalifornien hatte ich in L. A. gelebt, und all dieses Allein-per-Anhalter-Fahren hatte mich zu der Erkenntnis gebracht, am Tag per Anhalter zu fahren, und ein Auto zu stehlen, sobald die Nacht kam, um schneller weiterzukommen. Also, als ich nach Denver zurückkehrte, wurde das zur Gewohnheit, und ich schlief jede Nacht in der Badewanne eines Appartementhauses, stand auf, fand irgendeine Wohnung eines Freundes, um was zu essen, und dann stahl ich ein Auto, um Mädchen von der Schule abzuholen, wenn sie herauskamen.

Ich wechselte manchmal mitten am Nachmittag die Wagen, aber auf jeden Fall holte ich mir immer irgendein Mädchen und verbrachte die Nacht in den Bergen, um bei Tagesanbruch zu meiner Badewanne zurückzukehren. Das wurde mir langweilig, und ich beschloß, nach Kalifornien zurückzufahren. Eines Tages, im Frühjahr des Jahres 1941, ich war gerade 15, stahlen wir an der Ecke Stout und 16. Straße einen Plymouth. Das Benzin ging aus, als wir gerade nach Colorado Springs hineinkamen. Ich ging einen Häuserblock weit oder so und sah am Randstein einen 38er Buick, stieg ein, holte Bill an der Ecke ab, und wir waren schon wieder unterwegs.

Als wir durch Pueblo fuhren, sah ich ein Bullenauto hinter uns und schlug vor, abzuhauen, aber Bill gab nicht nach. Natürlich stoppten sie uns, glaubten unsere Geschichte nicht und nahmen uns mit. Auf der Polizeistation entdeckte ich, daß sie uns so schnell geschnappt hatten, weil ich zufällig das Auto des Staatsanwalts erwischt hatte. Eine Stunde später kam der Staatsanwalt von Colorado Springs, um sein Auto wiederzubekommen und uns zur Verhandlung mitzunehmen. Sie wollten nicht glauben, daß Bill wirklich Bill Smith hieß, denn es klang wie ein falscher Name. Sie wollten nicht glauben, daß er auch per Anhalter unterwegs war, wie ich es ihnen gesagt hatte. Ich hatte Vaseline für meine aufgesprungenen Lippen bei mir, und der Schreibtisch-Polyp schielte schmierig und fragte, ob wir uns gegenseitig bumsten. Wir waren dreißig Tage im Bezirksgefängnis von Springs eingesperrt, dann wurden wir wieder zur Verhandlung gebracht. Smiths Vater war dort und holte uns raus. Ich kehrte wieder nach Denver zurück.

Zur nächsten Verhaftung kam es ein Jahr später. In dieser Zeit war ich zum Schlafen zu meinem Bruder zurückgekehrt, arbeitete aber nicht und blieb bei meiner Gewohnheit, Autos zu stehlen, einschließlich der Mädchen jede Nacht. Ich verließ meinen Bruder, wohnte bei einem gewissen Bill Matley (hatte ich schon vorher mal getan). Wir machten uns wieder auf nach Kalifornien. Diesmal hatten Matley und ich keinen Ärger, bis wir nach Albuquerque kamen. Wir wurden von einer echten Flutkatastrophe überrollt (Wasserrohrbruch usw.). Wir blieben zwei Tage hängen, hatten keine Mitfahrgelegenheit und fanden keine Autos zum Stehlen. Wir verbrachten die Nacht in einem Lokomotivschuppen. Bill wollte zurückfahren, ich auch.

Schließlich sah ich einen Arzt seinen Buick für einen Augenblick vor dem Krankenhaus parken. Ich raste los, stieg ein, holte Bill ab, und wir flitzten ab nach Denver. Nach etwa 150 Kilometern waren wir betrunken von der Flasche, die wir auf dem Boden gefunden hatten, und Bill wollte fahren. Das tat er, kam bei 130 Stundenkilometern ins Schleudern, da es noch immer regnete, und wir landeten im Straßengraben. Wir marschierten zu Fuß usw., um zurückzugelangen.

In diesem Herbst 41 trieb ich mich mit Justin mal da, mal dort herum und wohnte bei Tante & Onkel von ihm. Ich stahl wieder Autos mit Ben und zerlegte sie. Eines Nachts fuhren wir so rum und zufällig an einem Gelände vorbei, wo ich ein paar Monate vorher im Sommer ein »heißes« Auto geparkt hatte. Ich sah flüchtig zu der Stelle hin, und ob du's glaubst oder nicht, meine Augen erblickten denselben Wagen. Wir konnten es kaum glauben und schlichen uns vorsichtig heran. Du weißt ja, Jack, wenn man ein »heißes« Auto im unteren Stadtteil stehenläßt, wird es sicher nach ein paar Tagen gefunden. (Die Stelle lag, da du in Denver bist, auf der Lawrence Street zwischen 19. & 20. Straße.) Also, irgendwie war dieser Wagen fünf Monate dort gestanden und noch nicht gefunden worden. Wir waren hocherfreut! Das bedeutete, daß der Wagen mittlerweile schon cool war, und wir konnten ihn tarnen und für uns selbst behalten. Die Kinder aus der Gegend hatten darin gespielt und einiges herausgerissen, das Radio kaputtgemacht etc., aber wir brachten ihn in Gang, pumpten bei einer Tankstelle Luft in die Reifen und waren ... ich hab' grade unterbrochen, um das noch mal zu lesen – – – zu eilig geschrieben, blöd: ich hör' auf. Ich wurde 10mal verhaftet und hab eine verschärfte Gesamtzeit von 15 Monaten für sechs Verurteilungen abgesessen ...

Brief an Jack Kerouac, 20. Juli 1950 (Fragment)

Auf meiner ersten Eisenbahnfahrt stand ich mit einem zweiten Bremser, den ich gut kannte, zwischen einem Morgen-Frachtzug und einem Passagierzug, den wir besteigen sollten. Als das Ende des Frachtzugs vorbeifuhr, kam ein überdurchschnittlich breiter Güterwagen auf uns zu (während die Lokomotive des anhaltenden Passagierzugs einfuhr) & da ich sah, wie knapp es wirklich war, nahm ich meinen ganzen Mut zusammen und konzentrierte mein Bemühen darauf, mich dem breiten Wagen zuzuwenden & meinen Körper zur Seite zu drehen; meine Nase streifte die Waggontür, aber ich kam davon.

Er nicht; als ich mich umdrehte, während der Bremswagen vorbeifuhr, lag er unter dem Passagierzug, trat um sich & zuckte wie ein sterbendes Kaninchen. Ich hob ihn auf eine Bank, die zwei Gleise von dort entfernt stand & sagte dem Passagierzug-Schaffner, er möge einen Krankenwagen & einen Arzt holen.

Sein Kopf war zertrümmert, der Bereich vom Genick bis zur Mitte des Schädels & von einem Ohr bis fast zum anderen war flachgedrückt; blutverschmiert; in seiner Hand hielt er den Hut; seine Finger ließen sich nicht auseinanderkriegen. Ich brauchte mindestens zehn Minuten, um einzuschlafen, nachdem ich den Passagierzug bestiegen hatte, ich war so betroffen. Im Westen mußt du aufpassen, wohin du trittst ...

Brief an Jack Kerouac, 10. September 1950

Lieber Jack! (Schreibe auf einer Lokomotive)

Mein großartiger, wunderbarer Freund. Ich bin Dir gerecht geworden und hab Deinen Brief von Richmond Hill *high* gelesen und bin tief hinein ins innerste Land gegangen.

Ich muß sagen, Du bist wirklich mein Bester, Du Schönster – also, verdammt, hör zu. Ich werd' bei dem Augenblick anfangen, wo ich Dich & Frank verließ & zum Jetzt fortschreiten. Das ist eine so gigantische Aufgabe, daß ich mir wie Proust vorkomme & Du mußt nachsichtig mit mir sein.

Verließ M. City, »schnallte den Gürtel enger« für die lange Fahrt, die vor mir lag. Vertiefte mich immer mehr in die Landschaft & in die Beobachtung der Leute, je länger ich fuhr. Da ich allein war, war ich nicht gezwungen, irgendeinem anderen Denken Zusammenfassungen zu liefern & da ich nicht auf andere

Stimmen reagierte, die meine Aufmerksamkeit auf andere Ausblicke von Landschaft oder sonstwas lenkten, merkte ich nicht, was meinem Blick beim Fahren vielleicht entgangen war, denn niemand war da, der meine Aufmerksamkeit darauf richtete, und da ich also nur mit meinen eigenen verrückten Gedanken zu kämpfen hatte, reagierte ich auf jede Emotion vollkommen, sobald sie kam.

Der mühsame Aufstieg durch die Berge spielt sich ab mit dem ungeheuer schönen Gefühl, das Auto so zu handhaben, daß es auf der Straßenoberfläche vollkommen funktioniert, während sich in meinem Geist solche Gedanken bildeten, daß ich bald wirklich überlegte, wie ich Dir am Ende vielleicht das Wissen von der Bewegung schriftlich mitteilen könnte – aber später – jedenfalls – ich muß betonen, wie wunderbar es war.

Also, Genuß für die Augäpfel gehört zu den größten der Welt, in bezug auf abstraktes Denken steht er in Wirklichkeit keinem anderen nach, denn gerade durch die Art, wie man mit diesen Genüssen umgeht, wird ja deine partikuläre Schlußfolgerung bestimmt (in der geistigen Abstraktion), aus der Sicht jedes Augenblicks. Erinnerung an dein Leben & der Blickwinkel deiner Augäpfel sind eigentlich die einzigen unmittelbaren 2 Dinge aus erster Hand, die dein Geist auf der Stelle vermitteln kann.

Dein Geist vermittelt zu jeder Zeit den Druck seiner eigenen Existenz und behält frühere visuelle Eindrücke im Gedächtnis, um sich an das zu erinnern, was sein früheres Leben gewesen ist & indem er sich von diesem Zeug ernährt, besitzt er ein tiefes Verständnis für Dinge, die er zu wissen fähig ist & dieses Wissen wird daran gehindert, hervorzukommen, denn während dein Geist ständig die Vergangenheit deines Lebens mit sich trägt, trägt er auch vor all dem den ganzen Tag die Welt mit sich, die durch den Augapfel hereinkommt.

Ich war so in meine Augäpfel vertieft & in das, was sie mir auf jedem Bergrücken & in jeder Stadt vermittelten, daß ich in die Welt hinaussah, wie man in ein Bild hineinsieht. Mein Blickfeld wurde dann wie die Leinwand, und während ich schaute, sah ich 4 Ecken des Rahmens, der das Bild umgab. Seit damals blicke ich immer, bei dem geringsten Gefühl von Langeweile, einfach auf von dem, was ich tue & betrachte sorgfältig das jeweilige Bild vor meinen Augen.

(Gerade jetzt – links von mir der fette, schmierige Nacken des weinerlichen Feuerwehrmannes, der bedächtig in der Nase bohrt.)

Brief an Jack Kerouac, 5. November 1950, auf dem Land – unten in San Luis Obispo (Auszüge)

Lieber Jack!

Dieses Bild gehört jenem Geist an, den Amerika nicht begreifen kann; was denken und fühlen diese Indianer eigentlich, wenn sie den ganzen Tag mit schwerem Zeug beladen 5500 Meter hohe Berge hinauf- und hinuntermarschieren, ohne zu essen oder überhaupt essen zu müssen, weil sie alle *high* sind – verstehst du – *high* von Kokablättern, die Körper & Geist, Kraft & Halluzination geben. Welchen Spaß haben sie daran?

Du hast von Koreanern gesprochen ... sieh mal, alles, was Du mir schreibst, ist genau das, was ich in meinem letzten Brief geschrieben habe – dieselben Dinge, die ich tue. Die einzige Vorführung, die ich gesehen habe, seit wir uns das letzte Mal trafen, waren ein paar Minuten koreanische Filme, wie sie »befreit« wurden, als die Vereinigten Staaten den 38. Breitengrad überschritten, und eine Einblendung von weniger als 10 Sekunden zeigte einen Festtanz & die Typen! Ein Typ, auf den ich nur einen kurzen Blick werfen konnte – war *high* – nicht in dieser Welt – in Trance, und sein schlaffer Körper warf sich hin und her, mit geschlossenen Augen & ungelenken, puppenhaften Schritten. Wo war er? Wo sind wir?

Ich mag einfach die andere Seite des Bildes vom peruanischen Indianer. Hast Du eine Konga-Trommel? Kauf eine & eine Flöte für mich (oder erkundige dich, wo man eine Flöte kaufen kann).

Ich bin einverstanden mit dem, was Du über Nina denkst (sie ist das Mädchen, von dem Allen am Neujahrsabend geschwärmt hat), ich mochte sie. Ich war *high,* und sie war *lieb* zu mir, statt feindselig zu sein, was für die meisten Fotzen gilt & sie sieht gut aus, was für Titten & schlanker Körper. Ich wette, ihre Möse ist saftig und reif, ha?

Du glücklicher Hund. Ich hab seit Ewigkeiten nichts mehr zum Ficken gehabt & kein neues Mädchen (bis auf Nutten) seit 1945. Tatsächlich Freund, wenn Du mich liebst, dann tu alles, was in deiner Macht steht, um ein Mädchen zu finden, irgendein Mädchen (ich mag sie gern dünn) (das heißt, zum Ficken, verstehst du, sind die dünnen Mädchen eine einzige MÖSE) & sag ihr, ich kann die ganze Nacht lang ficken & sie lecken, bis ihr der Bauch rausfällt & ihre Möse von innen nach außen stülpen, damit ich sie ganz tief hinein ficken kann, nicht, daß ich's nicht sowieso kann, mit ein bißchen Kooperation, aber schaff eine Fotze her & deine Fotze & wir werden eine ec*hte* Orgie feiern, außer du willst einen »einsamen Fick« haben. Ich werde in N. Y. im Januar, März oder Mai erwartet, es sei denn, lange Schwänze werden nicht mehr akzeptiert.

Der Anfang von meinem Buch lautet: »Eine Zeitlang hatte ich eine einzigartige Position inne« usw. Ich beschäftige mich wirklich ein bißchen mehr als üblich damit – die Pseudo-Vaterschaft der Penner auf der Larimer & ich als ihr nicht leiblicher Sohn usw.

Musik ist die einzige gute Sache, die nicht vom Auge abhängt. Was für ein angenehmer Gedanke, jemandem die Angst vor dem Verlust des Augenlichts zu nehmen. Ich hab' andere Mittel, mit meinem Körper & seinen Begierden Geduld zu bewahren. Ich kann mir aber nichts besseres denken als eine Möse, ich liebe eine reine & süße Möse, eine, die eine solche Kraft hat, daß sie die Besitzerin derselben davor bewahrt, in irgendeine falsche Vorstellung darüber zu verfallen, wozu sie da ist ... eine Möse, die das Mädchen ausmacht & auf diese Weise eine Frau schafft, um meinen Schwanz auf jedmögliche Weise aufzunehmen.

Ich bin viel vernünftiger als irgendwas, was ich tue, vermuten läßt – genau wie in deinem Fall, Jack – aber in meinen Briefen mache ich den schlechtesten Eindruck.

Wie *lernt* man ein Mädchen *kennen?* Ich hab' keine Schwierigkeiten, sobald ich einmal mit einer allein bin. In die Lage zu kommen, zu ficken, durch all die simplen Empfindungen, die mein Herz so schnell schlagen lassen, daß ich manchmal das Gefühl habe, in Ohnmacht zu fallen; nicht jetzt, aber bald, in ein paar Jahren, wenn ich ein Mädchen krieg'.

Hör dir das an ... Äußerst wichtig:

Ich lernte meine große Liebe *zweimal* kennen! Ein Mädchen, dann ein anderes. Eine mit dem Auge & eine mit dem Ohr. Agnes & Luanne.

Am 31. März wurde ich von der SP-Eisenbahn eingestellt und sollte einen Termin ausmachen & einen sicheren Job annehmen. Ich stieg am Geary Boulevard in San Francisco in eine Straßenbahn, um zum SP-Bahnhof & am 7. April 1948 nach Watsonville zu fahren. Als wir den Geary Boulevard hinunterfuhren und an Van Ness vorbeikamen & uns dem eigentlichen Vergnügungsviertel von S. F. näherten, blickte ich gierig nach jedem hübschen Rock, um meine Augen daran zu weiden & für diese einsame Nacht im Watsonville-Schlafsaalbett als Andenken zu bewahren & wußte, ich würde wochenlang kein Mädchen *sehen.* Die Straßenbahn war in voller Fahrt bei der Mitte des Häuserblocks, als mein flüchtiger Blick eine Rothaarige erhaschte, die so aussah wie – SIE WAR ES!!! – meine alte Flamme aus Denver von 1943 – Agnes, eine echte Liebe, eine Hure wie Luanne, aber *mehr* – Dinge, die du nicht kennst, Jack, Dinge, an die nur ich mich erinnere & die nur ich fühle. Aber als ich an der nächsten Ecke angelangt war, war ich sicher, daß es nicht Agnes war, sondern einfach eine, die ähnlich aussah &

ein Wunschbild von mir, und so setzte ich die Straßenbahnfahrt fort, anstatt abzuspringen und sie zu erwischen.

War spät dran für den Zug (wenig Zeit) & auch, um nichts zu verlieren usw. *ließ ich sie gehen!* Aber in den nächsten sechs Wochen einsamer Watsonville-Hölle – hatte seither viele ähnliche harte Watsonville-Wochen – dachte ich an Agnes & an alles, was sie mir bedeutet hatte usw. Um fortzufahren:

Am 13. Oktober (Freitag) 1950, 2¹/₂ Jahre später, ging ich in die Stadt, um notwendigen Eisenbahnerhut zu kaufen. Auf dem Heimweg, da ich gerade sehr *high* war & San Francisco plus Leute wirklich schätzen gelernt hatte, ging ich in einen Drugstore, um mir an diesem heißen Tag ein alkoholfreies Getränk zu genehmigen. Ich saß vielleicht 2³/₄ Minuten da, in Erwartung eines großen Cola, das ich bestellt hatte, um an den Sommer 47 & Burroughs & Huncke u. a. in Texas zu denken & an 1 Kiste Cola pro Tag, die wir austranken, ich seh' zur Theke hin, um mich an irgendeiner Frau zu erfreuen & SCHAU – AGNES!! meine Liebe, Luannes einzige Vorgängerin. Aber ich bleibe ruhig und kontrolliere bewußt meinen Gesichtsausdruck, während mein Geist rast – »Es ist Agnes, es ist Agnes!« Dann schau ich genau hin & sehe ihr gefärbtes Haar & sehe sofort, daß sie jetzt eine *echte* Nutte ist.

Sie sieht mich – »Oh, Neal! Komm doch rüber & sag Hallo.« Ich bin ein einziges Lächeln, aber *high*, Jack, versteh mich, *high* & deswegen kann ich plötzlich nicht sprechen; sogar noch schwerer, als es normalerweise der Fall ist. Ich stolpere zu einem Stuhl neben ihr, ich spüre, sie ist in diesem Drugstore bekannt, das ganz in der Nähe der Hurenhotels liegt & wo ich sie 1948 gesehen hatte, also versuche ich, zu unterspielen, um ihrem unausgesprochenen Wunsch zu entsprechen. Mein Herz! Es will nicht aufhören, zu hämmern!!

Ich denke an den Tod & wie man will, daß die ganze Seele durch den Schwanz in diese lieblichen Geschöpfe hinein explodiert & wie sie einen dazu bringen, das zu tun, aber trotzdem kannst du keinen Anfang finden. Sie fragt, was machst du jetzt, so beiläufig, als hättest du sie erst gestern getroffen & du denkst an die *tollen* Orgien, die du & sie gehabt haben, ihre Tränen & wie sie an deinen Schwanz gelutscht hat!!! Du bist dir deines häßlichen, unrasierten, pickeligen Gesichts bewußt & der neue verrückte Hut & Sonnenbrillen & anstatt Eindruck zu machen, denn anscheinend hat sie es nötig, beeindruckt zu werden, ertappst du dich selbst dabei, daß du immer & immer wieder sagst, bis du es nicht mehr weißt, wie oft du es gesagt hast oder wann du damit angefangen hast, nachdem du dich neben sie gesetzt hast & während sie ausgetrunken hat:

»Ich freu' mich so, dich zu sehen!!!«

" " " " " " "

" " " " " " " usw.

& als sie aufsteht & geht, lächelt sie nur & verspricht, nächsten Freitag anzurufen & lehnt es ab, die Qual in deinen Augen zu sehen.

Also, obwohl ich in einer erbärmlichen Junggesellenbude den letzten Monat allein gehaust hatte & Ekotape & Tee hatte & sie so sehr begehrte, kam sie nie und rief nie an oder irgend etwas & täglich, wenn ich von der Eisenbahn zurückkam, saß ich da & wartete darauf, daß das Telephon läutete oder daß es an der Tür klopfte & so sah ich sie nie wieder & erkannte wieder einmal bei diesem Mädchen – was für ein Superfick sie doch war & wie sehr ich sie im Jahre 43 geliebt hatte.

Während ich im Knast war & nur, um sie zu sehen, den Mut zusammenbrachte, diese glorreiche Flucht zu unternehmen, die nur 4 vor mir geschafft hatten & angesichts der Qualen derjenigen, die geschnappt worden waren, da wußte ich, daß ich sie liebte. Ich raste nach Denver; ich hatte sie verlassen, als sie mich so sehr liebte, daß ich solche Schuldgefühle gehabt hatte, sie weinend zurückgelassen zu haben, als ich früher nach Kalifornien fuhr, daß ich ihr den Rat gab, zu heiraten & mich zu vergessen ... einen Satz, den ich normalerweise nicht aussprach.

Aber als ich nach der Flucht zurückkehrte & stundenlang vor ihrem Restaurant wartete (Kellnerin) & ihre Figur sah & wußte, die Träume, die ich im Gefängnis hatte, in denen ich Agnes holte & wir eine einsame Hütte am Meer fanden & niemals zu ficken aufhörten usw. Was für Träume, im Schlafen und Wachen – noch immer wahr werden konnten!

Ich eilte auf sie zu, als sie aus dem Café kam. Sie spielte mit mir wie die Katze mit der Maus, nur nicht so bösartig; ich merkte sofort, daß ihr Körper ein bißchen breiter geworden war & als ich sie berührte, war es nicht so wie in meinen Träumen davor & nicht so absolut leidenschaftlich wie vorher, aber das schrieb ich der Tatsache zu, daß wir erst seit etwa einer halben Stunde zusammen waren & noch befangen, als wir von ihrem Café zu (merkwürdig) meiner alten Schule auf der 23. & der Fremont gingen (Oberstufe).

Schließlich sagte sie: »Willst du mich nicht umarmen?« Ich wollte gerade & in diesem Moment fuhren die Bullen an den Büschen vorbei & das aufblitzende Licht sagte »Macht, daß ihr weiterkommt« & so gingen wir quer durch die ganze Stadt zu einem anderen Platz, den ich kannte & Jack, ich gestand ihr meine Träume; ich holte sie in eine imaginäre Welt, unsere Welt hinein & in eine Zukunft mit Ficken & ein Leben füreinander, im Bett verbracht & rein.

Wir machten eine schnelle Nummer; ich kam nicht & redete nur von der Zukunft, wo es bessere Ficks, im Bett, geben würde & wir zufrieden lebten, während wir langsam quer durch die Stadt wieder zu ihr nach Hause gingen. 3 Häuserblocks von der 30. und Downing Street entfernt erzählte sie es mir! Sie hatte nur getan, was ich ihr gesagt hatte & war verliebt in mich & es tat ihr so leid, daß sie an das geglaubt hatte, was ich ihr geraten hatte. Ja, sie hatte *geheiratet,* während ich weg war ... einen Matrosen.

Was für ein Gefühl, als ich zu den nahen Stufen der Holy Roller-Kirche wankte, die um diese Zeit menschenleer waren – ich weinte beinahe. Jedenfalls hatte ich mit ihr die verrückteste

Beziehung – total verknallt – in den folgenden drei oder vier Jahren, immer unerwartet & *wirklich* seltsam. Ich empfand eine so starke und echte Leidenschaft in diesen 3 oder 4 einzelnen & eindeutig verrückten, verknallten Zeitabschnitten, die wir hatten & ich werde sie nicht erzählen & SIEH DOCH. Noch immer, noch immer ist sie hier in San Francisco & für mich lebendig & NIEMALS werde ich sie wiedersehen. Oh, Liebe!

Als ich das nach wochenlangem Warten begriff, wandte ich mich am 25. Oktober noch einmal an Luanne. Erinnere Dich, Jack, ich hatte sie seit 31. Mai 1949, fünf Uhr nachmittags, nicht mehr gesehen. So wollte ich sie schließlich anrufen, nach beinahe achtzehn Monaten täglichen Wissens um sie. Ich wollte ihre Nummer wählen; ich hatte sie seit Wochen gewußt (aus dem Telephonbuch von San Francisco), ich wählte & es läutete! Eine Stimme, die ich kannte, war ihr »Hallo«.

Ich stammelte die genauen Monate, Wochen, Tage & Stunden hervor, seitdem ich sie zuletzt gesehen hatte & sagte, ich fühlte, ich hätte aufgrund der Vergangenheit das Recht, noch einmal ihre Stimme zu hören. »Ja, ich hab' gewußt, daß sie seit sieben Monaten schwanger war.« »Ja, sie hat gewußt, daß ich wieder verheiratet war.« Dann fing sie mit einer detaillierten Beschreibung an, wie schwierig es sei, die Heirat von der katholischen Kirche bestätigt zu bekommen, weil sie Probleme hätten, irgendwelche Tauf- oder Konfirmationspapiere in Denver zu kriegen. Sie fragte, ob sie ihre Ehe bestätigen lassen sollte. Ich sagte, sie solle es tun. Während sie nach uns allen fragte, verpaßte sie mir einen Steifen, ich saß da und dachte an ihren Mund & was der alles konnte. Ich redete über Jeff; sie konnte sich ganz nebenbei *nicht* an ihn erinnern. Dann fragte sie, ob ich schon vorher angerufen hätte; *irgend jemand* rief sie ständig an. Ich dachte, sie wird sicher mit all den Schwänzen fertig, die sie bumsen wollen, dann tat mir das Herz so weh, daß ich ihre Absage, mich zu treffen, akzeptierte & so verlor ich sie wieder, wie damals am 31. Mai 1949.

Was gibt es da zu sagen? Ich will's dir erzählen. Ich werde ein Buch schreiben, jawoll, bevor ich sterbe & bevor ich alles andere verliere, d. h. Kopf, Schwanz, Möse usw.

Also, bis du & ich uns zusammentun, um das alte New York umzubringen, indem wir uns selbst dran K. O. schlagen, einfach dadurch, daß wir Auge & Hand benutzen. Ich will nicht mehr, daß noch irgendein Blödsinn von meinen feuchten Lippen tropft. Ich weiß, wie man eine Möse zu lieben & zu lecken hat, die so perfekt ist, daß du nicht widerstehen kannst, deinen müden Körper über sie zu heben, um all das reine Gefühl, das du noch hast, in das Loch, auf das es ankommt, hineinzulegen. Natürlich, jedes Mädchen hat es; einfach eins zu fassen kriegen & meine schmutzigen Finger über den ganzen Körper ausbreiten, damit ich es für immer weiß ...

Alles Liebe, N.

Brief an Jack Kerouac, Februar 1951 (Exzerpt)

Ich lege hier was ganz Schnelles bei, das ich nur in ein paar Stunden runtergewixt hab'. Tatsächlich schrieb ich diesen schwachen kleinen Anfang einer Sache um den 1. Januar herum, bevor ich zu einem Besuch in den Osten kam. Ich hab' kein schlechtes Gefühl, was seine geringe Qualität betrifft, weil ich ihn einfach in einem Zug ganz schnell runtergeschrieben hab'.

Meine zweite Reise von Denver nach Los Angeles war so ein ausgehungerter Kampf, wie es die erste gewesen war. Ich führte eine Methode ein, die ich in späteren Jahren, als ich von meiner Heimatstadt per Anhalter Richtung Süden fuhr, benutzte, das heißt, ich verließ die Stadt nachher immer auf dieselbe Art wie dieses Mal. Die Taktik war, bei Sonnenaufgang in den südlichen Außenbezirken von Denver zu sein, in der Hoffnung, ohne die

Straße einen Augenblick lang zu verlassen, um die Abendzeit bis nach Raton, New Mexico, zu kommen. Es gelang mir immer, dieses Ziel zu erreichen. Anscheinend besaß ich das ungewöhnliche Glück, diese Entfernung von über 400 Kilometern zu schaffen, indem ich schnelle Mitfahrgelegenheiten erwischte, die mich oft schon am frühen Nachmittag nach New Mexico hineinbrachten. Umgekehrt, stand ich einmal auf dem Autobahnknotenpunkt von Raton – die Strecke rechter Hand führt nach Texas und nach Südosten, die zur Linken nach Südwesten und nach Kalifornien –, ein paar Häuserblocks hinter dem Eisenbahnviadukt, wo die riesigen Frachtzüge das Tempo zu beschleunigen anfangen, konnte ich nie eine Mitfahrgelegenheit finden, ohne viele Stunden gewartet zu haben. Meine erste Fahrt hat die Reisemethode an diesem Punkt verändert, als ich, nachdem ich volle acht Stunden den Daumen nach Autos ausgestreckt hatte, einen von diesen Kühlwagenschnellzügen erwischte und den Rest der Reise mit der Bahn fortsetzte. Ein paar Jahre später sollte ich zwei Tage an diesem Platz warten, ohne daß mich irgendein freundlicher Kraftfahrer mitnahm. Jetzt hatte ich jedoch das Glück, von einem der selten vorbeikommenden Autos mitgenommen zu werden. Es brachte mich nach Taos, und als ich ausstieg, war es noch vor Einbruch der Dunkelheit. Ich war hocherfreut; das war die schnellste Fahrt überhaupt gewesen, und allein das Entrinnen aus dem Raton-Trott belebte mich schon ungeheuer. Ich war zuversichtlich; ich war glücklich.

Ich hüpfte mit ungeduldigen Schritten die schmale Asphaltstraße entlang, atmete die reine Bergluft ein, bewunderte das üppige Zinnoberrotgold des Sonnenuntergangs. Lehmhäuser säumten den Weg; jeder zehnte Bau beherbergte eine Bar. Aus den offenen Türen drang laute, mexikanische Musik und der Duft von gewürztem Essen. Betrunkene Indianer, das lange schwarze Haar unter eigenartigen Hüten zu Zöpfen geflochten, benutzten die Mitte der Autobahn als Pfad, über den sie schwankten. Manche trällerten in sich hinein, niemand sprach, und die meisten gingen in dunklem Schweigen mit kalten Augen an mir vorbei. Vor mir, in halber Höhe eines kleinen Hügels, sah ich, wie ein weißer Farmer eine der Tavernen verließ und auf seinen Lieferwagen zuging; er trank gerade eine Flasche Bier aus, während er langsam zum Wagen schritt. Ich beeilte mich, ihn zu erwischen und zu bitten, daß er mich mitnahm. Er spürte meine Absicht, bevor ich dazu kam, sie zu äußern, und nachdem er mich eine Sekunde lang von oben bis unten betrachtet hatte, sagte er: »Steig ein!« Er brachte mich nicht weit, aber bald erwischte ich den nächsten Wagen, der mich gegen Mitternacht bis hinein nach Santa Fe brachte.

Ich schlenderte mit einem angenehmen Hungergefühl durch diese Stadt – ich sage angenehm, weil ich seit dem Morgen nichts gegessen hatte, und in meinen Taschen war das Geld für eine gute Mahlzeit. Da ich wußte, wie unwahrscheinlich es war, daß ein Auto nach Einbruch der Dunkelheit meinetwegen stehenblieb, nahm ich mir vor, so viel wie möglich von diesem »State Capitol« zu besichtigen, während ich es gemächlich überquerte, und mich dann in einem gemütlichen Restaurant zu einer ausgedehnten Mahlzeit niederzulassen. Ich rechnete mir aus, daß mich dieses Programm noch rechtzeitig und vor dem Morgengrauen »auf die Straße« bringen würde, also führte ich es durch.

Ich erinnere mich, als ich an der Polizeikaserne vorbeikam, verließen zwei finstere Kavallerie-Polizisten das hell beleuchtete Gebäude und ließen ihre protzigen Stiefel ein paar Sekunden lang über die Kiesauffahrt knirschen, bevor sie sich mit automatischen Gesten forscher Effizienz in den Polizeifunkwagen zwängten. Dieser flüchtig aufblitzende Anblick ihrer groben Gesten und verkrampften Kiefer, die so fest an die verbissene Oberlippe gepreßt waren, und ihre Gesichter unbeweglich wie Stahl, was den Schimmer ihrer gnadenlosen Augen unterstrich, die im Eifer ihrer Pflichterfüllung glitzerten, ließ mich erschaudern, als ich an den geringen Vorsprung dachte, den sie ihrer Beute gaben. Sie setzten die Räder in Bewegung und brausten davon, während ich jedes Opfer bemitleidete, das sie in dieser Nacht erwischten. Ich kannte ihre skrupellose Taktik gut und konnte mich eines kleinen Stiches der Erleichterung nicht erwehren, daß ich nicht ihr vorgesehenes Opfer war. Ich ging an überfüllten Touristencafés vorbei, in denen wohlhabenden Reisenden mexikanische und amerikanische Küche serviert wurde, wo jeder ihrer Wünsche befriedigt wurde, während ihre flotten Autos, die an der hohen Randsteinkante in der holperigen Straße geparkt waren, geduldig in stiller Pracht darauf warteten, sie davonzutragen – in großartigem Stil eskortiert, sobald sie Lust und Laune hatten, zu gehen. Die ganze Innenstadt war vollgestopft mit Menschenmassen, obwohl es spät war, und ich glaube nicht, daß es ein Samstagabend war. Die ineinander verkeilte Menge wurde dadurch betont, daß die Straßen die Breite von Gassen hatten (6 Meter oder so), auf denen Autos mit ärgerlichem Gehupe entlangkrochen. Die Bürgersteige waren von Menschen überflutet, Männer in Cowboy-Kleidung und sonstigem, Indianer, erhaben und auch anders, Indianermädchen in Mokassins gehüllt, Indianer-Squaws in Fett gehüllt, mexikanische Miezen in engen Röcken mit provokantem Gang, alte Mexikanerinnen in noch mehr Fett gehüllt und mit ungewaschenen Kleinkindern beladen, weiße Frauen aller Art, Kellnerinnen, reiche Erbinnen usw. und Kinder zwischen Autos mitten auf der Straße herumtollend oder still und mürrisch mit gesenktem Kopf daherschlurfend. Über dieser ganzen Ansammlung von Aktivität funkelten die Lichter. Edisons großartigste Erfindung hing in erstaunlicher Fülle über den versammelten Köpfen. Diese wunderbaren Vertreiber der Dunkelheit gab es in allen Farben und Formen. Unendlich viele tausend Lichter, auf einen Quadratkilometer konzentriert, entfalteten ein grelles Leuchten, das die umliegenden Teile der Stadt in scheinbare Schwärze tauchte. Sie strahlten von jeder Mauer, leuchteten von jeder Ecke herab, erhellten jede Geschäftsfassade mit in endlosen Reihen angeordneten Glühbirnen. Gigantische Anzeigen ragten wie spitze Flammenfinger über die Dächer. Riesige

Schriftzeichen hoben sich gewaltig von den Häuserfassaden ab und zogen das Auge mit bunten Buchstaben an, die mit elektrischem Glanz Anzeigen verkündeten. Lange Reklamestreifen bedeckten unter ständigem Umlauf die zweiten Etagen mit Leuchtschrift. Große einzelne schrien über jedem angestrahlten Hauseingang von der Mauer. Kleinere, händisch gesteuert, waren in jedem Gebäude eingeschaltet. Die winzigen waren in Vergessenheit geraten in diesem gleichmäßigen Lichterstrom, der den Straßenlampen half, der Sonne Konkurrenz zu machen. Unter einer Theatermarkise, die den Kampf gegen die Nacht führte, indem sie in regelmäßigen Intervallen helle Flammen von abgehacktem Glanz aufblitzen ließ, hielt ich mitten im Gehen inne, betroffen über die Höhe der Elektrizitätsrechnung dieser kleinen Stadt. Den Großteil ihrer Gesamtausgaben mußte die Elektrizität ausmachen, für das Privileg dieses verrückten Scheins bezahlten sie Summen, die ich nicht erahnen konnte. Wenn zwei Drittel der Lichter ausgeschaltet wären, würde der Rest noch immer den Times Square mit seinem künstlichen Tageslicht in den Schatten stellen. Ich beneidete die Besitzer der Stadtwerke, die Santa Fe versorgten.

Mein Abendessen verzehrte ich in einem geschmacklosen Restaurant, das mit mexikanischen Motiven verziert war. Ich blieb bei einem zweiten Kaffee bis drei Uhr morgens sitzen, dann marschierte ich zur Autobahn. Unverzügliches Glück ... erstaunliches Glück! Ein cremefarbenes 1941er Packard-Kabriolett (und das im Jahr 1942) hielt kreischend ein paar hundert Meter hinter mir an. Ich raste vorwärts und stieg ein, zu einem einsamen Mann. Er fuhr (stell dir das vor) nach Los Angeles! Was für ein Trip! Es ist mir nie so gut gegangen. Er raste ein paar hundert Kilometer weit mit 140 Sachen dahin, dann fuhr er zur Seite und schlief ein paar Stunden lang auf dem Vordersitz; ich hatte den Rücksitz. Wir hielten mal da, mal dort, je nach Lust und Laune: Grand Canyon, Keramikstände am Straßenrand usw. Er bezahlte alle Mahlzeiten. Alles in allem war ein Traum Wirklichkeit geworden, nur daß er nicht vorschlug, ich sollte fahren, und ich wollte nicht fragen, um nicht zu riskieren, daß ich mich mit ihm verfeindete.

Wir näherten uns L. A. vom Süden her, auf der Highway 101. Sobald ich in Venice, Kalifornien, war (eigentlich ein blühender, 444 Quadratmeilen großer Park von L. A.), bedankte ich mich überschwenglich bei ihm und stieg aus, an die fünf Häuserblocks von der Stelle entfernt, die zu erreichen ich 2000 Kilometer gereist war ...

Brief an Ken Kesey, 30. August 1965 (17 Uhr)

Lieber Ken u. a., bes. ihr *Mädchen!*

Dieser Brief wird vielleicht eine Zeitlang nicht abgeschickt werden, da ich ohne einen Pfennig hier in Wakeman, Ohio, sitze. Trotzdem, ich hab' in der Toilette gewixt, fühle mich ausgeruht & da der Schlaf von heute nacht (um ihn nicht zu verderben) ein langer ist, werde ich auf jeden Fall schreiben. Vielleicht ist ein Reisebericht als erstes an der Reihe – Noch nie hab ich eine derart chaotische erlebt! – – – es war ein Todestrip – – – Oh, schlimm! Aber eine Wahnsinnsfahrt!

Ob ich sie fortsetzen kann, wird sich zeigen: Mechaniker hat viel zu tun und kann den Motor vor Morgen nicht auseinandernehmen, und wenn dieser blöde 1940er Cadillac-Banger (nicht Bangor, das ist eine andere Maine-Stadt; nicht diejenige, die, wie ich fürchte, von diesem König der Landstraße ruiniert wurde, falls das irgendwas damit zu tun hat) (vielleicht hab' ich auch die Nockenwelle kaputtgemacht, fauch!) nicht repariert werden kann, bin ich echt in Sorge.

Ich will dir von dieser Maschine erzählen, ein wahrer Traum; ob sie ein Alptraum geworden ist oder nicht – – – der beste Laster, den ich je in den Arsch gefahren habe. Ein $^{3}/_{4}$-Tonner, Jahrgang

1947, mit Überbelastungsfederung, »International« (klar, er hat auch eine elektrische Benzinpumpe – – – das dürfte charakteristisch für die Serien sein, damit sie leicht weggehen), Lieferwagen, der ein 1962er 6-Gänge-G.M.C.-Getriebe hat – – – ich verwende nie den sechsten, also hat er eigentlich 5 Gänge – – – eine 1957er Metro-Caravan-Rückwand, zwei Benzintanks, die etwa 100 Liter oder 30 Liter fassen können, der stärkste Lastwagentyp (wie dein Bus), Reifen, die hinten mit zwei brandneuen 8fachen Nylon 750 x 16 (kosten 90 Dollar) protzen und rechts vorne mit einem neuen 750 x 16 8fachen Rayon, links vorne mit einem 6fachen 750 x 16, der mehr Profil hat, als er jemals brauchen wird, da die 15 cm lange Kerbe in seiner Mitte, die ich ängstlich beobachtet habe, irgendwann aufplatzen muß, obwohl nach 4000 km noch immer kein Anzeichen dafür da ist. Plus noch einem Reifen, wo mehr als die Hälfte vom Profil übrig ist – der verschaffte mir den ersten Platten, den ich in Utah hatte – abgesehen von dem glatzigen Ersatzreifen, noch ein 750 x 16, so wie alle 6.

Diese lange Radachse – ich schätze, so zirka 3,7 m – grüner (dunkel) Vergaser hat auch wundervolle Doppelrohre mit Chrom-Auspuff von flotter Fasson, die beiderseits des Kabrios – – wie ein großer Dieselschlepper – – entlanglaufen und einem ins Ohr plappern, so daß man den starken Caddy-Motor richtig hören kann. Es gibt auch ein neues U-Gelenk in der Hinterachse, einen erst kürzlich veränderten Vorderteil, neue Zündkerzen, Schaltknöpfe, Kühlwasserschlauch, Zündspule, Keilriemen, Gebläse (aber nur 4 Flügel statt 6), Kühler – von einem Ford-Lastwagen – der, den er hatte, ein 1932er Cad-V-16, 10 cm dicker, ca. 3 Liter Inhalt, war in Ely, Nevada, repariert & in Denver ersetzt worden. Neue Bremsanlage hinten links, wenn auch ohne Luftdrucksystem – es war voll Wasser, daher montierte ich es ab – also muß ich die Bremsen ein paarmal pumpen, bevor sie greifen. Ein Tachometer, der ein Kabel braucht, um zu funktionieren & ein zerbrochenes Getriebegehäuse, das von einem Stahlband zusammengehalten wird.

Aber jetzt genug vom Lastwagen: & nur an einem Tag – in Denver – bekam ich genug zum Ficken (oder überhaupt was); eine war ein wirklich süßes, kleines, dunkelhaariges, 19jähriges College-Mädchen aus Grinell, Iowa, deren Abwehr – ich irgendwie »einfach in Luft auflöste« (tat es, um mit ihrem neuen Buick zu fahren) & die andere, beide innerhalb von Stunden, in derselben Wohnung wohlgemerkt; die stieg ins Bett, nachdem das College-Mädchen weg war, um zu Hause zu sein, wenn ihre Eltern aufstanden, ein großer, weißhäutiger Rotschopf mit grünen Augen vom Big Sur Country, die jetzt in einem Altersheim arbeitet, nachdem sie herumgeflippt ist; (hab ich wieder Doktor gespielt?) aber ohne Drogen! Ich hätte natürlich andere haben können, hatte aber natürlich keine Zeit, oder ihr Alter war natürlich da, oder sie waren schwarz, oder natürlich irgendeine andere verdammte Sache. Jedenfalls waren die oben Angeführten mein einziger Sex; also solltest du diese Seite vielleicht nicht den Mädchen zeigen. Ha-ha.

Oh ja, die Reise; also, dann chronologisch: Gypsy »meditiert« seit über einer Stunde unter dem Zweimann-Zelt, das er hinten im Lieferwagen errichtet hat – wobei er den vorher erwähnten Doppelauspuff benutzt – er besteht in Wirklichkeit aus zwei Rohrleitungen, gemacht von diesem verrückten Piute-Indianer aus Carson City, der diesen wilden Flitzer zusammengesetzt hat – man muß über 100 fahren, bevor man in den sechsten gehen kann, sonst wird er müde, obwohl der fünfte so elastisch ist, daß man mit 40 oder so dahinschleichen kann, bevor man auf den 100-Stundenkilometerpunkt beschleunigt – – – ich hab jeden einzelnen Gang durch den Krach kennengelernt, den das (durch 10-mm-Stahl, für den man mehr als fünf Minuten brauchte, um ein Loch durchzubohren, der bis zu 2500 Kilo pro Quadratzentimeter hält) wieder instandgesetzte Getriebegehäuse, das die Gänge beherbergt, verursacht – selbst der Leerlauf hat sein eigenes deutliches Plappern durch dieses Gehäuse, so einmalig rauh, wenn auch gewiß nicht so einmalig wichtig wie diese berühmte Freiheit der »Meditation«, ich meine, durch das »Zupfen der Klampfe« (seine Gitarre), während ich im Führerhaus sitze und zu schreiben versuche – nur er und ich sind übrig von den 6, die anfingen, aber jetzt hat er aufgehört & ist schlafen gegangen, also kann ich mich jetzt vielleicht konzentrieren, aber ich bezweifle es, denn »Musik ist wie Zauber«. Oh ja, die Reise; also dann chronologisch: (Oh ja, die Reise; wie ich immer sage, mach bloß niemals dieselbe) (Oh ja, die Reise; wie ich immer sage, deine Persönlichkeit kannst du innerhalb von 21 Tagen ummodeln & da ich schon länger als diese Zeit unterwegs bin, ist es eine Lebensart geworden). Also chronologisch: nachdem ich ungefähr um diese Tageszeit an jenem Sonntag vor mehr als drei Wochen deine Wohnung verlassen hatte – jetzt fährt gerade ein Motorrad vorbei – war es eine ungewöhnlich traurige Reise über den Hügel nach S. F., dann quer über die Bucht, zweifellos nur, hm, weil der Besitzer des 55er Olds – genau wie der von Dale, den ich kaputtgefahren habe – er heißt Chan, mich nicht fahren lassen wollte; obwohl ich doch dazu kam, als wir die Stadt verließen, denn er blieb über Nacht, während Gypsy & seine Alte, Jenny (nachdem wir bei Frenchie Halt gemacht hatten, dieser dünne, dunkelhaarige Hells Angel mit dem offenen Gesicht und den Stummelzähnen – nachdem er mehrmals von ihnen abgelehnt worden war – hat sich neulich ganz bös verbrannt – ins Krankenhaus eingeliefert – weil er zu langsam zurückwich, nachdem er Benzin in einen Vergaser geschüttet hatte (?) – um zu sehen, ob der Mantel, den Chan wollte & Gypsy jetzt anhatte, seiner war) & ich weiter nach Berkeley zu einem einsamen Schlaf fuhren.

Am nächsten Tag, Montag, den 9. August, schlief ich (allein!). Am nächsten Tag, Dienstag, den 10. August fuhr ich vor Sonnenaufgang los & nachdem ich Gypsy bei vergeblicher Suche nach einem heruntergefallenen Autoteil geholfen hatte, zu Fuß durch die Straßen, fuhr ich zu den zu früh schließenden Autowrackhändlern zwecks fruchtlosem Versuch in einer ähnlichen

Stimmung; so wurde der 1951er Hudson Jet, mit dem wir die Reise machen sollten, statt dessen das Auto, das wir als erstes zurückließen; das zweite, das wir schließlich auch zurückließen, war das Auto, das wir für die Suche nach Autoteilen verwendeten, ein 1951er Chevrolet mit kaputter Gangschaltung, einem zerbrochenen Zylinder und kahlen Reifen, der einem Typ gehörte, für mich so neu wie das Auto – mit dem ausschließlich ich fuhr, nachdem Gypsy den ganzen Montag gearbeitet hatte, um es in Gang zu bringen, bis wir es in Virginia City, Nevada, stehenließen – ein gewisser Pete Livvy, den wir mit seinem Freund Doug Samson nach Chicago mitnahmen, nachdem Doug Samsons Auto, ein 1957er MG-Sportwagen, den ich nur im Umkreis von Carson City fuhr, um ihn auszuprobieren, in Ely, Nevada, zusammenbrach, wo er jetzt ist; obwohl ich ihn 150 km weiter schleppte, bis der erste der 3 Flügel – rein in den Kühler vom Lastwagen – das abkürzte.

Da es also so aussah, daß wir nur mehr den 51er Chevrolet hatten, um uns nach New York City zu bringen, wenn auch als Gespann mit Peter & Doug im 57er MG, bis Chi, Gypsy, Jenny (sein Mädchen) & ich verbrachten den Rest der Nacht damit, das kleine Mädchen unbarmherzig unter Druck zu setzen, das (Faye erinnert sich vielleicht, sie bat, Dich, Ken, zu sehen, kurz bevor ich an diesem Tag wegfuhr) zusammen mit ein paar anderen an diesem Tag mit Gypsy ankam; hoffnungslos, sie unter Druck zu setzen, sage ich, obwohl sie uns 50 Dollar gab & 25 Dollar später, um uns ein Darlehen zu geben für die Reise mit ihrem 64er Saab: doch sie ließ mich, an diesem Montag, mitternacht, zusammen mit Gypsy & Jenny (Pete & Doug, alle in den MG gezwängt, blieben drin zurück, um zu schlafen) den Saab wieder zurück nach S. F. fahren, um von Ginsberg Geld zu holen – ich hatte ihn schon gefahren, um 5 Dollar von Pete Orlovsky in Berkeley zu holen – und mich von anderen zu verabschieden usw.

Ich vergaß, zu erwähnen, daß wir uns Sonntag nacht, nachdem wir Hells Angel Frenchie getroffen hatten, trotz meiner

Proteste wegen Ermüdung, eine Rock & Roll-Gruppe ansehen gingen, Chan bestand darauf, sie zu sehen – also, wer war es? Ja, stimmt – Signee & The HiWires oder die Sextones oder die Jefferson HiBandits, unsere Kumpel, weißt Du; und sie klangen großartig, besonders bei der einen Nummer– »HiFlyin Bird«; Ja, natürlich war Jerry Anderson dort, ich sah ihn zum erstenmal seit seiner hastigen Abreise in Ukiah & er flitzte wie ein einziger Gruß herüber, zog sich eine U.-S.-Fahne als Cape an & zeigte ganz allgemein, daß er wieder swingte – holte mir nebenbei ein Bier oder zwei, hier sind wir also, wieder Montag mitternacht, eigentlich Dienstag morgen, ich bin herumgezogen & hab Bradley & noch irgendwas gesucht – Paul von den HiWires gab mir 'ne Speedtablette, Beth auch, und so landeten Gypsy, Jenny & ich mit dem Saab schließlich in North Beach in einer Bar gleich drüben bei Mr. Otis, als sie gerade zusperrten.

Wer sonst stand am anderen Ende der Bar, mit feuchten Lippen, eine große, lockere, trinkfeste Blondine abknutschend, wenn nicht Allen Ginsberg. Der sofort mich zwischendurch zu beknutschen anfing und mich den paar Dichtern, die alle dort versammelt waren, vorstellte, sofern ich sie nicht schon kannte – Charles Olsen, Bob Duncan – um es kürzer zu machen ... es genügt, zu sagen, daß nicht weniger usw., als 30 mehr oder weniger junge D.-Moriarty-Bewunderer [Dean Moriarty: Hauptfigur aus Jack Kerouacs »On the Road«, Neal Cassady nachgebildet – Anm. d. Übers.], alte Tunten, ernsthafte Poeten aus Irland, Country Cork, betrunkene Dichter der lokalen gebildeten Schicht & andere den Grant hinunter zur Francisco Street wankten & mit einer vollen Kiste Bier zu einer Party gingen, während ich sie, zwei lange Reihen – vom Anfang bis zum Ende des Häuserblocks – mit Geschichten, Predigten, Bekanntmachungen, Warnungen & anderem gemischten Cassady-Kram ergötzte, bis wir zur Partyzeit alle stürmisch in vollem Schwung waren. Ich fragte jeden nach einem Auto, um nach New York City zu fahren & die zuvor erwähnte trinkfeste Blondine ließ mich in dem

Glauben, sie hätte eins, war aber nicht so. Andere, noch lustigere Vorfälle passierten & alle hatten eine Superparty, daher war es etwa 5 Uhr morgens, bis ich mich schließlich auf den Weg nach New York City machte.

Gypsy, Jenny & ich – als Fahrer – im 51er Chevrolet, Pete & Doug folgten knapp hinter uns im 57er MG, kamen direkt vor der allgemeinen Verkehrsstauung durch Sacramento, an diesem Dienstagmorgen, den 10. August & hatten prompt etwa 30 km weiter die erste (& ich könnte versuchen, sie zu zählen, während ich diesen Brief schreibe) von unzähligen Verzögerungen, einen Platten hinten links auf dem Chevrolet, keinen Ersatz, aber ein Ersatzauto. Ich nahm den Reifen runter, warf ihn in den MG & mit der Shell-Kreditkarte, die Dougs Mutter gehört – arme Seele; selbst wenn sie eine Millionärin ist, wird sie in Ohnmacht fallen, wenn sie ihre Rechnung vom August bekommt – mindestens 350 oder 400 Dollar! – Kredit. Uhuuu, Flash, Flash (nicht so einer, nichts da, um ihn zu produzieren, schluchz, schluchz) mir ist gerade zu Ohren gekommen & ich hatte recht, wie üblich – he, he, es war die Hauptachse, vorne & schlimmer, die verdammte Nockenwelle oder Kurbelwelle meine ich, hat sich selbst direkt aus der Stange im Zylinder herausgedreht – also *nix Reparatur* – hier sind wir, pleite, 62 km südwestlich von Cleveland (die Babbs sind erst gestern losgefahren!) mit tonnenweise Zeug, mit dem wir per Anhalter nach Osten fahren müssen. Würg, brrr!

Haben eine Nacht mit richtig gemeinem Regen verbracht; alles (außer mir) im Lastwagen ist naß geworden; Gypsy hat kein Zeltdach aufgespannt, um eine Überflutung zu verhindern; wir machten uns auf den Weg, jemanden zu suchen, der einen Lastwagen ohne Motor gegen praktisch alles, was fährt, austauscht – und nach einem ganzen Tag Suchen (und so knappversäumten Gelegenheiten wie einem schwarzen 1949er Chevrolet, einem grünen 1943er mit glatzigen Reifen & einem 1938er 1½-Tonner-Dodge-Tieflader) sind wir mit einem 1955er Studebaker angekommen, gelber Kombi, Kilometerstand 78.000, aber ohne

Reserverad oder Reifen, Radio, Heizung, und mit einem so fürchterlich undichten Auspuff, daß man nicht nur alle Fenster offen lassen muß, sondern man muß auch jede Stunde Aspirin gegen die dadurch hervorgerufenen Kopfschmerzen nehmen; ebenso richtig schmerzhaft ist auch die Entzündung der Augen; auf jeden Fall läuft er, obwohl er so viel Öl verbraucht, daß die Autobahn hinter uns mit Girlanden von Rauch und Dampf geschmückt ist. Ich weiß das alles, weil ich in ihm gefahren bin, als der Kriegsversehrte mit acht (8) Kindern – Er trägt eine Klammer, so wie Babbs sie hatte – der ihn uns eintauschte – mich zur Tankstelle führte, damit ich den Lastwagen steuerte, als er ihn nach Hause schoh.

Ich setze diesen Brief hier fort, verstehst du; hier in der Lastwagenkabine, weil die Fliegen im Haus – ja, Hausfliegen – einfach ein Wahnsinn sind (& weil die älteste der 8 Bälger, eine gutaussehende Blondine um die 17 oder so aufgehört hat, mir Schmacht–Augen zu machen & mit Freund Billie ins Kino gegangen ist, in seinem 55er Chevrolet, der auch einen kleinen Fehler hat), statt daß wir uns auf den Weg machen, denn wir müssen bis morgen warten, um ins Gerichtsgebäude hier in Milan, Ohio, zu gehen – Geburtsort von Tom A. Edison, verstehst du – damit der Zulassungsschein für den Wagen auf uns übertragen wird. Es war also ungefähr um diese Tageszeit & es regnete auch so wie jetzt hier, als wir, nachdem wir den Platten repariert hatten & ich den Wagen, so gut ich konnte, über die Berge drübergebracht hatte, in einem 51er Chev. nach Virginia City, Nevada, hineinfuhren, wo Chan, Gypsy & Jenny in Chans 55er Olds sprangen (er war am Tag vorher vorausgefahren) & hinaus zu Dave in die Wüste fuhren, um den vor 6 Monaten stehengelassenen Lastwagen zu holen, in dem ich jetzt sitze. Sag Anne, ihr Ex-Liebhaber war nicht da, »auf in den Norden nach Alaska gegangen«.

Pete, Doug & ich blieben auf einem kleinen Hügel außerhalb der Stadt, wir schliefen in und unter dem 51er Chev., während sie den Laster holten – schließlich kehrten sie gegen Mitternacht zurück, und als Dienstag, der 10. 8. endete, waren wir alle im Lastwagen zusammengepfercht – bis auf Pete & Doug hinter uns im MG – und rollten ihn nach Kansas City hinein, wo der Piute-Indianer, der ihn das erstemal zusammengesetzt hatte – er besitzt einen Schrottplatz – den ganzen Mittwoch – 11. 8., nur damit verbringen sollte, ihn wieder fahrtüchtig zu machen. Wir standen die meiste Zeit in der Garage herum, während er arbeitete, aber ich nahm mir den MG für eine Runde & besuchte eine Zeitlang die Spielhallen, bis gegen 10 Uhr abends die Meldung eintraf, daß alles fertig war & wieder mit Pete & Doug hinter uns im MG starteten wir schließlich ernsthaft Richtung Osten (wohlgemerkt, wir ließen den 51er Chev. & 2 Motorhauben als Ersatz für den Lastwagen zurück – das ist alles, was er uns kostete!)

(2 9., 17 Uhr)

1. 9., 17 Uhr. Ich machte mich auf den Weg durch ganz Pittsburg, Papas Pendler-Flotte in dem gesundheitsschädlichen 55er Studebaker & obwohl er keine Kraft hat im Vergleich zu den anderen Motoren, ließ ich auf die Dauer keinen einzigen von diesen Verdammten an mir vorbei & indem ich geschickt die Spur wechselte, überholten mich auf kurzen Strecken nur sehr wenige, ein oder zwei pro Kilometer, würde ich sagen; also, bitte! Aber zurück zum Bericht über Cassadys apathische Reise nach Osten; 80 km westlich von Ely, Nevada – dem Lastwagen ging das Benzin aus – obwohl er 30 bis 32 Liter im Tank hatte, kam er damit nur 125 Kilometer weit – so schickten wir bei Tagesanbruch des 12. 8., ein Donnerstag, Doug & Pete im MG vor, um unseren 20-Liter-Kanister mit Benzin zu füllen, also, Stunden später kam ein Abschleppwagen mit dem Benzin, weil Dougs MG zirka 40 Kilometer außerhalb von Ely zusammengebrochen war – das selbst mehr als 300 Kilometer von überall entfernt ist – und sie waren per Anhalter gefahren. Als ich also mit etwa 80 Stundenkilometern den MG nach Ely hineinschob, beschloß er, zu versuchen, ihn

wieder zu starten – nach zahlreichen Fehlzündungen – der darauffolgende Ruck warf das Gebläse des Lastwagens in den Kühler – das erste Mal von mehreren, daß das passieren sollte – daher zog der Abschleppwagen beide Autos nach Ely. Dort waren wir über 24 Stunden, bis zum späten Nachmittag am Freitag, den 13., aus mehreren Gründen: 1. Die 50 Dollar, die Gypsys Eltern schickten, kamen vor der Sperrstunde um 17 Uhr an, aber wir holten sie nicht rechtzeitig ab. 2. Das Getriebegehäuse des Lastwagens sollte am nächsten Tag repariert werden – & wurde auch – von einem Eisenbahnbremser, auf den wir zufällig stießen, der uns in seinem Haus mit Frau & 2 Kindern übernachten ließ. 3. Die MG-Entscheidung hing von einer Dynamomaschine ab, die am nächsten Tag kommen sollte – sie kam nicht – nachdem wir ihn also 160 km nach Norden in Richtung Wendover abgeschleppt hatten, fiel das Gebläse vom Lastwagen wieder auf den Kühler – es war ein loser Keilriemen, nicht Motoruntersatz, wie wir dachten & wir ließen den MG endgültig stehen.

Nachdem wir von vorüberfahrenden Autos Wasser geschnorrt hatten & einen Schraubenschlüssel, um bis zur nächsten Tankstelle zu kommen, schafften wir es, wir waren undicht wie ein Sieb, schließlich nach Einbruch der Dunkelheit bis Wendover ... Utah. Endlich – eine Schreibfeder, die Jenny beschaffte, in deren Haus wir zur Zeit wohnen – hier in Bridgeton, New Jersey – etwa 45 km südlich von Wilmington, Delaware & Philadelphia & werden einen Tag oder so bleiben; ihr Daddy ist der Methodistenpfarrer dieser Stadt mit 25.000 Einwohnern & wenn er von N. Y. C. ankommt – wohin ich mich zur rechten Zeit an diesem Wochenende begeben werde – heute abend, erwarte ich eine energische Moralpredigt. Jedenfalls verließen wir Wendover, nachdem wir Schlamm, Teer, Leinsamen, Lehm & Spucke benutzten, um das Loch im Kühler zu stopfen & kamen Samstag, den 14. 8. nachts um 12.01 Uhr nach Salt Lake City. Ich rief Annes Mutter an & sie sagte, es wär' viel zu spät & wenn ich um eine anständige Zeit, 8 Uhr, anriefe, würde sie mir Annes Telephonnummer geben --- das tat ich auch --- und Annes Daddy hob ab und sagte, Mama wär' schon fortgegangen & er wüßte die Telephonnummer seiner Tochter nicht, das war's also & ich sah Anne nicht. Also keine Muschi, kein Geld (Gypsy hatte es für ein Gewehr ausgegeben, das er in Ely, Nevada, kaufte), kein Speed usw. usw., aber wir humpelten weiter – 5 Leute; 3 von uns in der Kabine, 2 hinten auf dem Transporter – wir füllten den Kühler alle paar Kilometer auf, bis wir bei Tagesanbruch schließlich in meiner – und Gypsys – Heimatstadt einfuhren, Denver, am Sonntag, dem 15. 8.

Wir fuhren direkt zu einer Kunstgalerie, die einem netten kleinen Toulouse-Lautrec namens Phil gehörte, dessen Schwester Gypsys hübschen, blonden, jüngeren Bruder geheiratet hatte, und wir schliefen alle bis zum späten Nachmittag, gingen dann zu Gypsys Eltern im äußersten Südosten von Denver, dann zu Jennys Freunden in Boulder, Colorado, wo wir die Nacht verbrachten. Als wir an jenem Montag, den 16., gegen Mittag nach Denver zurückkehrten, setzten bei mir die Bremsen plötzlich aus, während ich in Richtung Zoll-Plaza fuhr, also mußte ich im Leerlauf hinunterrollen, kam überall ganz knapp vorbei und brüllte allen (keine Hupe) zu, sie sollten aufpassen, fuhr an den Randstein und murkste etwa eine Stunde lang herum, bevor wir wieder fahren konnten. An diesem Nachmittag verkauften sie das ganze Marihuana, und seither haben wir keins mehr gehabt, bis auf ein bißchen schwaches Indiana Green in Chicago, und etwas in Detroit, das ungefähr genauso mies war. An diesem Abend stürzte sich Gypsys wütender Vater auf mich!! – wurde von einer eingeschüchterten Mutter in Schach gehalten – daraufhin rief Gypsy das vorhin erwähnte Iowa-College-Mädchen an, mit dem ich zusammenkam & sie (ich) fuhr uns alle nach Boulder zurück – nein, warte mal, es war Gypsys Bruder, der uns in dieser Montagnacht nach Boulder brachte, und Jennys Ex-Alter brachte uns dann am Dienstag, den 17., gegen Mittag zurück & ich ging direkt zum Postamt und holte Anne M.s Brief, und jetzt will ich mir die Zeit nehmen, ihn zu beantworten, O.K.?

Liebe Anne: Bin froh, daß Du etwas »Befriedigung« gekriegt hast *(I can't get no)* von den Versicherungen in meinem Brief & daß Du dich in deinen Verführungsversuchen erfolglos erwiesen hast. Ich will nicht, daß meine Alte von jedem gefickt wird; nur von fast jedem – & diese zwei Wochen bei den Lishes *waren* toll, hätten aber so viel besser sein können; aus dem einen oder anderen Grund, stimmt's? »Ausharren und sauber bleiben« – wie schwierig! & ich glaub' *wirklich,* daß Du es versuchst, obwohl Du oberflächlich gesehen wenig Grund dazu hast & wenn Du manchmal versagst, mach Dir keine Sorgen darüber, denn ich liebe dich sowieso, ob Du es versuchst oder nicht, obwohl der Versuch allein das Wichtigste ist, nur zu wissen, daß Du es tust – und sei es nur für mein geschwächtes Ego. »Deine Liebe ist die Nahrung meines Lebens« – wäre nur mein Leben die Nahrung Deiner Liebe – oder zumindest etwas mehr. Danke für das Zitat von Ken, das Du geschickt hast, ich glaub' nicht, daß es jemals wieder so sein wird (all diese Mädchen, meine ich). »Schließlich sind wir noch am Leben« – das stimmt!! & Du sollst verdammt nochmal lieber dabei bleiben, oder ich werde Dir auch in der Astralebene gehörig den Hintern versohlen. Hoffe, Dich wiederzusehen, Liebe allzeit, Neal.

Es war also Dienstag nacht, der 17., als mich das College-Mädchen ihren neuen Buick fahren ließ & uns alle zurück nach Boulder, Colorado, um dort einige Dinge zu erledigen; so konnte Gypsy ein bis zwei Tage zu Hause bleiben, wo der Lastwagen diese ganze Zeit über stand & dort alles in Ordnung bringen, so konnten Doug & Pete in der Kunstgalerie-Sammlung bleiben & so konnte ich – hi, hi – ein bißchen was kriegen, wie ich auf Seite 4 dieses Buches, das bald eines sein wird, erwähnte. Donnerstag nacht, den 19. & den halben Freitag, den 20. wurden wir alle *high* von verschiedenen netten Kleinigkeiten & ich machte Katzenmusik für etwa 20 Leute in der Kunstgalerie & in der Wohnung von dem Rotschopf, deren fester Freund, glaube ich, Sid ist ... erinnerst Du Dich an ihn? Ich blieb beim Rotschopf, Doug & Pete auch, nun hatte die Kunstgalerie-Meute schon genug von uns, schätze ich, Freitag nacht – obwohl ich allein schlafen mußte, weil sie die Friedhofsschicht im Schwesternheim zu machen hatte & nachdem ich Justin angerufen hatte, er will mich wirklich sehen auf dem Rückweg in den Westen – falls ich nach Westen zurückfahre – und ein paar andere Sachen gemacht hatte, das Lesen von ein paar J. -Updike-Büchern mit eingeschlossen, verließen Gypsy, der Jenny aus Boulder geholt hat, Doug & Pete & ich Denver; der Lastwagen war schließlich von Grund auf repariert worden – dachten wir!! – mit neuem Kühler, Kupplungsstange, neue Bremse links hinten usw. Gleich nach Einbruch der Dunkelheit rollten wir direkt nach Akron, Colorado, wo Jenny den Lastwagen mit einer Menge Hochzeitsgeschenke vollud, die sie dort zurückgelassen hatte, und stürmten gleich weiter – natürlich fuhr ich den ganzen Weg selbst – zu einer Stadt kurz vor Omaha, Nebraska, namens Wahoo, voriges Jahr in Wahoo war es, daß ich Bob M. & Joe R. ihr einziges Mal in meinem 55er Ply fahren ließ. Ich verließ damit N.Y.C., nach der Busreise, erinnerst Du Dich? – sie fuhren von Wahoo nach Lodgepole, Nebraska – als sich plötzlich, wummmm – der Flügel des Ventilators losriß (dieselbe Sache beendete die Superfahrt von Stirling Moss in einem GT Ferrari 1961 im 24-Stunden-Rennen von Le Mans), ein Loch in die Kühlerhaube riß und, schluchz, schluchz, noch ein Loch in den Kühler bohrte!! Hier waren wir also, an einem Sonntagnachmittag, ohne Ventilator, zwei Flügel waren weggeflogen, nicht einmal gegenüberstehende, wieder kein Geld, und, noch schlimmer, keine Shell-Tankstelle, um unseren Kopf zu retten. Gypsy hatte einen entfernten Freund in Omaha, der rauskam, einen Blick auf uns warf & gleich wieder wegfuhr! So trieben wir uns in Wahoo herum, bis es dunkel wurde – brachten die kleinen Gauner der Gegend dazu, uns zu helfen – sie boten uns an, Ventilatoren zu klauen usw., – dann fuhren wir mit minus einem Ventilator davon & der Motor hatte sehr laute Fehlzündungen, *sehr laute*.

In Omaha angekommen, nachdem wir zum Haus des Freundes gegangen waren & dort eine Pleite bezüglich Schlafstätte erlebt hatten, verbrachten wir die Nacht bei einem Sinclair-Tankstellen-Mann, der sagte, er würde die Sache schon schaukeln und die Ventile für uns schleifen – es waren überhaupt nicht die scheiß Ventile; stattdessen hatten die Jungs in Wahoo die Zündkerzenschnüre falsch wieder reingetan & zwei oder mehr zündeten gegenläufig. Natürlich entdeckten wir das nicht vor Des Moines & so fuhren wir Hunderte Kilometer und machten dabei einen wirklich schrecklichen Krach – aber wir kamen nicht dahinter & verbrachten daher Montag morgen, den 23. August, damit, hin- und herzufahren zwischen Omaha & Council Bluffs, auf der Suche nach einer Shell-Garage, die uns nehmen würde. Keine wollte, da man einen Spezialbohrer brauchte, da beim 40er Caddy-Motor die Ventile im Zylinder liegen; aber wir kriegten doch raus, wie man das Leck im Kühler verstopft – ein rohes Ei!! – für immer, also in dieser Hinsicht keine Probleme mehr & zu guter Letzt saßen wir stundenlang vor der Western Union im Zentrum von Omaha – 'ne Menge hübscher Mädchen dort – und warteten auf das Geld, das Jenny von ihren Leuten telegraphisch angefordert hatte, ehe wir schließlich nach Chicago aufbrachen, immer noch minus einem Ventilator.

Wir trieben uns um die Drake University in Des Moines herum und suchten einen Professor, den Jenny kannte; fanden ihn nie; reparierten dort den Zündkerzenscheiß & brausten – jetzt viel weniger laut – vor Tagesanbruch nach Chicago hinein, Dienstag, 24. August, 2 Wochen, nachdem wir Berkeley, Kalifornien, verlassen hatten. Uns kam es länger als 2 Monate vor! Da mein Zeitplan sich als so gut wie immer erwies, kreuzten wir vor dem Haus von Petes japanischem Kumpel auf, als er gerade von einer die ganze Nacht dauernden Sauferei nach Hause kam & schliefen den ganzen 24. durch, standen dann spätabends auf, waren voll auf Acid & zogen von Bar zu Bar, um tollen Rock & Roll zu hören, bis wir schließlich kurz vor Sonnenaufgang auf der großen Seemauer auf- und ablaufend landeten, die Lake Michigans Chicago-Yachthafen schützt. Wir wurden zum Haus eines bescheuerten Mädchens mitgenommen, wo Doug, Gypsy & ich die restliche Zeit schlafen sollten; Jenny war früher nach Hause nach New Jersey geflogen & wo ich es versäumte, obwohl ich bei mehreren verschiedenen einen Fick hätte haben können, dem nachzugehen und mir ein Loch zu besorgen. Aber ich werde wieder dort sein! Ha, ha. Gestern abend gingen wir uns Moll Flanders & Lord Jim ansehen: nette Filmkost.

3. 9., 17 Uhr

Den heutigen Tag habe ich hauptsächlich mit Essen & Schlafen verbracht; Gypsy fuhr nach Camden, konnte aber den Auspuff nicht reparieren, Jenny ging einkaufen, während der Rest der Familie, einschließlich ihres 19jährigen Bruders, der Radio & TV studiert – er hat mir ein paar informative Sachen auf diesem Gebiet erzählt, zum Beispiel, man braucht nur 100.000 Dollar, um eine TV-Station zu kaufen oder zu bauen, etwas weniger als für eine FM-Station usw. – ihre gewohnten Wege ging. Ich habe mit Jennys Vater noch nicht über Theologie diskutiert – & bezweifle, daß ich es tun werde, da sie sagen, er mag das nicht, aber wir essen *doch* Fisch zum Abendessen an diesem Freitag abend, weil ich erwähnte, ich sei Katholik – ihr Schreckgespenst.

Mittwoch, den 25., in Chicago, standen wir spät auf, machten ein bißchen auf gesellig, rauchten Marihuana, hörten wieder Live-Musik, gingen zu Petes zukünftigem Partner & holten einen Kassettenrecorder für Gypsy, damit er sein Gitarrespiel aufnehmen konnte & ließen es uns ganz allgemein gut gehen. Donnerstag, den 26. bekamen wir schließlich einen Ventilator in den Lastwagen, weil die so schwer zu finden sind, beschlossen wir, die Kühlerhaube des Lastwagens überhaupt wegzulassen; wir hatten sie seit Iowa unten und machten den Laster startbereit. Der frühe Morgen von Freitag, den 27. wurde damit verbracht, eine Sprechkassette mit einem Typ, einem Künstler, zu machen, der Hitler vehement verteidigte, sowohl als Supertyp wie auch als deutschen Landsmann; der Künstler war ein Deutscher. »Aber sieh doch mal, all die Ärsche, die der getreten hat«, sagte er immer wieder über Hitler, HU. Am späten Freitagabend gingen wir zu einer Party von Schwarzen, die einfach irre war; trinken, tanzen & von den zirka 100 Leuten dort handelten an die 90 Prozent mit irgendwas; die Mädchen mit ihrem Loch und die Jungs mit ihrem Stoff. Was mich daran erinnert – ich kann soviel wie du willst von den normalen, alten, weißen Bennies [Benzedrintabletten – Anm. d. Übers.] mit dem Kreuz kriegen. Ich werd' Dich von Chicago aus informieren, wenn ich nächste Woche hinfahr', ob das Geschäft noch läuft, obwohl ich sicher bin, daß es läuft. Jedenfalls hab' ich ein paar genommen & die sind ganz sicher O.K. & auch der Typ, der sie hat & er mag mich auch sehr – noch so ein Ire. Jedenfalls, am späten Samstag, den 28. August, mit nur einem 5-Dollar-Schein & Dougs ärmlicher Shell-Kreditkarte – Doug & Pete blieben natürlich dort, Chicago war ja ihr Ziel gewesen – hauten Gypsy und ich nach N.Y.C. ab, via Kanada, denn er kannte ein Mädchen in Toronto, das uns angeblich Geld geben würde. Sonntag, den 29. um 2 Uhr morgens, versuchten wir, bei Windsmont über die Grenze zu gehen, aber die schickten uns zurück nach Detroit, wegen unzureichender Geldmittel, also gingen wir zu einem Kumpel von Gypsy – auch ein Eisenbahnbremser – & blieben über Nacht dort & fuhren nonstop weiter, rund um den Erie-See auf der U.S.A. -Seite & wollten näher bei Toronto nach Kanada einreisen – bis zu dem Punkt, wo wir völlig zusammenbrachen & dieser Brief anfing – Wakeman, Ohio, am selben Tag, als Dein Prozeß anfing, 30. 8. 65.

Also, Ken & ihr Herzallerliebsten, bes. Anne, Sharon & June – sind einige oder alle von ihnen noch dort? Wenn ich dort wäre, würden sie's verdammt gut wissen; weil ich meine Arme und

Beine rund um einige oder alle von ihnen legen würde, einzeln oder kollektiv – mein Plan sieht so aus: morgen früh fahren wir, Gypsy, Jenny & ich, nachdem ich das endlich abgeschickt habe, damit Du es am Dienstag, den 7. September bekommst, nach Pemberton, N.J., wegen irgendwelchen Bilderrahmen, dann Beach Haven, N.J., zu einer Bikini-Strandparty – keuch, keuch, keuch, blinzel, dann schließlich am Spätnachmittag nach N.Y.C., volle 28 Tage, nachdem wir SF verlassen haben – auf einem Rennfahrrad oder einem guten Go-Kart wären wir genauso schnell gewesen, hm? – wo ich direkt ins Village gehen werde, um etwas Speed, Acid oder Marihuana zu holen, oder was es an einem Samstagabend eben so gibt; danach treffe ich Bill Burroughs auf Nr. 803, 10. Straße – Du kannst mir dorthin schreiben, aber da ich nicht vorhabe, in der Gegend zu bleiben, um irgendwelche Briefe zu bekommen, schreib mir doch gleich nach Chicago, postlagernd, weil ich frühestens gegen Mittwoch nächster Woche bis spätestens Freitag dort sein werde; jedenfalls werde ich Bill Burroughs sagen, er soll alle & jede Post nach Chicago, hauptpostlagernd, schicken & auf die Weise hast Du eine Ausrede, ihm selbst zu schreiben, wenn Du willst – raffiniert, was? & Ed im Buchladen auf der 8. Straße, Nr. 210 usw., ich werde bei Al Aronowitz, dem New-York-Post-Leitartikelschreiber vorbeischauen & bei Lucien Carr, dem UPI-Chefredakteur der Nachtredaktion, bevor ich nach North Port Long Island & zu Jack Kerouac auf Nr. 7 Judy Ann Court abhaue; Sonntag & Montag jedenfalls in N.Y.C. und Umgebung, dann Montagnacht zurück hierher, und wenn wir Dienstag Ringe in den 55er Studebaker tun, fahren wir am gleichen Abend, wenn nicht, fahren wir Dienstagmorgen ungefähr zu der Zeit, wo Du das bekommst. Wenn ich schon in Chicago bin, bleib ich vielleicht dort, bis mich das kalte Allerheiligen- oder Thanksgiving-Wetter vertreibt. Nicht, daß ich will, ehrlich nicht, glaub mir, ich mag die Stadt nicht; so wie ich den ganzen Osten nicht mag – aber weil mir dort ein Lastwagenfahrer-Job für 125 Dollar die Woche angeboten wurde, obwohl mich der Chef selbst noch nicht gesehen hat & Du weißt ja verdammt gut, wie weit ich mit der Alimentenzahlung im Rückstand bin – fast 1600 Dollar sind es jetzt – übrigens wird meine Älteste am 7. September 17 & der Jüngste am 9. September 14 – also plane ich, ein paar Monate zu arbeiten – und meiner Ex-Frau 100 Dollar pro Woche zu schicken – wenn ich den Job nicht bekomme, aber ich bin mir ziemlich sicher, daß ich ihn kriege, dann würde ich sehr wahrscheinlich nach Ely, Nevada, zurückkehren, um Dougs MG für ihn abzuholen & ihn nach Chicago zurückzufahren; wenn ja, kannst Du sicher sein, daß ich bis zu Dir weiterfahre, um meine Kleider abzuholen & vielleicht ein Mädchen (oder 2 oder 3 oder 4 oder mehr! Ha!), obwohl dieser Rotschopf in Denver einen Urlaub braucht & derselbe ist ihr von Gypsy und mir schon halb versprochen, das heißt, ich bin sicher, ihr würde die Fahrt gefallen. Auf jeden Fall, wenn ich den Job kriege, für die Invaliden der Amerikanischen Veteranenvereinigung Sachen zu sammeln, sehe ich euch alle irgendwann im November, früher oder später. Wenn nicht, sehe ich euch Mitte September, mit oder ohne Rotschopf (werde sowieso bis nach Denver zurückfahren) & wenn Anne, die noch immer den zuvordersten Anspruch auf mein Herz hat (was davon übrig ist), mich noch will, hol' ich sie zumindest aus Deinen Händen – wenn nicht oder wenn ich Dougs Wagen nicht für ihn nach Chicago zurückfahren muß, vielleicht kommt er mit mir, um ihn abzuholen – nehme ich Sharon (wenn sie mich noch haben will) und gehe über den Winter direkt nach LA. Wenn keines der Mädchen verfügbar ist, werden June (wenn sie mich noch haben will) & ich zusammen abhauen & sehr glücklich sein, da bin ich sicher! Ich mein' das alles ernst! Und ansonsten werde ich streng nach Dienstalter den Denver-Rotschopf nehmen & sehr glücklich sein, ich bin mir ganz sicher.

Alles Liebe,
Neal.

Nachwort

von Carolyn Cassady

Als Ken Kesey und Ken Babbs 1979 den Entschluß faßten, eine Ausgabe ihrer Zeitschrift »Spit in the Ocean« Neal Cassady zu widmen, bat Babbs die früheren Freunde und Bekannten von Neal um Beiträge aus ihrer Erinnerung. Einer von ihnen, Ed McClanahan, ging seine Unterlagen durch und stieß dabei auf einen längst vergessenen Stapel maschinengeschriebener Seiten, die ziemlich vergilbt mit Bleistiftkorrekturen und Ergänzungen übersät waren. Babbs leitete diese Seiten an mich weiter, und ich erkannte sie als Durchschlag des veröffentlichten Manuskripts von Neals »Das erste Drittel«, wobei dieser neue Fund eine spätere und letzte Fassung von Neals eigener Hand war.

Ed behauptet, er habe das Manuskript von Gordon Lish erhalten, und Gordon sagt, Neal habe es ihm zusammen mit einigen Briefen übergeben. Die Briefe hat er verkauft, aber keiner der Männer konnte sich an den Verbleib des Manuskripts erinnern. Ich vermute, daß Neal es Gordon zum Durchlesen und Kommentieren aushändigte, und daß Gordon, anläßlich seiner Übersiedlung nach New York, dieses bei Ed ließ, damit er es Neal zurückgab. Das muß sich Mitte der sechziger Jahre ereignet haben, in einer Zeit also, in der Neal nicht so leicht ausfindig zu machen war, und so wurde das Manuskript abgeheftet und vergessen.

In meinen eigenen Unterlagen war eine mysteriöse Seite aus Neals unfertiger Prosa vergraben, deren Durchschlag die Seitennummer 118 aufweist. Das Manuskript, das mir Babbs aushändigte, endete mit Seite 117. So fand meine verwaiste Seite doch noch ihre Mutter. Als ich bald darauf dieses Manuskript mit der veröffentlichten Fassung verglich, fielen mir gewaltige Unterschiede auf.

Neal hatte unregelmäßig und in mehreren jeweils intensiven Ansätzen in einem Zeitraum von über sechs Jahren (zwischen 1948 und 1954) daran gearbeitet, einer Zeit, in der er viele Werke von Autoren las, die er bewunderte. Damals war gerade Marcel Prousts *Auf der Suche nach der verlorenen Zeit* angesagt.

Die letzten konzentrierten Anstrengungen zur Überarbeitung wurden 1954 unternommen, als Neal nach einem Eisenbahnunfall bewegungsunfähig war und wir in San Jose wohnten. Nach unserem Umzug nach Los Gatos im Herbst 1954 schaffte er auf Drängen von Allen Ginsberg und Lawrence Ferlinghetti nur noch halbherzige Versuche, in denen er das, was er bis dahin von seiner Autobiographie bereits aufgeschrieben hatte, noch einmal durchging und ausfeilte. Wir arbeiteten von Anfang an gemeinsam daran, doch ich machte so wenig Vorschläge wie möglich, um sicherzustellen, daß das Buch ausschließlich seine Gedanken und seinen Stil widerspiegelte, im Guten wie im Schlechten.

Der Einfluß Prousts fiel mir sofort auf, als ich mich daran machte, Neals Überarbeitungen letzter Hand zu entziffern und zusammenzustellen. Die Prosa des Prologs jedoch, der viel früher entstand, ist wesentlich einfacher und direkter gehalten. Die Komplexität der späteren Prosa ist jedoch immer noch wahr, als Spiegel ebenso von Neals persönlichem Stil als dem Prousts. Es machte ihm Spaß, Worte oder Ausdrücke zu finden, die seine Beobachtungen, Gefühle und Eindrücke so präzise wie möglich wiedergaben. Er ergötzte sich an dem Spiel, einen Satz so lange wie möglich weiterzuspinnen, bis er es schließlich mit einem Punkt gut sein ließ. (Entsprechend seiner Lieblingsbeschäftigung, nämlich einen Wagen so weit wie möglich zu fahren, bevor er die Bremsen betätigte.) Er wußte, daß er weder dafür ausgebildet noch gerüstet war, um hinsichtlich seiner Schreiberei in Begriffen von literarischen Verdiensten zu denken, doch er wußte sehr genau, was er transportieren wollte, und um sich dazu zu bringen, es überhaupt zu tun, erfand er

Spiele zu seiner eigenen Motivation. Ich finde, seine Art zu schreiben läßt sich am besten genießen, wenn sie im gleichen Geiste gelesen wird.

Persönlich bin ich dankbar dafür, daß Neal mit seinen geschriebenen Worten so spielerisch umgegangen ist, wie er das getan hat. Einiges davon erscheint uns als Leser vielleicht etwas anstrengend, aber sowohl seine Briefe als auch die unterschiedlichen Fassungen dieses Manuskripts versetzen uns in die glückliche Lage, die Erbschaft eines weitaus intimeren Verständnisses in der Zwiesprache mit dem Menschen selbst anzutreten.

August 1981

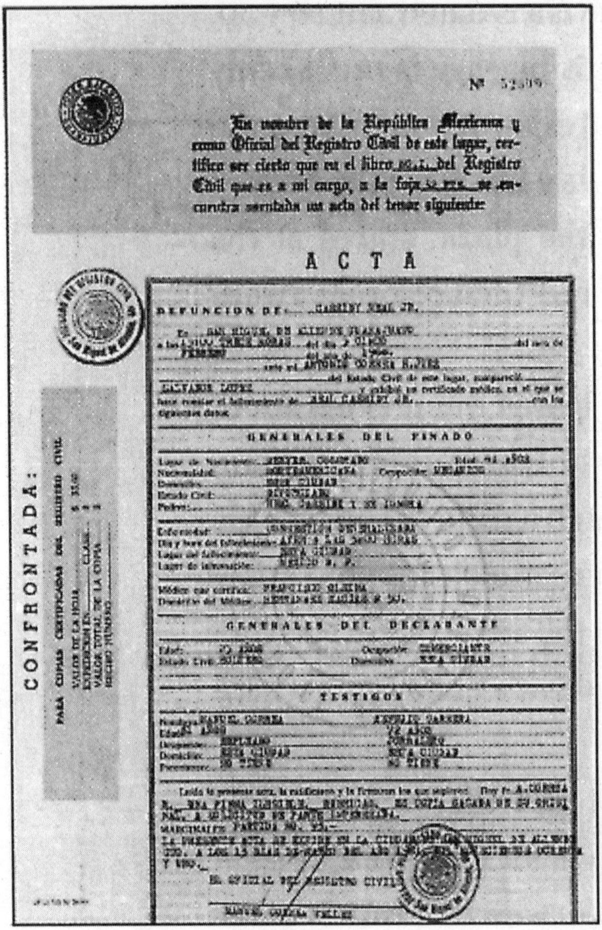

Nº 52509

En nombre de la República Mexicana y como Oficial del Registro Civil de este lugar, certifico ser cierto que en el libro ___ del Registro Civil que es a mi cargo, a la foja ___ se encuentra asentada un acta del tenor siguiente:

A C T A

DEFUNCION DE: CASSIDY NEAL JR.

GENERALES DEL FINADO

GENERALES DEL DECLARANTE

TESTIGOS

CONFRONTADA:

EL OFICIAL DEL REGISTRO CIVIL

Epilog

Ich erinnere mich...

Ich erinnere mich daran, daß ich an jenem Maiabend besonders nachdenklich war. Vielleicht war es die Wärme des warmen Frühlingstages, die bei der Begegnung mit meinem zähen Winterblut eine Verdünnung aufwärts ins Hirn auslöste, das die letzten Monate nur damit beschäftigt war, nicht einzufrieren und jetzt endgültig genug davon hatte, und diese längst fällige Blutverdünnung löste ein erwachendes Verlangen nach den sanfteren Dingen aus, eine Sehnsucht, zugleich ein Tod, eine Vorkenntnis, wenn man so will...

Eines Tages, als ich gerade den Zug überprüfte...

Eines Tages, als ich gerade den Zug nach klemmenden Bremsen etc. überprüfte, kletterte ich auf das Dach, um die Signallampen eines vorbeifahrenden Zuges zu kontrollieren (unser ganzer Stolz, der Daylight, Nummer 99); auf dem Dach des Kühlwaggons saß ein Landstreicher. Ich sehe jeden Tag mindestens 10 oder 20 Landstreicher, aber ich war ziemlich stoned, die Sonne war so warm, und mir blieb fast noch eine ganze Stunde, bis mein Zug losfuhr, also setzte ich mich neben den Burschen und wir unterhielten uns. Plötzlich fing er an, von seinen Halluzinationen zu erzählen; es handelte sich um eine Sammlung ziemlich durchschnittlicher Landstreichervorstellungen wie diejenige: Als er in SF ankam, durch den Mission-Bezirk wanderte und dann einen Streifenwagen erblickte, da glaubte er, der Polizist hätte, während sein Kollege langsam vorüberfuhr, über den Wagenlautsprecher immer und immer wieder die gleichen Worte verkündet: »Die Zeit ist gekommen, bitte alle auf den Boden legen, damit niemand verletzt wird, wenn die Sonne explodiert.« Sein Bewußtsein hörte die Worte, doch sein Gefühl sagte ihm, daß sie es eigentlich auf ihn abgesehen hatten, um ihn festzunehmen, weil sein Hosenladen offenstand (der Reißverschluß war kaputt, und er hatte keine Sicherheitsnadeln, um ihn zu schließen). Deshalb fing er an zu rennen, um sich in einer Seitenstraße zu verstecken, doch sie fuhren auch dort entlang. Also verließ er SF und nahm einen Güterzug nach Watsonville. Das ist noch die einfachste und glaubwürdigste seiner Phantasien. Die ganze Sache hatte damit angefangen, daß er sauren Wein getrunken und zuvor vier Tage lang nichts gegessen hatte. Er trieb sich im Güterbahnhof von Sacramento herum und war auf einen offenen Güterwaggon geklettert, um sich dort auszuruhen. Die Welt schien ganz normal zu sein, keinerlei Anzeichen dafür, daß etwas Ungewöhnliches bevorstand. Es fing auch ganz langsam und normal an – die gewöhnlichen Wahrnehmungen, wenn eine große Dampflok langsam vorüberfährt und ihr Keuchen allmählich in einen Rhythmus verfällt und dann dem Rhythmus einen kurzen Satz hinzufügt. Der besondereTon einer Dampflok ist allseits bekannt (so ähnlich wie *Er's 'n* Nigger, *er's 'n* Nigger und so weiter, mit dem Akzent auf dem ersten Wort, aber wenn man es lange genug verfolgt, kann man seine Betonungen nach Belieben verteilen, denn die Dampfausströmung des Kessels verändert sich mit der notwendigen Zugkraft – so wie beim Wechseln der Gänge im Auto). Den meisten Leuten, die beginnen, sich einen passenden Satz zum Klang der Lok auszudenken, wird bald langweilig und sie geben das Projekt auf. Dieser Landstreicher fing an mit dem Satz »*Wie* heiß' ich, *wie* heiß' ich?«, und als die Lok vorüberfuhr und er mit seinem Satz steckenblieb, versuchte er nicht, sich selbst zu antworten, denn es war unnötig. Nachdem die Lok entschwunden war, fragte er sich vergeblich, wie heiße ich eigentlich, und mußte schockiert feststellen, daß er es nicht wußte. Er dachte, er hätte es nur momentan vergessen und sein Hirn bemühte sich verzweifelt um die Antwort. Er versuchte, die Worte, die seinen Namen bildeten, aus seinem Gedächtnis herauszuquetschen. Da ihm das nicht gelang, probierte er es mit ähnlichen Klängen, John, Juan, etc., und dann mit anderen Worten: John, Peter, etc. Er wollte sich schlafen legen, wenn er aufwachte, würde es ihm gewiß wieder einfallen. Auch das klappte nicht, und er fiel schon in Panik. Er verspürte ein überwältigendes Bedürfnis, abzuspringen und so schnell und so weit weg wie möglich zu laufen, zugleich aber eine ebenso überwältigende Unfähigkeit, sich zu bewegen. Dann fuhr der Zug neben ihm an, und er sprang mühsam auf ihn, und ohne sich darum zu kümmern, wohin er fuhr, lag er einfach da und versuchte sich an seinen Namen zu erinnern, indem er sich seine Vergangenheit und das, was er erst vor kurzem getan hatte, ins Gedächtnis rief. Er war draußen im Niemandsland des Joaquin Valley gewesen und hatte dort Obst gepflückt. Sobald er eine Karre beisammen hatte, war er nach Sacramento gefahren, wo er bei einem Barkeeper hängenblieb, mit dem er sich anfreundete. Ein paar Tage später schlich sich jemand in sein Zimmer und klaute ihm sein Geld und seine Schuhe. Der Barkeeper besorgte ihm ein Paar alter Schuhe und ermöglichte ihm, sich auf Kosten des Hauses vollaufen zu lassen. Dann ging er zum Bahnhof und schnappte sich einen Zug nach Salinas (südlich von WVille) etc. etc.

Nachglühen – Ein Abschiedsgruß an Neal Cassady

NEIL CASSADY starb 1968, ungefähr ein Jahr nach den letzten Acid-Erfahrungen, neben den Schienen der Bahnstrecke, die durch das Städtchen San Miguel de Allende in Mexiko führt. Da die Art und Weise seines Sterbens symbolisch für seine Art zu leben war – ständig setzte er gewaltige Energien um, trieb die eigenen Kapazitäten pausenlos bis an die äußersten Grenzen –, haben die Umstände seines Todes geradezu mythische Bedeutung angenommen.

Der Schriftsteller Steve Dossey fuhr nach San Miguel de Allende, um Leute zu interviewen, die Neal Cassady gekannt haben, und um das Geheimnis seines Todes zu lüften. Er hat den folgenden Bericht zusammengestellt, der seiner Meinung nach so nahe an die Wahrheit herankommt, wie es nur irgend möglich ist.

Neal Cassadys letzte Tage

ENDE JANUAR 1968 ruft Neal [seine Frau] Carolyn per Ferngespräch von der mexikanischen Grenze an. Er singt immer wieder den Refrain: »I'm coming home.« Sie rät ihm, nach Mexiko zu fahren, weil sie befürchtet, daß ihn seine Straßenverkehrsdelikte sofort wieder nach San Quentin zurückbringen. Es ist das letzte Mal, daß sie miteinander sprechen.

Neal hat Schwierigkeiten, über die Grenze zu kommen, wird aber schließlich als Mitglied eines Filmteams getarnt hinübergeschleust. Das Touristenvisum ist auf den 30. Januar 1968 datiert. Neal steigt in San Miguel aus dem Zug, sein Gepäck wird jedoch aus Versehen nach Celaya befördert, ungefähr vierzig Zugminuten entfernt. Er folgt der unbefestigten Landstraße nach San Miguel hinein, wobei ihm unterwegs ein schwarzer Käfer auffällt, der in den Stacheln eines dornigen Birnenkaktus feststeckt. Er betritt die Plaza, betrachtet die barocken Türme der Kathedrale und sucht dann das mit roten Ziegeln gedeckte Gebäude, in dem [sein Kumpan] JB ihn erwartet.

Am 3. Februar streiten sich Neal und JB. Neal verläßt ihn in einem Ausbruch kosmischen Staubs. Sein Nacken ist so heiß wie der Getriebeblock eines Olds 88. Die Sonne duckt sich hinter die Hügel. Er macht sich auf den Weg zum Bahnhof, um einen Zug zu erwischen, der ihn zu seinem Gepäck bringt. Neal geht auf dem Kopfsteinpflaster der Stadt, die in den staubigen, von zerzausten Palmen unterteilten Pfad übergehen. Der Geruch von Eselurin hängt in der Luft, und an der Veranda eines kleinen, mit

Coke-Reklame bedeckten Ladens ballen sich die Fliegen; hier macht er auf eine Flasche *Cerveza* halt.

San Miguel liegt auf einer Höhe von 2.100 Metern, die Abendluft wird sehr kühl. Gegenüber dem Bahnhof steht eine alte Adobe-Kirche mit drei Kreuzen auf dem Dach. Eine Hochzeitsfiesta ist in vollem Gange, der Zug kommt nie fahrplanmäßig, also schließt sich Neal der Feier an. Er trinkt *Pulque* und Tequila mit den dunkelhäutigen Männern in den hellen Hosen. Es wird spät, der Zug ist noch nicht gekommen und Neal hat ohnehin nicht mehr viel Geld in der Tasche. Er sagt »Scheiß drauf« und beschließt, entlang der Schienen nach Celaya zu marschieren.

Nach ungefähr einer Viertelmeile wird er schrecklich müde und kauert sich zum Schlafen im Gebüsch zusammen. Die Kombination aus Kälte, Niedergeschlagenheit, Alkohol und unendlicher Müdigkeit sind zuviel für ihn. Neal kommt nicht wieder zu Bewußtsein. Campesinos finden seine Leiche, laden sie auf einen Kleinlaster und bringen sie zum Haus eines alten Freundes, Pierre Delattre, dessen Adresse sie auf einen Fetzen Papier gekritzelt in Neals Brieftasche gefunden haben.

Die Leiche wird in das kleine Krankenhaus der Stadt gebracht. Ein Zeuge erinnert sich daran, daß Neals Gesicht dem einer in Stein gemeißelten Maya-Gottheit glich. Es wird keine Autopsie vorgenommen. Die Leiche wird nach Mexico City überführt und dort verbrannt. Der Totenschein gibt als Todesursache »Kreislaufversagen« an.

Nach einer unerträglich langen Wartezeit erhält Carolyn schließlich Neals Asche von einem sehr weggetretenen JB ausgehändigt. Niemand kennt die genauen Umstände von Neals Tod, weder seine letzten Worte noch seine letzten Gedanken. Und wahrscheinlich ist es das beste so. Uns bleiben Erinnerungen, Romane und die Mythologie eines Mannes, der einmal gesagt hat: »Man kann sich überall hineinarbeiten, aber wie kommt man dann wieder heraus....?«

Amos Vogel

Film als subversive Kunst

Kino wider die Tabus – von Eisenstein bis Kubrick

In den frühen 70er Jahren geschrieben und 1979 in der deutschen Erstausgabe erschienen, avancierte es schnell zum „Kultbuch“ und war bald vergriffen. „Film als subversive Kunst“ schildert – mit Hilfe von über 300 erstaunlichen und seltenen Fotos – die vielfältigen Formen der Subversion, die im Film möglich geworden sind: durch die unverblümte Darstellung von Sex und Gewalt, Tod und Geburt, durch Blasphemie und politische Radikalität, durch künstlerische Innovation und Rebellion gegen althergebrachte Gestaltungsmittel.
Die Palette der beschriebenen Filme und Regisseure reicht vom „Andalusischen Hund“ bis zum „Letzten Tango in Paris“, von Jean-Luc Godard bis Otto Mühl. Amos Vogel verbindet aufsehenerregende Klassiker und „verbotene“ Raritäten zu einer großen Enzyklopädie des provokanten Kinos.

Ein unschätzbares Buch... ein dichter Garten, der mit lange Zeit verbotenen Früchten lockt“
(Luis Bunuel)

Gebunden, 344 Seiten, durchgehend mit 320 s/w Abb. illustriert,
DM 54,–/ sFr 54,–/ öS 395,– ISBN 3-85445-137-7